アフリカで学ぶ文化人類学

民族誌がひらく世界

松本尚之・佐川徹・石田慎一郎・大石高典・橋本栄莉 編

昭和堂

読者の皆さまへ

　本書は，大学の学部教育における「文化人類学」の教養教育科目，ならびに「文化人類学」や「アフリカ研究」と関わる専門教育における導入科目や特論科目の教科書を想定して編集したものである。事例として取り上げるのは，アフリカ大陸の様々な社会，なかでもサハラ以南アフリカ，つまりサハラ砂漠より南に位置する地域の諸社会である。

　各章では，現代アフリカを語るうえで大切なトピックを文化人類学の視点から論じている。取り上げるトピックは，文化人類学においては古典的で馴染み深いものから，現代アフリカのイメージをかたちづくっているもの，現代アフリカ社会にとって「課題」とみなされるものまで多岐にわたる。全部で11章あるが，文化人類学の関心の広がりを意識し，2〜3章ごとに緩やかなまとまりをもつよう配置した。ただし，どの章から読み始めてもよいように，章ごとに完結した内容となっている。読者自身が興味のあるトピックから読み始め，その後，他の章を読み進めるなかで関心や視野を広げていってほしい。

　本書の大きな特徴として，各章において，アフリカを代表する古典的な民族誌（今日的な課題と関わる章では新古典と呼びうるもの）を取り上げ，その内容をできるだけ丁寧に紹介している。他者理解，ひいては人間理解を深める学問である文化人類学は，フィールドワークを重要な研究方法としている。「民族誌」は，フィールドワークの成果物であり，特定の民族や社会集団の文化を体系的に記述し，考察したモノグラフである。各章の前半部では，トピックと関わる古典的な民族誌について，それぞれの具体的内容に加えて，学説史上の位置づけや描かれた民族などの紹介，時代背景などを紙幅の許す限り詳細に記述している。その意図は，以下の通りである。

　第一に，古典的な民族誌を取り上げることで，それぞれの章で展開する記述内容について一定の質を担保できると考えている。今日，文化人類学者の

関心は多岐にわたっており，どのトピックについても議論の全容を一篇の章で論じることなど不可能である。結果として，取り上げる内容は，執筆者のフィールドにおける経験や関心に大きく依拠することとなる。それに対し，本書では，代表的な民族誌の紹介を通して，各章で扱う議論が，それぞれのトピックにおいて主要な研究関心と結びついた内容であることを保証する。

　第二に，代表的な民族誌の紹介を通して，そこに描かれたアフリカの人々の生の多様性に触れ，アフリカ諸社会に対する関心を育んでほしいと考える。一昔前と比べ，日本において各種メディアを通してアフリカと関わる情報を見聞きする機会は大幅に増加した。それにもかかわらず，人々がもつアフリカ像は「貧困」や「紛争」などと結びついた画一的な，そしてしばしばネガティヴなイメージであることが多い。「古典」と位置づけられた民族誌に描かれた人々の姿は，異文化に触れることで生じる素朴な驚きを，読み手に与えてくれるであろう。各章の議論に関心を持った読者は，次のステップとして，ぜひ取り上げられた民族誌を手に取ってみることをおすすめする。

　なお，その後の文化人類学に大きな影響を与えたアフリカ社会の古典的な民族誌は，本書で言及したもの以外にもたくさん存在している。私たちは，それらの著作に価値がないと考えているわけではもちろんなく，紙幅の関係からやむをえず取り上げることを断念した点を，最初に断っておきたい。また本書で扱う民族誌は，いずれもサハラ以南アフリカの社会を対象としたものである。だからといって，私たちはアフリカ大陸をサハラ以北とサハラ以南，つまり北アフリカとそれ以外のアフリカに切り分けて捉える認識枠組みが妥当だと捉えているわけではない。サハラ以南アフリカの歴史と現在を知るためには，北アフリカとの関係を知ることが不可欠であるし，その逆もまた真であろう。本書では，執筆者の調査対象地域の偏りなどによって，たまたま北アフリカの社会を研究対象とした民族誌を取り上げることができなかったと考えてもらいたい。

　各章の後半部では，前半で取り上げた民族誌の内容を踏まえつつ，執筆者自身の調査研究を通して，トピックと関わるアフリカの現在を紹介する。文化人類学者がアフリカに出かけフィールドワークを行い，民族誌をまとめる

という営みを始めてから,およそ1世紀が経過した。この間を通じて,アフリカ諸社会は目まぐるしい変化を経験した。古典的民族誌のなかで描かれた人々の生も,現在では大きく様変わりした。日々更新される現代アフリカに暮らす人々の生を,執筆者自身のフィールドワークをもとに紹介したい。

アフリカが「未開社会」と称された時代,文化人類学者はそのスペシャリストと考えられていた。しかし今日ではアフリカ研究においても,分野横断的,学際的なアプローチの重要性が指摘されている。アフリカ諸社会の変化とともに,文化人類学者の関心はどのように変わっていったのか。さらには,現在から省みて,古典とされる研究はどのような価値をもつのか。研究の学際的な性格が高まるなか,改めて文化人類学がもつ魅力や可能性を,読者とともに考えていきたい。古典的民族誌と最新の研究をつなぎ,アフリカをフィールドとした人類学的研究の展開を紹介することが本書の目的である。

また,本書は紙幅の都合により11章(+序章)構成となっているが,現代アフリカについて語るべきトピックはまだまだある。そのため,章として取り上げることができなかったトピックから9つを選び,章の合間にコラムとして掲載した。それぞれのコラムは「ミニ民族誌」をテーマとし,執筆者がフィールド経験の一端を語るなかで,トピックについて研究関心を深めるきっかけとなった気づきを描いてもらった。コラムの内容に関心をもった読者は,執筆者自身の民族誌(著作や論文)を読んでみるとよいだろう。

最後に各章の末尾には,章の内容と関連する文献をピックアップした「読書案内」を掲載している。文化人類学は,「フィールドを考える」のではなく,「フィールドで考える」学問であるといわれている。本書は,アフリカをフィールドとする文化人類学の教科書であるが,各章で展開される議論はアフリカ地域やアフリカの人々に限定されたものではない。したがって,読書案内ではアフリカを題材とした文献に限定せずに掲載してある。アフリカを出発点としつつ広がる人間そのものの探究について考えてみてほしい。

最後になったが,本書の出版にあたっては,昭和堂の松井久見子さんと土橋英美さんから多大なご助力を賜った。ここに深く感謝の意を表する。

2019年9月　　　　　　　　　　　　　　　　　　　　　　　編者一同

目　次

　　読者の皆さまへ　i

序　章　民族誌を読む，アフリカで学ぶ
　　……… 石田慎一郎・橋本栄莉・佐川徹・大石高典・松本尚之　1
　1　文化人類学と他者　1
　2　フィールドワークと民族誌　4
　3　アフリカとの出会い　6
　4　アフリカとの再会──本書の構成　9

第1章　環境と生業
　　──変動する自然を生きる ……………………大石高典　15
　1　気候変動に揺れるアフリカの人と自然　15
　2　森に生きる狩猟採集民の民族誌
　　　──C・M・ターンブル『森の民』　18
　3　森の民と森の民研究のその後の展開　26
　4　「資源」化されるアフリカの自然　31
　5　「森の民」と森の世界のこれから　33

コラム❶　障害──カメルーンに暮らす障害者の「当たり前」 ……… 戸田美佳子　37

第2章　経済と社会
　　──経済を人類の地平で見るとはいかなる試みか……佐久間寛　39
　1　自由市場の不自由　39
　2　市場を中心としない経済
　　　──K・ポランニー『経済と文明』　41

3　社会と経済の大転換　48
　　　4　現代アフリカの農村経済　52
　　　5　自由な経済から自由になるために　55

コラム❷　貨幣——悩みの種 ……………………………………… 早川真悠　58

第3章　都市と移民
——移動から世界を問い直す ……………………… 松本尚之　61
　　　1　「移動民の大陸」と呼ばれるアフリカ　61
　　　2　都市の部族民
　　　　——A・コーエン『アフリカ都市の慣習と政治』　63
　　　3　文化人類学における都市と移民への眼差し　70
　　　4　現代アフリカにおける人の移動
　　　　——日本に暮らすイボ人移民たち　72
　　　5　移動から世界を問い直す　77

コラム❸　観光——スラムツーリズムをめぐる倫理的問い ……… 八木達祐　80

第4章　親族と結婚
——「家族」という怪物 ……………………………… 橋本栄莉　83
　　　1　人類が生み出した〈怪物〉　83
　　　2　「事件の影に牝ウシあり」
　　　　——E・E・エヴァンズ=プリチャード『ヌアー族の親族と結婚』　85
　　　3　学説史上の意義とその後の展開　93
　　　4　ウシなき時代の結婚事情　97
　　　5　人類は〈怪物〉を飼いならすことができるか　98

第5章　法と政治
　　　——争論の民族誌から法の人類学へ……………石田慎一郎　103
1　法と人類学　103
2　リーズナブル・マンの民族誌
　　——M・グラックマン『北ローデシア・バロツェの司法過程』　106
3　法の柔軟性と確定性　113
4　アフリカの法を求める——法をめぐる「政治」　117
5　法の人類学　122

コラム❹　汚職——アフリカの「癌」という問題化をのりこえて………味志　優　125

第6章　民族と国民
　　　——柔軟な関係性と付加型のアイデンティティ……佐川　徹　127
1　開かれたアフリカ像へ　127
2　集団編成の特徴——富川盛道『ダトーガ民族誌』　129
3　移動性と連続性により特徴づけられる社会　134
4　現代世界における民族と国家　138
5　民族，国民，アフリカ人　143

第7章　神話と宗教
　　　——世界の秘密を解き明かす知と技法……………橋本栄莉　147
1　アフリカ哲学の深淵をみる　147
2　世界の成り立ち，人間のはじまりとおわり
　　——M・グリオール『水の神』　149
3　単一の宇宙と重層的な現実　156
4　神話的世界のゆくえ　161
5　神話でない現実はあるか——真実のバリエーション　164

コラム❺　アート——がっかりからも始まる……………緒方しらべ　167

第8章　歴史と同時代性
　　　——口頭伝承研究と歴史叙述のフロンティア ……… 中尾世治　169
　　1　アフリカ史研究の可能性　169
　　2　口頭伝承からみる歴史——川田順造『無文字社会の歴史』　172
　　3　「国家をもたない社会」における口頭伝承　181
　　4　『無文字社会の歴史』の同時代性　185
　　5　「道は遠い，だがまだ日は暮れていない」　189

コラム❻　植民地主義——学生たちが照らす南アフリカのレガシーと未来
　　　………………………………………………………… 山本めゆ　192

第9章　呪術と科学
　　　——科学が進歩しても，呪術はなくならない？ …… 梅屋　潔　195
　　1　呪術，科学，宗教……　195
　　2　「災因論」の民族誌——長島信弘『死と病いの民族誌』　197
　　3　戦後イギリス人類学のファースト・プロダクト　207
　　4　粉飾決算のない会計報告　209

コラム❼　病——エボラ出血熱の流行をめぐって ……………… 中川千草　216

第10章　難民と日常性
　　　——異郷の地で生きるための想像／創造力 …… 内藤直樹・佐川徹　219
　　1　難民として生きる経験とは　219
　　2　難民のアイデンティティと歴史意識
　　　　——L・H・マルッキ『純粋さと亡命』　221
　　3　難民問題の長期化と地域統合　230
　　4　難民とホスト社会　233
　　5　難民の日常生活に着目することの意義　236

コラム❽　紛争後社会——生き残りの悲しみ……………………………近藤有希子　240

第11章　開発と支援
——実践と研究のフィールドワーク………………関谷雄一　243
　1　開発支援と人類学　244
　2　開発を脱構築する——J・ファーガソン『反政治機械』　245
　3　文化人類学による開発支援研究の潮流　251
　4　開発支援のフィールドワーク　253
　5　人類学による開発研究の新たなる活路　258

コラム❾　民族誌映画——フィールドで映画をつくること／見せること
　………………………………………………………………松波康男　262

　索　　引　265

序 章
民族誌を読む，アフリカで学ぶ

石田慎一郎・橋本栄莉・佐川徹・大石高典・松本尚之

ナイジェリアの大学図書館。図書館の名前は初代大統領にちなんでつけられている（2019年，松本撮影）

1　文化人類学と他者

　バランスのとれた教科書はいらない，バランスのとれた図書館がほしい，といったのは，「ニュー・ヨーカー」誌であった。私たちは，あまりにバランスがとれ過ぎて人間味を失った民族学者を必要としない。私たちが必要とするのは，バランスのとれた学者群，種々様々な数多くの人類学者なのである。

（レッドフィールド 1978：170）

　冒頭の一文は，アメリカの文化人類学者ロバート・レッドフィールドの著

書『未開世界の変貌』の一節である。考えてみてほしい——ここでいう「バランスのとれた図書館」とは何か。「バランスのとれた学者群」とは何か。本書と類書とで目次を並べてみれば，本書の章構成あるいはテーマ配列が文化人類学の教科書として一般的なスタイルをとっていることがわかるはずだ。しかし，その内容において，本書は「バランスのとれた教科書」を目指すものではない。むしろ次のような学びを目指している。すなわち，それぞれのテーマを探究するために「バランスのとれた図書館」に出かけて，貸出履歴の多い個性的な良書を手に取ってみる。決して読みやすい質のものではない，そのような良書——ここでは古典的な「民族誌」（本章2節参照）——を介して，文化人類学の学び，そして人間についての学びを深めていく。

　文化人類学（あるいは社会人類学）は，人間を研究対象とする学問の一つであり，人間の多様性への理解を深めるための学問である。さらにいえば多様性の背後にある人間の普遍性を追い求めることを究極の使命とするが，そこへと至る以前にこの多様性の理解をめぐって幾重にも難所がある。当たり前のことと思われるかもしれないが，フィールドワークを通じて多様な人間を観察する人間，すなわち人類学者の側もまた「種々様々」だ。文化人類学が向き合う人間の多様性とは，十人十色といった表面的な意味をこえて，そして「バランスのとれた教科書」を困難とするほどに，深く豊かなものである。それは，文化人類学が，ただ人間の多様性を語る学問であるにとどまらず，他者に向き合う私たち自身の態度について考える学問だからである（桑山 2018）。

　文化人類学の授業では文化相対主義について時間をかけて学ぶ。文化相対主義とは「みんなちがってみんないい」（金子みすゞ）とする考え方（相対主義）を異文化の理解に活かそうとする態度のことである。それは，多様な人間の生き方について，どれが，あるいはどちらの方がより正しい，優れているといった価値判断を排除する。毎日の食生活，家族のかたち，社会のしくみ，宗教の位置づけはもとより，生きがいや幸福観，人生目標は多様である。文化人類学はこのような多様性の社会文化的背景を理解しようとする。

　この意味での文化相対主義は，他者への寛容な理解へと続く扉であり，同

時に自文化が否定されないための盾にもなる。ところが，文化相対主義は，使い方を誤ると，他者理解につながらないどころか他者／異文化に対する単なる無関心に堕してしまう。無関心に根差した「いいかげんな文化相対主義」（浜本 1996）では，「みんなちがってみんないい」から，皆それぞれでいい，自分もこのままでいい……だから，互いに干渉し合うことはやめて，それぞれ別に生きていく方がよい，という考え方にたどりつく。行き過ぎた絶対的相対主義では，善悪の基準さえも相対化してしまう。その顛末は何でもありの世界となるが，誰もそのような世界や時代の到来を望まない。

　レッドフィールドは，文化相対主義をめぐる以上のような教訓について踏み込んだ考察をするなかで，冒頭に引いた一節を書いた。観察対象の他者／異文化の営み——彼にとっては19世紀初期の古記録のなかに描かれた北米ポーニー・インディアンの人身供犠——と，観察者自身が生まれ育った社会の考え方・価値観とが衝突することがある。そのような場合，観察対象とする他者／異文化に固有の正しさへの信念に対して，どのように向き合うことができるか。できるだけ価値判断を排除しながら記述するか。自らの信念を相対化するものとして位置づけ，自文化批判につなげるか。あるいは，本心では放棄しようのない自らの確信にたちかえって，観察対象の他者／異文化の側に変化を期待するか。

　文化相対主義を基本姿勢とする文化人類学では，ふつう上記の最後にある選択肢は禁じ手である。だが，レッドフィールドの探究は，あえてそれに触れた。と同時に，またそれゆえに「バランスのとれた学者群，種々様々な数多くの人類学者たち」を必要とすると述べた。つまり，冒頭の一節は，この文脈で書かれたものである。念のため述べておくと，上記はあくまでも一つの例示で，文化人類学の探究がすべてこの三者択一に突き当たるわけではない。文化人類学は，遠隔地からではなく，対面的な関わり合いのなかから他者／異文化を記述し，理解しようとする。そうしたなかでの文化相対主義的態度は，決して穏やかに維持できるものではない。他者／異文化は，観察者自身の信念や価値観を脅かす，その点で恐ろしい存在でもある。

　私たちは，座して他者に出会えるわけではない。関わり合いをもち，関心

を向けることではじめて，自分とは異なる信念をもつ人々は，自分にとって真に意味のある他者になる。そうでなければ地球上の多様な人間は，私たちにとって他者ですらない。文化人類学は，人間は多様だというそれ自体当たり前の事実を述べるための学問ではない。無関心に根差した「いいかげんな文化相対主義」を振り払い，新たな他者との出会いの場に踏み込む経験としてのフィールドワークと，その出会いの成果物としての民族誌の記述を必須とする。フィールドワークは民族誌をひらく手段であり，民族誌は文化人類学をひらく手段である。だが，どちらにしても目的に先立つ万能の手段がどこかに存在するわけではない。

2　フィールドワークと民族誌

> 社会の中の人間を研究するとき，私たちは，依然として，いわば探求の主体であると同時に対象なのである。　　　　　　　　　（リーンハート 1967：215）

　本書の各章では，アフリカ諸社会を対象にした人類学の古典と呼びうる民族誌を取り上げる。民族誌には，人間が世界各地でつくりあげてきた多様な生活のありようが，事細かに記されている。民族誌とはエスノグラフィ（ethnography: ethno＝民族，graphy＝記述したもの）の訳語であり，その名称から一つの民族集団の生活を描いた著作だけを指すものと考えられがちだが，民族誌の対象とする社会の範疇はもっと広い。すぐれた民族誌として評価されているもののなかには，複数の民族の成員が混住する都市社会を取り扱った著作（第3章）や，開発プロジェクトに従事する官僚などの多様なアクターに焦点を当てた著作（第11章）もある。つまり民族誌とは，民族を含む特定の集団を構成する人々の生活世界を描いた著作のことである。

　人類学者は，主に自身が実施したフィールドワークで得た一次資料（データ）に依拠して民族誌を執筆する。文化人類学におけるフィールドワークは，多くの場合，たった一人で数年間を異なる社会で過ごし，その土地の言葉を学んで，その社会の人々と衣食住をともにしながら行われる。フィール

ドワークのなかで人類学者が経験するのは，必ずしも他者の生活や未知の思考様式に対する驚きや興奮，感動ばかりではない。人類学者が直面するのは，たとえば，私たちの論理では説明がつかない行為，「なぜ」という問いかけに対してなかなか得られないもっともらしい答え，「それを問うて何になるのか」という現地の人からの反応，言うは易く行うは難い文化相対主義という立場に対する恨み，そして「いやいやそれでもしかし……」という自分自身のなかでの押し問答などである。

　フィールドワークにおける幾多の試行錯誤を経て執筆される民族誌もまた，自分自身と向き合う孤独な作業を通じて完成される。もちろん，民族誌の目的はフィールドワークの苦労を訴えたり苦情を申し立てたりすることではない——少なくとも主目的ではない——から，人類学者は，あたかも冷静に現象を眺めているかのように，固有の文脈を見極め，あるいは他の社会と比較しながら，雑多なデータを納得できるかたちにどうにかつなぎ合わせて，様々に分析を展開しようとする。人類学者が他者の社会を描き出すときに背負っているのは，彼または彼女の生きる社会の常識や，その時代の支配的な学問的パラダイム，そして個人の思想・信条である。これらの重い荷物を一つずつ整理してゆく過程でようやく浮かび上がってくるのが，目の前にいる（いた）人間としての他者の姿と，見聞きしたことを分析するもうひとりの人間としての自分自身の姿である。

　この意味で，民族誌は，世界各地の民族あるいは多種多様な人間集団の図鑑などではなく，顔が見える間柄のなかでの文化接触と相互理解（相互反発），そして各人類学者が自身の思考の限界と向き合った文化相対主義との奮闘の軌跡が描かれているものである。私たちは，その軌跡のなかに，人間が人間の研究をすることの意味と可能性を見出そうとしている。

　本節の冒頭に引用したイギリスの人類学者ゴドフリー・リーンハートは，他者と自社会をつなぐ媒体としての役割をもつ人類学が探究するのは，「神秘的な『原始的哲学』ではなく，われわれ自身の思考や言語の，よりゆたかな可能性」であると述べている（リーンハート 1973：165）。つまり，私たちが他者の言語や思考法をたどることで知るのは，私たちの生とは無縁のエキ

ゾチックな何かではなく，他者の言語を介してはじめて見ることが可能になる私たち自身の思考の限界や不十分さであり，新たな現実のあり方である。

　民族誌は書き手が見聞きした何事か（テキスト）を記述し，明らかにするものだ。だが，その何事かを書くために記述しなければならない固有の文脈（コンテキスト）の方にむしろ多くの紙幅を要する。多くの人類学者はそう考えている。日常の何気ない会話やふるまい，人間関係を理解しなければ，何らかのトラブルが発生したときの人々の対応や情動を理解することはできない。これらの多くは，何もアフリカに話題を求めなくとも私たちの誰もが自分の経験から理解できることである。ただし，その現れ——ある事物と別の事物との結びつき，あるいはテキストとコンテキストとの結びつきのあり方——は社会によって異なるため，人類学者は複数の社会を往復しながら，自分自身の観点を相対化することを試みる。その過程で，人間一般に通じる理論のようなものに出遭うこともあるし，出遭わないこともある。民族誌を読み進めるなかで見えてくるのは，人間存在に関する抽象的な議論というよりも，具体的な生のなかから見出される人間についての生きられた理論であり，人間が人間に向き合うための思考の道筋であり，他者，すなわち可能性としての自己を描く技法なのである。

　本書の各章では民族誌を要約して示すが，それはこのような民族誌の豊潤な内容を切り詰めてしまう作業に他ならない。民族誌の精髄を味わうためには現物を読むしかない。そうはいっても，自分の日常生活からは縁遠い暮らしをする人々について書かれたずっしりと重い民族誌には，なかなか手を出せない人も多いだろう。本書はそのような読者を主たる対象として，民族誌の魅力の一端を伝える導入的な著作として位置づけられる。また，本書はあくまでもそれぞれの民族誌について一つの読み方を示すものであって，別のまとめ方や位置づけ方ができることは，最初に明記しておきたい。

3　アフリカとの出会い

　2019年現在，約3000万 km^2 のアフリカ大陸には，54カ国 1 地域に12億人

程度が暮らしている。人類進化の舞台であるアフリカは，人類居住の長い歴史を反映して，人々の遺伝的・身体的形質，言語文化，生業，社会形態のいずれをとっても多様である。人間の多様性と普遍性を理解するうえで，アフリカが重要な地域であることは論をまたない。

しかし，民族誌の書き手である人類学者が，なぜアフリカを調査地に選び，どのようなまなざしでアフリカに向かい合ったのかを理解するには，植民地経験，独立後の社会変動，グローバル化といったマクロな状況について把握しておく必要がある。ここでは，民族誌の描かれた背景について，アフリカ社会とヨーロッパを中心とした外部社会の関係に着目しながら概観してみよう。

サハラ以南アフリカは，早いところでは15世紀からヨーロッパと接触を深めていった。初期の友好的でより対等だったアフリカとヨーロッパの交易関係は，新大陸の発見を契機に，奴隷貿易に象徴される搾取的な関係へと急速に変わっていく。16世紀から発展した博物学ではアフリカ人は好奇の対象とされ，動物との区別が付かない怪物のような存在として表象されることさえあった。

18世紀にヨーロッパで花開いた近代啓蒙思想は，人権や平等を人類に普遍的な価値とする理想主義を掲げたが，アフリカ人はその価値が適用される対象とはみなされなかった。彼らは一方では「劣等な」人種として分類され，他方では「高貴な野蛮人」として過度に理想化された。この両極端に映る評価は，アフリカ人を一方的な視点で自分たちとはまったく異質な存在として対象化する点，そして彼らの具体的な生のあり方には徹底的に無関心である点において，共通している。

19世紀後半以降，エチオピアとリベリアを除くサハラ以南アフリカの諸地域が，イギリス，フランス，ポルトガルなどのヨーロッパ列強による植民地支配下に組み込まれた。人類学が一つの学問領域としてかたちをなしてきたのもこの19世紀後半であるが，初期の人類学者は自らフィールドワークは行わず，キリスト教宣教師や商人，探検家らにより伝えられた情報に依拠して，研究を行った。彼らの理論的立脚点は，人類の過去の姿をとどめた「原

始的な」存在としてアフリカ人を位置づける社会進化論であった。20世紀前半に入ると，この社会進化論を批判するかたちで，実際にフィールドに出向いて長期の実地調査を行う人類学者が現れ始める。彼らもまた，アフリカを支配する側の立場に属するヨーロッパ人であるという点では変わりがなかった。しかし，同じ時代に宣教師や行政官が残した記録が，アフリカ人社会を管理する立場で書かれた断片的な記載に終始することが多いのに比べ，現地の人々の生きざまに感興を覚えつつ，丹念なフィールドワークを行って書かれた民族誌は，アフリカ人の生活や文化をそれぞれの対象とする社会の内側から描き出す内容になっている。

　第二次世界大戦以降，アフリカ諸国では植民地支配からの脱却と新たな国民国家の創設を求めるナショナリズム運動が盛んとなり，1950年代後半から多くのアフリカ諸国が新興国として独立していった。特に17の国が独立を達成した1960年は「アフリカの年」とも呼ばれている。それとともに，アフリカをフィールドとする人類学者の研究関心も大きく広がっていった。それまで，変化に乏しい伝統的社会に生きる「部族民」として描かれてきた人々について，都市化や近代化，ナショナリズムなどの新たな社会の動きに焦点を当てた民族誌が多く出版されるようになった。民族誌の書き手も多様化した。残念ながら本書では紹介することができなかったが，アフリカ出身の人類学者による，同時代のアフリカを内側からの視点で描き出す民族誌が，盛んに書かれるようになっている。

　しかしその一方で，独立以後もほとんどの国では，旧宗主国や先進国による政治経済支配の構造は基本的には大きく変わらなかったとの批判もある。東西冷戦期になされた経済支援は，アフリカ諸国の強権的な政府を再生産するばかりで，人々の生活の向上には結びつかなかった。冷戦構造が終わりをつげた1980年代末以降，各国で民主化が進んだものの，外圧による急激な政治体制の変化はむしろ社会に混乱をもたらすことが多かった。こうしたポストコロニアルな状況が続くなかで，人類学者もまた，アフリカ諸社会が抱える開発，貧困，紛争などの現代的な課題に積極的に関心を向けていった。

　ところで，アフリカを訪れその社会に身を浸しているうちに，あたかも中

毒性があるかのように再び訪れたくなる人類学者は少なくない。時代や立場を越えて，アフリカに魅了され，通い続ける人類学者が引きも切らないのはなぜであろうか。それはアフリカが，新たな他者（新たな自己理解を促すような，自分にとって真に意味のある他者）に出会う場としての可能性をもっているからではないだろうか。実際，アフリカでは人々の柔軟で可塑性に富んだ暮らしぶりや様々な困難を生き延びる創意工夫など，私たちの「当たり前」に再考を迫るような出会いに満ちている。アフリカは，人間の人間への想像力の限界を試されるフィールドの一つであり続けている。それは，前節で述べた意味で，重い荷物を一つずつ整理してゆく過程でようやく浮かび上がってくる，人間理解のための確かな手がかりでもある。

4　アフリカとの再会——本書の構成

　本書は，この序章を除いて11章構成となっている。各章では，現代アフリカを語るうえで重要なトピックを，文化人類学の視点から論じている。それぞれの章は，2〜3章ごとに緩やかなまとまりをもつように配置した。第1章から第3章は，生業や経済，あるいは経済的な理由にもとづく移動など，人が生きるうえで必要な糧を手に入れる暮らしの手立てと関わるトピックを取り上げる。続く第4章から第6章では，家族や民族，そして法や政治と，人が集い秩序をつくるありようにに関するトピックを扱う。第7章から第9章では，神話や歴史，呪術など，人が世界をまなざす方法，世界観や宇宙観と関わるトピックを論じる。最後に第10章と第11章は，難民や開発援助など今日のアフリカを語るうえで「課題」や「問題」として語られることが多いトピックについて，文化人類学のアプローチを紹介する。

　各章では，はじめに，トピックと関わる古典的な民族誌の内容を紹介する。そのうえで，その民族誌が刊行されて以降の研究の展開を，各章の執筆者自身の現地調査や他の民族誌的資料を踏まえて論じる。その意図は，本書冒頭の「読者の皆さまへ」で述べた通りである。各章で取り上げる民族誌とその主な対象，それぞれの章で考えてほしい内容については表1にまとめた。

表1　各章で取り上げる民族誌とテーマ

第1章　環境と生業　　　コリン・M・ターンブル（Colin Macmillan Turnbull, 1924〜1994）
　　　　　　　　　　　『森の民——コンゴ・ピグミーとの三年間』
　　　　　　　　　　　（1962年，邦訳1976年）
　　　民族誌の主な対象：　コンゴ盆地のピグミー系狩猟採集民（現コンゴ民主共和国）のムブティ
　　　考えるテーマ，問い：　自然とともに生きるとはどういうことか。私たちは，地球環境問題にどのような視点で，どう向き合ったらよいのか

第2章　経済と社会　　　カール・ポランニー（Karl Polanyi, 1886〜1964）
　　　　　　　　　　　『経済と文明——ダホメの経済人類学的分析』
　　　　　　　　　　　（1966年，邦訳2004年）
　　　民族誌の主な対象：　18世紀のダホメ王国（現ベナン共和国）
　　　考えるテーマ，問い：　自由経済の不自由さ。市場を前提としない経済とはいかなるものか

第3章　都市と移民　　　エイブナー・コーエン（Abner Cohen, 1921〜2001）
　　　　　　　　　　　『アフリカ都市の慣習と政治——ヨルバ都市のハウサ人移民の研究』（1969年，邦訳なし）
　　　民族誌の主な対象：　1960年代のイバダン（ナイジェリア）に暮らすハウサ人移民
　　　考えるテーマ，問い：　働き口を求めて移動すること。定住を前提とした私たちの生き方を問い直す

第4章　親族と結婚　　　エドワード・E・エヴァンズ＝プリチャード
　　　　　　　　　　　（Edward Evan Evans-Pritchard, 1902〜1973）
　　　　　　　　　　　『ヌアー族の親族と結婚』（1951年，邦訳1985年）
　　　民族誌の主な対象：　1920年代〜1930年代のスーダン南部（現南スーダン共和国）のヌエル人（ヌアー人）
　　　考えるテーマ，問い：　親族・家族の多様性と類似性。家族は人類共通の「怪物」なのか

第5章　法と政治　　　マックス・グラックマン（Max Gluckman, 1911〜1975）
　　　　　　　　　　　『北ローデシア・バロツェの司法過程』
　　　　　　　　　　　（1955年，結論章のみ千葉正士編訳『法人類学入門』所収）
　　　民族誌の主な対象：　1940年代の北ローデシア（現ザンビア）のバロツェ王国
　　　考えるテーマ，問い：　法の普遍的適用はいかに可能か。複数の正しさのうちから法の確定性を導く裁判人の技術

第6章　民族と国民　　　富川盛道（1923〜1997）
　　　　　　　　　　　『ダトーガ民族誌——東アフリカ牧畜社会の地域人類学的研究』（2005年）
　　　民族誌の主な対象：　1960年代のタンザニア連合共和国（1964年まではタンガニーカ）のダトーガ人
　　　考えるテーマ，問い：　民族とはどのような集まりか。民族と国民はどのような関係にあるのか

第7章 神話と宗教	マルセル・グリオール（Marcel Griaule, 1898〜1956）
	『水の神——ドゴン族の神話的世界』（1948年，邦訳1981年）
民族誌の主な対象：	ニジェール川流域（マリ共和国およびブルキナファソ）のドゴン人
考えるテーマ，問い：	世界の秩序の成り立ちと仕組み。神話はいかに我々の現実を脅かすのか

第8章 歴史と同時代性	川田順造（1934〜）
	『無文字社会の歴史——西アフリカ・モシ族の事例を中心に』（1976年，文庫版2001年）
民族誌の主な対象：	1960年代のオート・ヴォルタ（現ブルキナファソ）の南部モシ王国そして同時代のパリ
考えるテーマ，問い：	口頭伝承は過去をいかに表現するか。同時代を生きる語り手と書き手の解釈とその再解釈の可能性

第9章 呪術と科学	長島信弘（1937〜）
	『死と病いの民族誌——ケニア・テソ族の災因論』（1987年）
民族誌の主な対象：	1970年代〜1980年代のケニアのテソ人
考えるテーマ，問い：	「災因論」はいかなる現象を説明するのか。科学が進歩すると呪術はなくなるのか

第10章 難民と日常性	リーサ・H・マルッキ（Liisa Helena Malkki, 1959〜）
	『純粋さと亡命——タンザニアのフトゥ人難民における暴力，記憶，ナショナルな世界観』（1995年，邦訳なし）
民族誌の主な対象：	1980年代のタンザニア連合共和国にくらすフトゥ人難民
考えるテーマ，問い：	難民とはいかなる存在か。難民問題の解決とはなにか

第11章 開発と支援	ジェームズ・ファーガソン（James Ferguson, 1959〜）
	『反政治機械——レソトにおける「開発」・脱政治化・官僚支配』（1990年，邦訳2020年）
民族誌の主な対象：	1970年代〜1980年代のレソトにおける開発プロジェクト
考えるテーマ，問い：	アフリカ開発・支援とは，誰にとってのどんな事象なのか。1990年代以降の日本によるアフリカ開発・支援と私たち

11の章を読み進めるうちに，多くの章が共有する二つの試みに気づくであろう。

　第一に，異文化としてのアフリカ像を再考し，私たちとの関係性を問い直す作業，いうなればアフリカを「再発見」する試みである。かつて植民地主義を正当化する西洋の人々から「白人の重荷」と称されたアフリカは，いまだ植民地主義の爪痕に苦しむなか，今日では国際社会の「課題」や「問題」として語られる。日本において流布したアフリカ観も，「豊かな文明社会に生きる私たち」とは圧倒的に異なる他者としてのイメージである。神話や呪術など，非科学的な「迷信」にとらわれた未開の人々。排他的で対立を繰り返す部族／民族の集まり。よくいえば伝統を尊ぶ，しかし悪くいえば変化に乏しい不活性な大陸。豊かな自然はあれど，貧困に苦しむ大地。最近では，アフリカは「地球上最後のフロンティア」などと呼ばれ，好意的に語られるようにもなった。しかしそうしたまなざしも，ややもすれば「未開のアフリカ」に経済的機会を見出す自己利益本位な動機にもとづくものになりがちである。

　本書では，文化人類学者がフィールドワークを通して描いてきたアフリカの人々の豊かな生を紹介することで，再生産され続けるこれらのイメージを再考する。それは，アフリカを自然保護や人道支援の対象として画一的に捉える私たちのまなざしや関係性を改めて考える作業である（第1章，第10章，第11章）。また，迷信にとらわれた彼ら／彼女らと科学的合理性を追求する私たちという安易な二分法的理解を問い直すこと（第7章，第9章）であり，豊かな日本に暮らす私たちと，遙か彼方の貧しい大地に暮らす彼女ら／彼らという関係性の理解を超えることでもある。

　そして第二に，それぞれの章が試みるのは，私たち自身を問い直す作業である。異なる生活習慣をもつ人々に対する素朴な驚きは，いつの時代であれ，異文化への興味・関心を刺激し，初学者を文化人類学へと誘う大切なきっかけである。だが，そのような驚きは長続きしないし，自己（私たち）と他者（彼ら／彼女ら）の対比や線引きをそのまま放置するだけでは人間理解を深めることにはつながらない。第1節で述べた通り，文化人類学の学び

は他者の発見，理解にとどまらない。他者を他者としてみる私たちの態度，まなざしについて改めて考えてみることが重要である。

　アメリカの文化人類学者クライド・クラックホーン（1971）は，人類学の学びを「鏡」に例えた。鏡に映る私たち自身の左右反転した姿と同じく，アフリカの人々の多様な生を知ることは私たち自身を省みる作業でもある。生得的なつながりとされる家族や民族などの社会集団の柔軟性（第4章，第6章）。私たちが当然視する市場経済や自由経済の不自由さ（第2章）や，厳格な法治主義がもつしなやかさ（第5章）。定住ではなく移動を前提とした生き方（第3章）や，文字資料に頼らない歴史観（第8章）など。人間がもつ多様性を学ぶことは，私たちが当たり前に受け入れている前提を問い直す試みであり，私たち自身をみつめなおす機会を与える。アフリカを「再発見」する作業は，私たち自身を「再発見」する試みでもあるのだ。

参照文献

クラックホーン，C　1971『人間のための鏡』サイマル出版会。

桑山敬己　2018「文化相対主義の源流と現代」桑山敬己・綾部真雄編『詳論文化人類学』ミネルヴァ書房。

浜本満　1996「差異のとらえかた——相対主義と普遍主義」青木保他編『思想化される周辺世界』岩波講座文化人類学12，岩波書店。

リーンハート，G　1967『社会人類学』増田義郎・長島信弘訳，岩波書店。

リーンハート，G　1973「未開人の思考様式」E・E・エヴァンズ＝プリチャード／R・ファース他編『人類学入門』吉田禎吾訳，弘文堂。

レッドフィールド，R　1978『未開世界の変貌』染谷臣道・宮本勝訳，みすず書房。

●読書案内●

『アフリカ入門』川田順造編, 新書館, 1999年
 学界を代表する研究者たちによる全21章に,「なぜ, アフリカか」という問いに答える編者序文を加えた, 研究入門の書。各章末で関連文献を示すなど入門書としての内容的広がりを維持しつつ, 執筆者それぞれの経験的知見にもとづく解説が豊富。

『改訂新版　新書アフリカ史』宮本正興・松田素二編, 講談社現代新書, 2018年
 高校までの世界史においては, 中心である西欧に対し, 周縁として学ぶことが常のアフリカ大陸の歴史を正面から取り上げた力作。各国別の記述方法をとらず, かつては「歴史のない大陸」と呼ばれたアフリカについて, 大陸内の交流や大陸間の交渉の歴史をダイナミックに描いている。

『アフリカ学事典』日本アフリカ学会編, 昭和堂, 2014年
 「宗教・思想」「アフリカ史」「文化人類学」「地域開発・国際協力」「生態人類学」「地域研究」など, アフリカ研究の今をテーマ別に総覧する読む事典。引く事典としての『アフリカを知る事典』(平凡社, 新版2010年) とならぶ参考図書のスタンダード。

A Companion to the Anthropology of Africa. R. R. Grinker et al. (eds), Wiley Blackwell, 2019
 アフリカを対象とした過去の膨大な人類学的研究をレビューするとともに, 最新の研究動向も紹介した著作。全20章で構成されており, 経済や親族, 法, 呪術といった古典的なテーマから, 紛争や難民, 環境問題, メディア状況など社会的関心の高いトピック, さらにはアフリカ人研究者によるアフリカ研究まで, 広範な領域がカバーされている。

第 1 章
環境と生業
変動する自然を生きる

大石高典

森の植物でつくった付け髭を付けたバカ・ピグミーの熟練ハンター。定住集落での余興にも余念がない（2018年，カメルーン東部州にて筆者撮影）

1　気候変動に揺れるアフリカの人と自然

　人類が最も古くから暮らしてきたアフリカには，人類史の縮図ともいえる実に多様な生業が存在する。大都市で先進国とさして変わらない近代的な都市生活を営む人々もいれば，自然に深く依存して生きる「伝統的」な生活を営む人々もいる。そのなかで焼畑農耕，牧畜，狩猟採集，漁労といった自然に依拠した生業形態は，近代化や開発が進めば消滅すると考えられがちかもしれない。しかし，サハラ以南アフリカの多くの国々では，急速に生活や経済のグローバル化が進む一方で，自然とのつながりを維持した生活形態もま

た根強く健在である。アフリカに生きる多くの人々は，生活の近代化を受け入れつつ，同時に自然に依拠した生業やこれらを複合させた生活（生業複合）を営んできた。そして，狩猟採集をはじめ農耕，牧畜など自然に依拠した生業は，アフリカの個別の文化に属する人々の行動原理や価値観を理解するうえで重要な手がかりとなってきたのである。

　アフリカの自然と一口にいっても，その実態は実に多様である。アフリカ大陸の衛星写真を見てみよう。北と南に広がるサハラ砂漠やカラハリ砂漠のように白っぽく見える砂漠から，コンゴ盆地を中心に広がる濃い緑の熱帯林まで，グラデーションをもった景観が広がっている。地球規模で進む気候変動は，これらアフリカの自然に異なったかたちで影響を及ぼしている。人間生活に目立った影響が出ているのが，サハラ砂漠南縁のサヘル地域や大地溝帯以東の東アフリカに広がる半乾燥地域である。これらの地域の牧畜社会では，頻発する旱魃が家畜に大きな損害をもたらしている。降雨量の減少による乾燥化と流入河川のダム開発によって，かつて世界第2位の面積を誇ったチャド湖が消えつつある。サヘル地域にあるニジェール共和国やブルキナファソ，マリ共和国では，利用可能な土地や水資源の減少に伴って農耕民と牧畜民の対立が増加しているといわれる。コンゴ盆地やギニア湾沿岸に広がる熱帯林地帯では，乾期の拡大に伴う森林の乾燥化や，開花や結実のタイミングがずれることによる森林の劣化が懸念されている。

　野生動植物を直接的に採捕し利用する生業を営んでいる狩猟採集民の社会や文化は，こうした変化とどのような関わりがあるのだろうか。狩猟採集民は，いくつかの理由から文化人類学の重要な研究対象であり続けてきたが，その最大のものは人類の歴史のほとんどが狩猟採集生活だったという事実であろう。農耕と牧畜が始まる1万年より前には，世界人口のほぼ100％が狩猟採集民だったが，現在では狩猟採集民は世界人口の0.0001％にも満たない。世界的に狩猟採集民の人口が減少するなかで，アフリカには，現在でも比較的多くの狩猟採集民が暮らしている。

　ピグミーは，コンゴ盆地の熱帯林に住む狩猟採集民の慣習的な総称で，南部アフリカ（ボツワナ共和国，ナミビア共和国）のブッシュマン（サン）や東

アフリカ（タンザニア連合共和国）のハッザなどとともによく知られた存在である。ピグミーにはムブティ，エフェ，トゥワ，バカ，バボンゴなど少なくとも15集団以上があり，コンゴ民主共和国，コンゴ共和国，カメルーン共和国，ガボン共和国，中央アフリカ共和国，赤道ギニア共和国，ルワンダ共和国に全体で約92万人の人口を擁すると推定されている（Olivero et al. 2016）。異なるピグミーの集団間で大きな文化的多様性がみられるが，年に数か月以上の狩猟採集生活を行い，森林環境に強い愛着をもち，ゾウ狩猟を慣習的に行い，歌と踊りを伴った精霊儀礼を盛んに行う，など共通の特徴もある（Hewlett 1996）。

　本章では，コリン・ターンブルの民族誌『森の民――コンゴ・ピグミーとの三年間』（ターンブル 1976）を手がかりに，熱帯林における狩猟採集という「環境に深く根ざした」生業と社会を取り上げ，変動する自然環境や社会経済状況に対して，これらの社会や文化がどのように対応しようとしているかをみてゆく。

　この作品でターンブルは，森の一部であるかのように暮らすムブティのあり方を，「森の民（The Forest People）」ということばで表現した。平易で読みやすい記述，そして読み物としての内容の面白さから，ピグミーのユニークな文化が世界中に知られるようになった。この作品が一つのメルクマールとなり，日本や欧米の研究者によって，そして最近ではアフリカ人研究者によって，中部アフリカの狩猟採集民の生業と環境について活発な研究が行われてきた。多くの研究者が，ピグミー系狩猟採集民や，彼らがともに暮らす焼畑農耕民の生きざまを通じて，アフリカの森そのものに魅せられていった。その先達がターンブルだった。

　以下では，まずターンブルの描き出したムブティ社会を，①農耕民との関係，②融通無碍な社会性，③精神文化の3点に焦点を絞って紹介する。そしてその後，半世紀にわたるピグミー像の変遷を，環境や生業の変化との関わりから検討する。最後にグローバルな気候変動と関連して，現代アフリカで起こっている自然の資源化という大きな変化を踏まえたうえで，アフリカ社会にとっての自然や生業の意味について改めて考えてみたい。

2　森に生きる狩猟採集民の民族誌——C・M・ターンブル『森の民』

(1) 森の生活と村の生活

　中部アフリカ・コンゴ盆地に広がる森林は，アマゾンに次ぐ世界第2位の広大な熱帯林である。『森の民』は，その北東部にあたるイトゥリの森に住む狩猟採集民ムブティ・ピグミーの生活文化を，同じ地域に居住する近隣の焼畑農耕民社会と比較しながら生き生きと描き出している。

　現在のコンゴ民主共和国北東部に位置するイトゥリの森は，アフリカ大陸全体が寒冷・乾燥化した約2万年前（最大寒冷期）でも森林植生が維持されていたとされ，森林に適応したキリンの仲間であるオカピのような稀少な動物が生息している。

　最初にイトゥリの森で調査を行ったのはポール・シェベスタ（1920年代）とパトリック・パットナム（1920年代後半〜1953年）である。シェベスタはカトリック神父で，森から村にムブティを呼んで話を聞く形式の調査を行った。パットナムはハーバード大学から派遣された人類学者だったが，ムブティとこの地を気に入り，研究よりも現地に定住して地域住民を対象にした慈善事業に注力したためにほとんど論文を残さなかった。

　ターンブルがこの森に住み込んだのは1954年と1957〜58年の2回であり，ともに独立以前のベルギー領コンゴの時代になる。ターンブルは，初回の予備調査の後にオックスフォード大学での2年間の準備期間を経てイトゥリを再訪する。オックスフォード大学では社会人類学を専攻し，エヴァンズ゠プリチャード（第4章参照）やロドニー・ニーダムらの指導を受けた。

　ムブティをはじめピグミー系狩猟採集民は，焼畑農業を行って食料生産を行う農耕民の近くに住んでいることが多い。ターンブルに「村人」と言及される彼らは，より定住した生活を送っており，生業のほか価値観や社会組織のうえでもピグミーと異なった特徴をもつ。ターンブルが予備調査のときから関心をもったのが，この「ピグミーと村人との関係」であった。ムブティは，村人と一緒にいるときと彼らだけで森にいるときではまるで異なる姿を

みせた。先行研究では村人の領域である村を中心に調査を行ったことによる方法論上のバイアスが生じていることを読み取ったターンブルは，ムブティが主に暮らす森に住み込んでムブティ社会への長期参与観察を行うことを決心する。

こうしてターンブルは,「森の住民は，村の住民となぜ違うのか」という問いとともにムブティのキャンプに住み込んだ。ケンゲというムブティ青年が，フィールドワークのほぼ全期間にわたり調査助手を務めた。ケンゲは，狩りや森の知識に秀でる一方で洋装をし，美容石鹸を使うといったように，伝統主義と近代主義を柔軟に使い分ける。ムブティと村人は，物々交換を通じた経済的な関係を持ち，またンクンビと呼ばれる男子割礼儀礼を共有している。シェベスタは，これらの仕組みを通じて村人がムブティを支配し，それにムブティが従属するという見方をしていた。しかしターンブルは，ムブティが村では村人に従属するふりをしているだけであり，森では村人の意向とは関係なく自由を謳歌していることや，農作物と森林産物の物々交換における「不平等な関係」が表面的なもので，ムブティが村人の畑から農作物を採集（村人からみたら泥棒になるわけだが）することによって，巧みにバランスを取っていることなどを明らかにしていく。

森には食べ物が豊富にあり，ムブティは季節に応じて存分にそれを享受している。血縁集団を中心とした小規模な社会形態のことを人類学の用語でバンドという。ムブティは，複数家族からなる狩猟バンドごとにキャンプをつくる。時々の世帯やメンバーの構成は流動的で，狩猟を主にする時期には狩猟グループは大人数になるが，蜂蜜の季節には少人数に分かれるといった具合に離合集散がみられる。狩猟で獲れた肉は，狩猟時の役割に応じてキャンプで分配されるが，肉の持ち主に各自の取り分を交渉することもある。「うちの人はあんたにヤリを貸したことがあるじゃない」「あんたの3番目のおかみさんが，あんたがいなくておなかをすかしているときに，肝をあげたことがあるよ」「うちのお父さんとあんたのお父さんは狩りの相棒じゃないか」などなど。気にくわない相手には獲物を隠すこともある。森の食べ物のなかでも特に好まれる蜂蜜は，1年のうち2か月間,「採れすぎるほど採れ

る」。老若男女問わず朝から「森の宝」である蜂蜜採りに出かけ，濃厚な茶褐色の蜜を心ゆくまで味わう。

　獣肉や蜂蜜などムブティの獲物は村人にとって垂涎の的だ。村人は特定のムブティを，自らを庇護者とするパトロン＝クライアント関係に取り込んで，あわよくば「自分のピグミー」として有利に交易ができるような間柄をつくろうとする。ムブティは，村人から（農作物のプレゼントなど）最大の利益を引き出しながら，村人とわずらわしい（固定的な従属）関係にならないように「うまくやる」。生業である狩猟採集はいうに及ばず，万事を楽しみ，遊びの材料にしてしまうムブティにとって，村人とのつきあいにも遊びの要素が含まれている。ムブティは村人に対してしたたかで，機知を用いて裏をかき，巧みにだまして実をとる。

　ターンブルは，自分の存在がムブティと村人の間の駆け引き材料になっていることに気づく。村人は，アミナという美貌の女性をターンブルの居候するキャンプに送る。村人は農作物の贈与によってムブティの歓心を買い，獣肉交易に有利な関係をつくろうとする。しかしアミナと同衾するように仕向けられたターンブルは，それが，娘を使って自分を取り込むことで同じキャンプのムブティをまるごと取り込もうとする村人の計略だと気づく。無事に事を収めるため，ターンブルはとっさにアミナに雨漏りのする葉っぱ葺きの屋根修理を依頼し，その間に寝入ったふりをして夜をやり過ごす。二人は，つかの間の共同生活を通じて仲の良い友人になる。このようにムブティと村人の関係は，ターンブルにとってまったく他人事ではなかった。民族誌のなかに自らの姿を描き出す手法は，参与観察の肌触りを余すことなく伝える。

　しかしターンブルは，ムブティに感情移入するあまり，「真の人間」であるムブティと「獣人」である村人といった具合に，ムブティと村人を二項対立的に位置づける。一貫して「動物のような存在」として描かれる村人だが，唯一ムブティと親交のある気の置けない存在として登場する人物がカウェキである。カウェキは，農耕民だがムブティと同じように村の世界の喧騒を嫌って森のなかに一人でキャンプを設けて漁労活動を行っている。あるとき，カウェキが重い病に倒れたと聞いて，ケンゲたちはターンブルを伴っ

て彼のキャンプへと見舞いに出かける。カウェキは訪れたムブティの友人たちに好きなだけ燻製魚を食べさせ，ムブティはカウェキのために歌い踊り，気分の良くなったカウェキは回復に向かう。カウェキは，村人でありながら，村の論理から排除され，孤独をつらぬく変わり者として描かれる。森の世界と村の世界を極端に対照的に描き出したことは，本章第3節1項で後述するようにのちに批判を受けることになる。

(2) 秩序のない「秩序」

ムブティのキャンプ生活は，遊びとユーモアにあふれており，良いキャンプには笑いが絶えない。以下のような具合だ。

> ピグミーは感情をむき出しにすることを少しも恥ずかしがらない。彼らは涙がでるまで笑うのが好きだ。そして立っていられなくなると，地面に坐ったり寝ころんだりして，なおいっそう大声を立てて笑うのである。
>
> （ターンブル 1976：45）

狩猟キャンプは，基本的に「楽天的で友愛に満ちた場所」である。しかし，ムブティの生活はまったくストレスがなく，自由で気ままなだけというわけでは決してない。キャンプ生活では，小規模社会ならではの葛藤や対立が生じやすい。個人間の緊張が，些細な出来事を契機に可視化され爆発する。村人の社会では権威をもった首長がいて評議会が裁判を行うが，ムブティにはそんな権威をもったリーダーも裁判の仕組みもない。明瞭な「法」（第5章を参照）をもたないなかで，社会関係の危機にあたってどのように秩序が維持されているか。規則に基づく処罰はないが，罪を犯した者は軽蔑や嘲笑の対象となる。老猟師セフーによる獲物の横取り事件を事例にみてみよう。

ムブティは，網猟を行う。時に一枚で100m近くになる植物繊維からつくった網をつなぎ合わせて森のなかにめぐらし，勢子役（女性と子ども）と犬が網のなかに動物を追い込む。網には持ち場所が決められ，自分の網に獲

物が入ったら押さえ込んで捕らえる。獲物をつかむ者，網に獲物を追い込む者それぞれに楽しみがある。この猟には最低6〜7家族が必要になる。共同作業である「狩りを成功させるためには，男も女も子どもも全員が協力」しなければならない。ある日3回網を仕掛けても一度も自分の網に獲物がかからなかったセフーは，他人が構える網の手前に自分の網を置いて獲物を横取りするが，撤収が遅れ，ばれてしまう。セフーは他人の前に網を掛けたことを勘違いだと釈明するが，誰にも信じてもらえない。年長ハンターであるにもかかわらず，セフーはキャンプにいる全員から無視され，馬鹿にされ，あげくには椅子さえ譲ってもらえないなど，「村人と同じ獣」の扱いを受ける。嘲笑の対象にされ，面目を失ったセフーは，とうとう自分のもっている肉すべてをキャンプ全員に引き渡すと宣言する。ひとかけらも残らず肉をむしり取られて嘆き悲しむセフーの家族に，調理した肉とおかずが鍋一杯届けられ，セフーは再びキャンプのなかに居場所を確保することになる。

　互恵的な平等主義を旨とする狩猟採集社会では，共同で狩猟を行い，獲物を分け合うことで生活を成り立たせている。獲物をかすめ取る行為はありえない過失である。しかし，規則や制度ではなく，周囲からの無視と軽蔑の制裁だけで，セフーは音を上げて反省せざるをえない状況に追い込まれた。しかも制裁は誰かの指示でなされたわけではなく，自然発生的なものだった。このように何事も形式にとらわれないあり方をターンブルは「魅惑的な非形式主義」と表現した。

　ムブティは，村人が夢中になる犯人捜しや正義の実現にまったく関心をもたない。喧嘩や論争で森をうるさくすると動物が逃げてしまい，「やかましいキャンプは空腹なキャンプ」になる。もめごとは，森での共同生活そのものを台無しにするから嫌われるのであって，その場の秩序の回復が優先される。夫婦喧嘩のキャンプ全体への拡大を事例にみてみよう。

　女のいないグループを生じさせないためにムブティが好む姉妹交換婚は，しばしば紛争の火種となる。同じ集団に属する者同士の結婚を禁止する制度を外婚制といい，ムブティ社会では，共通の祖先をもつと考える人々の集まりであるクランがその単位となっている。姉妹交換婚では，男が妻を娶ると

きに異なるクランに属する相手の家族の男に自分の姉妹を与えなければならない。関係者全員の同意を得て行う姉妹交換婚だが，しばしばしこりを残す。アマボスはエキアンガの妹と結婚し，一夫多妻主義者のエキアンガはアマボスの妹のカマイカンを第三夫人として迎えた。アマボスには子ができなかったが，カマイカンはエキアンガの子を生んだ。そのような状況のなか出産直後にもかかわらず，日中からカマイカンとの性行為にふけるエキアンガにアマボスは腹を立て，二人が閉じこもる小屋に罵声を浴びせ続けた。怒ったエキアンガは小屋を出て，槍をアマボスの近くに投げつけた。その槍をポイと捨てたアマボスに対し兄を侮辱されたと感じた妻が抗議すると，アマボスは彼女を平手打ちにした。妹への暴力を見たエキアンガは，お返しに妻のカマイカンを叩く。それに対してカマイカンが火の付いた薪をつかんでやり返したのを皮切りに，二組の兄妹が入り乱れての乱闘になった。キャンプ全員がこれを取り囲んで観戦し，喝采していたが，闘いが白熱すると，次々と加勢に加わる者が出た。キャンプ全体が混乱に陥る寸前に，エキアンガの第一夫人が二人の闘う女を引き離し，カマイカンの赤ちゃんの世話をしていたアマボスの母親である老婆サウが闘う息子たちの間に身体を入れて引き離し，闘いを止めた。

　これだけ複雑なもめごとも，誰かの指示や裁定で解決が図られることはなく「すべてが一見無秩序に，ひとりでに解決してゆく」。また，個人的な争い事でも他のメンバーを論争に参加させることで，責任は公共的なものになる。事は融通無碍に運び，予定調和らしきものがみられない。ターンブルは，ムブティは紛争を共同的に解決することで，個人的権威が生まれるのを避けているのだと考察する。狩猟キャンプでは生業と同様に秩序の維持も共同作業になるが，そこでの判断基準は「森」なのだという。

(3) **精神世界と森のつながり**

　つまるところ，ムブティにとって「森」とは何か。生業を媒介にした物質的なつながりをこえた人と森の精神的な結びつきにその核心を見出すことができる。ターンブルが敬愛するモケ老人の独白に耳を傾けよう。

「森はな，わしらにとって父親でも母親でもあるんだ」と彼は言った。「父親や母親と同じように，わしらの要るものは何でも——食い物も，着る物も，隠れ家も，暖かみも，……そして愛情も与えてくれるんだ。森はその子どもたちに親切じゃから，普通ならすべてがうまくゆくんだ。だからな，うまくゆかんときは，きっと何か理由があるにちげえねえんだ」。(ターンブル 1976：77)

　森は「父や母のような存在」である。狩猟の失敗や誰かが病気になるなど何らかの問題が生じた場合に，ムブティは，森をただ「目覚めさせる」ために歌い踊りかける。その具体的表現となるのが精霊儀礼である。ムブティは「歌と踊りが多い，静かなキャンプ」を好む。なぜ毎夜のように彼らは歌を歌うのか。ここでは具体的に「モリモ」という精霊／精霊儀礼についてみてみよう（精霊と精霊儀礼は同じ名前で呼ばれる）。
　成人男子によって行われる精霊儀礼であるモリモは，夜間に森から様々な「動物」を呼び出して行われる。狩猟キャンプを開くと，中央にクマモリモという火を焚き，その周りで男たちは歌を歌う。クマモリモには籠が置かれ，キャンプを構成する各世帯から食べ物が入れられる。夜になると，その食べ物を食べながら男たちはモリモの歌を夜通し歌い，モリモの精霊を呼び出す。それは，死者がでた場合に，またゾウ狩りのような大きな狩猟の前に現れることが多い。また，実在する特定の動物というわけではなく，ゾウ，バッファロー，ヒョウといった複数の動物の鳴き声に近い声を出す。女たちは，モリモの気配を察すると身を隠し，それが本当の動物だと信じる（ふりをする）。モリモはいったん現れると，小屋をはたいたり薪を蹴飛ばしたり気の向くままにキャンプを荒らしまわり，朝になる前に森に帰る。特にキャンプ生活の調和を乱すような行為があった場合には，その者の家が激しくはたかれる。
　儀礼的行為を重視する村人にとっては，儀礼を決められた型や順番どおりに行うことが大事だが，モリモの精霊儀礼はそのような決まり事やつくりこんだ仮面のような仰々しい「外見的道具立て」になるものがほとんどない，即興の性格が強いパフォーマンスである。「歌こそがモリモ（の儀礼）の真

の仕事」なのであり，大事なのはモリモが出す音だとされる。ムブティはラッパを用いて変貌自在なモリモの音を出す。モリモの儀礼に使われる楽器にエキゾチックな妄想を膨らませていたターンブルは，それが村から調達した金属製下水管であることを知り落胆するが，ムブティからは「材料が何であろうとそんなことは問題ではなかろう」，と切りかえされる。物質としてのラッパが神聖視されることはないが，音色を調えるために頻繁に川に漬けて「水を飲ませる」。

モリモは男性主体に行われるが，クライマックスでは，女性が歌と踊りに参加して交互に火を奪い合う。女性がクマモリモの火を蹴散らし，男性が火を再び盛んにする。精霊モリモの火の死と再生が何度も繰り返される。

> 老婆はモリモの聖火を蹴散らしながらぐるぐる回った。燃えさかった丸太や燃えさしが，輪をつくって見守る男たちの間に一様に飛び散らされた。一方，老婆は姿勢を正して火から離れた。男たちは歌を中断することなく，燃えさしを拾い集め，残った熾にくべた。そうしてはじめて自分らだけの踊りを再開した。彼らは輪を乱して踊ったが，火の方を向いて，身体を前後に揺さぶりながら踊ったので，それは生殖行為の模倣をすることによって火に新しい生命を送り込むかのようであった。ついにそのモリモの火には命が戻った。
>
> （ターンブル 1976：133）

ターンブルは，ムブティが森に歌い踊りかけることを，宗教的儀礼とも呪術的思考とも無縁な人と森との霊的交渉だと捉えた。ムブティは森を「情け深い神格」と同一視しており，尊敬や情愛を示すことで森からも同様の見返りが与えられる互酬的な関係を想定している。ムブティの実存は，精霊儀礼を媒介にして森と分かちがたく結びついている。

ターンブルは，フィールドワークの最後にケンゲと二人で広域調査に出かける。熱帯林からサバンナをぬけてアルバート湖を訪問した際のケンゲの反応は印象的である。

彼の目は，はるか遠方で——数マイルも彼方でまだものうげに草を食んでいるバファローの群れを捕えた。彼は私を振り返って言った，「あれはどういう虫なのかね？」最初，私には質問の意味がわからなかった。が，やがて，森では視界が非常に限られているために，大きさの判断をするのに距離をひとりでに考慮に入れようとする本能がほとんど働かないのだとわかった。しかしながら，ケンゲは目測の基準となる，木と呼べるような木など一本もない，ほとんど無限に続く，見慣れぬ草原に生まれて初めて遭遇したのだ。

(ターンブル 1976：224)

初めてサバンナに出たケンゲにとって，森のない環境を想像することがいかに困難だったかがよくわかる記述である。ムブティにとって，森は「環境」として客体化して取り出せるような対象ではない。ターンブルは，イトゥリの森でのフィールドワークから生まれた民族誌を通じて，ピグミーにとって森とは何かという問いを提示し，そして，ムブティ社会の内部から，熱帯林という自然とそこに埋め込まれた生活世界を描き出したのである。

3　森の民と森の民研究のその後の展開

(1)　狩猟採集民の生態人類学

1970年代になると，原子令三，丹野正，市川光雄，寺嶋秀明ら日本の生態人類学者によってイトゥリのピグミーと森の関係が生態学的に明らかにされていく。

たとえば食料や薬などムブティが日常生活の物質的な側面（物質文化）のほとんどを依存する植物についての知識が明らかにされた（Tanno 1981）。子どもは森でバンドの仲間と生活し遊ぶことで生態学的知識を身につけていく（原子 1980）。またムブティと村人は，表面上対立しているように見えるが，食物のやりとりという視点からみると炭水化物と動物性タンパク質を補いあうパートナーになっている（生態学的な共生）ことが明らかになった（Terashima 1986）。ムブティの側のみから調査し，両者の対立ばかりを強調

したターンブルの見方は一面的なものだったのである。

　また，ムブティは200種類以上の動植物を食べるが，誰でもどの動物を食べて良いというわけではない。クエリ（年齢段階に応じて変わっていく禁忌）やエコニ（妊娠期間中に親が守るべき禁忌）といった条件付きの食物規制が存在し，人生の時期や状況に応じて各個人が食べられる動物が変わっていく（市川 1982：第3章）。このようにムブティにとっての森は，食べ物や現金の源であるだけではなく，知識の伝達，精神文化，社会関係の再生産にとって欠かせない場であることが実証的に示されていった。

　こうしてアフリカ熱帯林の狩猟採集民と農耕民について，生態学的なアプローチから日本人研究者によって研究成果が出版されてきた（市川 1982；寺嶋 1997；木村・北西編 2010a, 2010b など）が，通底するのは熱帯林という自然とそこに暮らす人々を切り離して考えるのではなく，両者がいかに交わり合って生活世界をつくっているのかを重視する視点である。生業は，生存や経済のための手段である。しかし生活者の立場に立つと，十分な栄養が摂取され現金収入が得られていればよいというだけでなく，それ以上の森の価値がみえてくる。

　1980年代後半に，イトゥリの森で動植物の生態学的研究を行っていたハート夫妻が，ムブティが食用利用する森のなかの生物の空間分布が一様ではないことや，その入手可能性には大きな季節変動があることを指摘した（Hart and Hart 1986）。そしてムブティは，狩猟採集活動の端境期には村人の生産する食料に依存せざるをえないのだから，そもそも熱帯林に狩猟採集民は単独では居住できないのではないかと問題提起した。同じころ，南部アフリカのブッシュマンをめぐって，彼らを人類進化のモデルとみなす伝統主義と歴史のなかで生みだされてきた存在とみる修正主義の間でカラハリ論争と呼ばれる議論が起こったが（池谷 2002），これと類似の構造で熱帯林に住む狩猟採集民の文化や社会の真正性が問題にされたのである。カラハリ論争では，歴史文書のなかの狩猟採集民についての記述と生態人類学者たちの記載を付き合わせて民族誌に描かれた時代や地域の歴史的位置づけが論じられた。一方，熱帯林では，森のなかに狩猟採集だけで生活可能な食料が十分にあるか

どうかが主要な論点となり，鍵となる食物が野生ヤムイモであることからワイルド・ヤムクエスチョンと呼ばれる（Sato 2014）。この論争は先住民の権利（第5節）とも関連をもちながら現在まで続いている。

　狩猟採集民の生態人類学的研究は，人類の熱帯林への適応を明らかにする目的で，同じ熱帯林に住む農耕民の暮らしについての生態学的な研究にもつながっていった。たった一人で漁労キャンプを営むカウェキは孤独な存在として描かれていたが（第2節1項），森でのキャンプ生活を楽しむのは，ピグミーだけではないことが明らかにされた。エフェ・ピグミーの隣人のレッセはエフェの蜂蜜採集キャンプに居候する（寺嶋1997）。カメルーン東南部でバカ・ピグミーの隣人であるバクウェレは，漁撈キャンプに長期間出かけて森での滞在を楽しむ。バクウェレは漁労にしばしばピグミーを伴って出かけ，村ではピグミーへの差別的な言動が目立つ村人も，森のキャンプではピグミーとより対等な関係をつくり，野生ヤムイモのようなピグミーのよく食する食べ物に対する態度を変えるなどする（大石 2016：第3章）。このように，最近では村人にとっての「森」の意味を積極的に捉えなおす研究も行われるようになっている。

(2) 狩猟採集民と「与える環境」の相互作用

　老猟師セフーが嘲笑され倒すという目にあったのは，獲物を「公正に」分け合うという原則を犯したからであった（第2節2項）。なぜ，狩猟採集民は食物を蓄積せず，徹底して分け合うのか。しかもその範囲は，ターンブルが住み込んだキャンプがそうだったように，生物学的なつながり（血縁関係）のある親類や家族にとどまらない。これはいざこざが起こっても特定個人に責任や権威が集中することを回避するためである。タンザニアでハッザを研究したジェイムズ・ウッドバーンは，アフリカの狩猟採集社会に共通するこれらの特徴を「平等主義社会」と名づけ，狩猟採集という生業が，農耕など他の生業が遅延利得経済（収穫までに長い間労働投資が必要）であるのに対して，即時利得経済（労働投資と収穫までの時間差がほとんどない）に根ざしたものだからだと説明した（Woodburn 1982）。遅延利得システムの社会では遅

延に備えて産物を蓄積するため不平等が生まれ拡大するが，即時利得システムの社会では蓄積よりも即時消費することを重視する方が合理的であり，社会の関心は眼前の事実へと向けられる。ウッドバーンは，下部構造が上部構造を決定すると考えるマルクス主義的な視点から経済としての生業を捉えて狩猟採集社会を分析したといえるだろう。

　文化としての生業に力点を置くと，平等主義を支えている社会的基盤は信頼と愛着である。ターンブルが描いたムブティは，森を「母や父」のように慕い，全幅の信頼を寄せていた。ムブティは森に歌や踊りで呼びかけ，森はそれに応答してムブティに森の恵みを与えるというように。南インドの狩猟採集民ナヤカを研究するヌリト・バード＝デイビッドは，ムブティのみならず現代の狩猟採集民のすべてが環境を「親族」(第4章を参照)であるかのように表象し親密な関係を形成していると仮定して，人と自然の関係についての狩猟採集民の思考をかれらの生業である狩猟採集活動と関連づけて理解しようとした。バード＝デイビッドの「与える環境（giving environment）」仮説は，狩猟採集民は，自らの社会における他者をみているのと同じように自然をみている，というものである（Bird-David 1990）。狩猟採集民は「与える環境」との間で，社会の成員同士の贈与・交換にたとえられるような互酬的な関係をつくる。

　では，狩猟採集社会において人と自然の間の信頼・愛着はどのように再生産され，安定的に世代間で継承されているのだろうか。中央アフリカ共和国でアカ・ピグミーの子どもを研究するバリー・ヒューレットは，狩猟採集民の養育行動に鍵があると主張する。アカ・ピグミーは乳幼児の時期からキャンプのメンバーの多くが関わる共同保育を行うので，子どもは特定の養育者のみならず身近な他者全員への信頼・愛着を育む。この信頼と愛着が森という身近な自然へも拡張されていくのだという（Hewlett et al. 2000）。

(3) 外部社会との関わり

　『森の民』の後半では，ベルギー植民地時代のイトゥリにおいて教会や行政官など外部社会からのエージェントがどのようにムブティに関与している

かが描かれている。行政官はムブティを村人から「解放」することで生活を「改善」させようと，一部のムブティたちを定住させ，農園経営をさせるが，病気になるムブティが続出して失敗する。ターンブルには，ムブティたちを「村に定住させようとすることは，過去数千年にわたって馴染んできた生活様式を一朝にして放棄せよ，というのに変わりない」荒唐無稽な計画にみえた。

　しかし，類似の定住・農耕化が，独立後に中部アフリカ諸国の政府やNGOによって推進された。その結果，ほとんどの狩猟採集民が何らかのかたちで農耕や賃労働を生業に取り入れることになった。自分たちで農作物を栽培することが多くなると，近隣農耕民との農作物と森林産物の物々交換を介した関係も変わらざるをえない。カメルーンでは，プランテンバナナやキャッサバなどの自給作物のみならず，カカオのような樹木性換金作物を栽培し，小規模ながらプランテーション経営を行うピグミーも少なくない（大石 2016：第5章）。狩猟採集民が定住化して生業が農耕民と近くなるほど，限られた土地をめぐって対立が起きやすくなっている。

　しかし，それでもアフリカや世界の他地域の狩猟採集民と比べると，コンゴ盆地における狩猟採集民の狩猟採集活動は現在も活発である。南部アフリカのブッシュマン社会では，定住地への強制移住が行われるなかで活発に狩猟採集活動を行う人々は減少した。コンゴ盆地では発達した森林植生が緩衝材になっているためか，現在でも活発に狩猟採集・漁労活動を行うピグミーの集団がみられる。それでも1970年代以降になると，植民地時代から継続する熱帯林伐採事業が森の奥まで到達する。車道がつくと，村落と都市の間で人の移動が盛んになり，伐採基地や都市から獣肉の買い付けに訪れる商人の活動によって，ブッシュミート問題が起こるようになった。また，都市や都市近郊に居住するピグミーも増加した（都市化については第3章を参照）。ガボンでは，都市で薬用植物についての民族知識を活かしたビジネスを行うなど，都市と農村を行き来しながら生計を立てる者も少なくない（松浦 2012：第5章）。

4 「資源」化されるアフリカの自然

(1) 構造調整政策と囲い込まれる森の世界

　1980年代後半になるとコンゴ盆地各地で自然保護活動が始められ，次第に熱帯林の住民は開発と自然保護の板挟みになっていく。この背景には国際社会のアフリカへの関与がある。1980年代の構造調整政策の導入以後，アフリカ各国の自然は「資源」として市場化され，さらに気候変動を中心とする地球環境問題の文脈からグローバルなテーマとして位置づけられるようになってきている。

　独立後の1970年代以降に極端に悪化したアフリカ諸国の国際収支を改善するために，世界銀行や国際通貨基金（IMF）の融資支援のもとで各国政府が行った市場原理を活用した国家経済の安定化政策のことを構造調整政策という。アフリカ諸国では，森林が国家所有になっていることが多い。熱帯林伐採は，国家が森林伐採権を設定し，それを企業に売却し，伐採を請け負わせるというコンセッション方式によって進められる。伐採事業を行う大手企業のほとんどはヨーロッパやアジアの外国籍企業である。国家にとっては，伐採権の売却と伐採事業から得られる税収によって収入を得られるので国家経済への貢献となる。国家経済の立て直しを目標にした構造調整政策のなかで，鉱物資源に乏しいカメルーン共和国のような国では熱帯林伐採が拡大していった。

　国際社会は，土地や森林など商品化されていないものやサービスを換金可能な資源にすることで市場経済を活性化させることを求めた（自由市場のメカニズムについては第2章を参照）。同時に，熱帯林の減少と劣化への危惧からアフリカ諸国に環境保全を要求した。その結果として，各国で森林法が制定され，森林は開発，保全，そして住民生活のための空間へと分割され（ゾーニング政策），狩猟採集民を含む地域住民の森林利用には狩猟規制のような各種の制限が設けられることになった（服部 2012）。

⑵　「資源」化される森

　木材を売るビジネスに加えて，最近では森林空間そのものに仮想的な市場価値を与える仕組みが提案されている。地球温暖化防止のために二酸化炭素放出量の削減を求める先進国と，アフリカ諸国のように経済成長を進めたい途上国の間で利害対立がみられる。そこで，森林を擁する途上国に経済成長と熱帯林保全の両立を保証する枠組みが，気候変動の緩和策の一つとして気候変動枠組条約締約国会議で議論されている。具体的には「森林減少・劣化による排出削減，森林保全，持続可能な森林管理，森林炭素蓄積の増強（REDD＋）」という仕組みが考案されている。

　これは，市場原理を活用しつつ熱帯林を多く抱える途上国に先進国が炭素排出権に相当するお金を払って保全を進める取り組みで，「炭素排出権」が投資対象としてグローバル市場で取り引きされる。アフリカの国家にとっては森林を保全することで収入が入るというインセンティブがあるわけだが，ピグミーをはじめとする地域住民にまで還元があるのか，あってもどのようにその利益が分配されるのかについては不透明である。気候変動は，環境条件そのものの変動という直接的な影響以外に，生業の基盤である自然そのものが資源として経済化される状況を，自然に依拠した生業を営む人々にもたらしている。国際社会によって森の存在自体が資源化されるという状況にあって，森の民の生活や森との関係のゆくえは不確実といわざるをえない。

⑶　森のない「森の民」

　このように「惜しみなく恵みを与えてくれる森」での暮らしを享受してきた狩猟採集民に押し寄せる状況には悲観的なものが少なくない。ルワンダ共和国ではトゥワ・ピグミーが森へのアクセスを絶たれてしまったし（Lewis 2000），コンゴ共和国北部では外国企業によるアブラヤシの大規模プランテーション計画が存在する（土地収奪）。行為主体が必ずしも明確ではない，社会構造に起因する暴力を構造的な暴力というが，地球環境問題は構造的な暴力のかたちをとって現れることが多い。少なからぬ森の民が，構造的な暴力

によって森との関係を絶たれるリスクにさらされている。国家や国際社会，多国籍企業，国際NGOといった，森の民には手の届きにくい強力な力によって進められる熱帯林の開発と保全のなかで，森へのアクセスが困難な「森のない『森の民』」(Lueong 2017) という状況が生み出されている現実がある。

　ただし，ピグミーたちがただ周縁化されるだけの存在にとどまっているかといえば，そうとは限らない。たとえば松浦 (2012：第6章) は，ガボンの調査地周辺で伐採道路が縦横無尽に森を横切る状況が生じた際に，放棄された伐採道路をキャンプ地に利用してしまうバボンゴ・ピグミーの様子を描いている。外部者からは一見厳しい状況にみえても，ターンブルがムブティについて描いたような，ピグミーの機知や，さしあたりの困難や新たな事態への柔軟な対応能力といった点は，変わらないようにみえる。

5　「森の民」と森の世界のこれから

(1)　国民国家への参加と先住民運動

　コンゴ盆地に住むどのピグミー系狩猟採集民も，それぞれの地域社会のなかでは圧倒的なマイノリティである。政治的な周縁化状況は顕著であって，たとえばカメルーン東部州では，地方自治体単位で狩猟採集民の人口が多数であったとしても，市議会議員に選出される者はほとんどいない。したがって，開発と自然保護に関する行政施策に対してバカ・ピグミーが意見を反映させることは困難な状況にある。

　2000年代になって，このような状況を打開するべく国際的なNGOの支援の下で先住民運動が始まった。この運動は，主流社会への参加の道を開く一方で，ピグミー社会にジレンマをもたらしてもいる。一つにはリーダーシップをめぐる葛藤である（丸山 2010：第6章）。ターンブルが描いたように，個人の自立性を尊び，個人に権威を集中させない平等主義的な規範をもつピグミー社会では農耕民社会や外部社会から任命される以外に，明確に人の上に立つリーダーは存在してこなかった。リーダー的な位置づけになる者は，

先住民運動を資金面から支援する欧米社会と直接のつながりができる。これを資源として地域社会における新たなエリート層が形成されている。たとえばカメルーン東部州の都市部に近い地域では，バカ社会のなかにバカ・バカ（普通のバカ）／バカ・バントゥー（村人のようなバカ）／エリート・バカ（エリート層のバカ）という言い方で「階級」が表象される（Lueong 2017）。また，国民国家の枠組みのなかで主流社会との関わりに大きな影響をもつ学校教育のあり方など一筋縄ではいかない課題は多い。

(2) 森とともに考える

今日，森林地域に住まないピグミーも増えてきているなかで，彼らのことを「森の民」とみなすのは生態学的な還元主義であるという批判もある（Rupp 2010）。しかし，カメルーンにおける先住民運動の指導的活動家として世界中を飛びまわっているバカ・ピグミーのメッセ・ブナンは，森とのつながりの重要性を強調する。ブナンによれば森はオンライン辞書のようなもので，情報化された社会でパソコンがインターネットとつながることで真価を発揮するように，「バカは森とつながることで思考」する。「森との接続が切れてしまったなら，役立たずになってしまう」。ケンゲがそうであったように，人はその生きる環境のなかに埋め込まれた存在なのであって，ピグミーは「森とともに考える」。開発や貧困削減政策の具体化にあたって人々と自然の間の深い結びつきに配慮した教育や福祉政策のあり方が必要とされているいまこそ，生業や環境を扱う人類学には貢献が求められているといえよう（人類学と開発実践については第11章を参照）。

参照文献

池谷和信　2002『国家のなかでの狩猟採集民――カラハリ・サンにおける生業活動の歴史民族誌』国立民族学博物館研究叢書4，国立民族学博物館。

市川光雄　1982『森の狩猟民――ムブティ・ピグミーの生活』人文書院。

大石高典　2016『民族境界の歴史生態学――カメルーンに生きる農耕民と狩猟採集民』京都大学学術出版会。

木村大治・北西功一編　2010a『森棲みの生態誌――アフリカ熱帯林の人・自然・歴

史Ⅰ』京都大学学術出版会。
木村大治・北西功一編　2010b『森棲みの社会誌――アフリカ熱帯林の人・自然・歴史Ⅱ』京都大学学術出版会。
ターンブル，コリン・M　1976『森の民――コンゴ・ピグミーとの三年間』筑摩書房。
寺嶋秀明　1997『熱帯林の世界6　共生の森』東京大学出版会。
服部志帆　2012『森と人の共存への挑戦――カメルーンの熱帯雨林保護と狩猟採集民の生活・文化の保全に関する研究』松香堂書店。
原子令三　1980「狩猟採集民の成長段階と遊び――ムブティ・ピグミーの事例から」『明治大学教養論集』137：1-44。
松浦直毅　2012『現代の〈森の民〉――中部アフリカ，バボンゴ・ピグミーの民族誌』昭和堂。
丸山淳子　2010『変化を生きぬくブッシュマン――開発政策と先住民運動のはざまで』世界思想社。
Bird-David, N. 1990. The Giving Environment: Another Perspective on the Economic System of Gatherer-Hunters. *Current Anthropology*, 31(2): 189–196.
Hart, T. B. and J. A. Hart 1986. The Ecological Basis of Hunter-Gatherer Subsistence in African Rain Forests: The Mbuti of Eastern Zaire. *Human Ecology* 14(1): 29–55.
Hewlett, B. S. 1996. Cultural Diversity among African Pygmies. In S. Kent (ed.), *Cultural Diversity among Twentieth-Century Foragers: An African Perspective*. Cambridge University Press, pp. 215–244.
Hewlett, B. S., M. E. Lamb, B. Leyendecker and A. Scholmerick 2000. Internal Working Models, Trust, and Sharing among Foragers. *Current Anthropology* 41: 287–297.
Lewis, J. 2000. *The Batwa Pygmies of the Great Lakes Region. Mionority Rights Group International.*
Lueong, G. M. 2017. *The Forest People without a Forest: Development Paradoxes, Belonging and Participation of the Baka in East Cameroon*. Berghahn.
Olivero, J., J. E. Fa, M. A. Farfan, J. Lewis, B. Hewlett, T. Breuer, G. M. Carpaneto, M. Fernandez, F. Germi, S. Hattori, J. Head, M. Ichikawa, K. Kitanaishi, J. Knights, N. Matsuura, A. Migliano, B. Nese, A. Noss, D. O. Ekoumou, P. Paulin, R. Real, M. Riddell, E. G. J. Stevenson, M. Toda, J. M. Vargas, H. Yasuoka, R. Nasi. 2016. Distribution and Numbers of Pygmies in Central African Forests. *PLoS ONE* 11(1): e0144499.

Rupp, S. 2010. *Forests of Belonging: Identities, Ethnicities, and Stereotypes in the Congo River Basin.* University of Washington Press.

Sato, S. 2014. Foraging Lifestyle in the African Tropical Rainforest. In B. Hewlett (ed.), *Hunter-Gatherers of the Congo Basin: Cultures, Histories, and Biology of African Pygmies.* Transaction Publishers.

Tanno, T. 1981. Plant Utilization of the Mbuti Pygmies: With Special Reference to their Material Culture and Use of Wild Vegetable Foods. *African Study Monographs* 1: 1-53.

Terashima, H. 1986. Economic Exchange and the Symbiotic Relationship between the Mbuti (Efe) Pygmies and the Neighboring Farmers. *Sprache und Geschichte in Afrika* 7(1): 391-405.

Woodburn, J. 1982. Egalitarian Societies. *Man* (New Series): 431-451.

●読書案内●

『ブッシュマン――生態人類学的研究』田中二郎，思索社，1990年
　カラハリ砂漠の狩猟採集民の生活について参与観察をもとに明らかにした日本の生態人類学の古典。熱帯林に住むピグミーと比較しながら読むのをおすすめする。

『熱帯林の世界6　共生の森』寺嶋秀明，東京大学出版会，1997年
　イトゥリの森のうち，『森の民』とは異なる地域での長期調査の記録。エフェ・ピグミーの娘たちは，なぜレッセ（村人）と結婚するのか。両者の共生の謎に迫る。

『アフリカの森の女たち――文化・進化・発達の人類学』
　B・ヒューレット，服部志帆・大石高典・戸田美佳子訳，春風社，2020年
　コンゴ盆地北西部の森の狩猟採集民アカと農耕民ンガンドゥの女性の一生に焦点を当てた通文化比較の試み。女性たちの語りを文化進化人類学（Cultural Evolutionary Anthropology）の視点から読み解く。

【コラム❶】

障　害
カメルーンに暮らす障害者の「当たり前」

戸田美佳子

　アフリカで身体的な障害を抱えて生活するとなると，その生活はさぞ厳しいだろう，悲惨なものだろうと考える人は多いのではないだろうか。実際にマスメディアは，アフリカの人々が，貧しさゆえに他者を顧みる余裕がなく，障害者を放置しているイメージを発信してきた。さらに，世界保健機構などの国際機関を通して，アフリカではこれまで障害を「呪い」や「罪」と結びつけて考えるために，障害者が外部に対して隠蔽されていると報告されてきた。こうした「隠された障害者」像とは対照的に，私がカメルーン共和国で出会った障害者は，村で農作業をしたり，母や父として子育てをしたりする「当たり前」の日常を営む人々であった。

　はじめてカメルーンを訪れた2006年，首都ヤウンデの街中を散策すると，そこで驚くほど大勢の身体障害をもつ人々が私の目に飛び込んできた。板にコロを取りつけたスケートボードのような乗り物に乗り，交差点を駆けまわって物を乞う少年たち。行き先を記した紙を手にタクシー運転手と交渉するろうの少女。毎日のように街中で出会う障害者の姿が私の目に印象深く映り，この国に暮らす障害者の営みをもっと知りたいと思った。せっかくならば奥地の熱帯雨林のなかで調査をしてみたい。そう考え，首都から600km離れた村に入ることにした。そこには，ピグミー系狩猟採集民の一集団であるバカと呼ばれる人々と，焼畑農耕を営む複数の言語集団の人々（農耕民）が住んでいた。

　人類学者がよく用いる参与観察という調査方法にもとづいて，観察対象となる人たちと一緒のことをする。私が村で行ってきた障害者の調査とは，彼らについて一緒に農作物を収穫したり，水汲みに行ったり，お酒を飲むことだった。そうしているうちに，彼らが日々の生活のために行っていることがわかってきた。彼ら／彼女ら障害者の営みとは，そこに暮らす人々とまったく同じ，農耕や狩猟，採集活動だったのだ。ただし農作業や狩猟・採集が身体障害を抱える人にとって容易な活動とはいえないことも事実である。たとえば，この地域の現金収入源として重要な換金作物であるカカ

オは樹高1〜5mの枝や幹に果実をつける。フィールドで私が最も信頼していた友人ジュドネは下半身のマヒを抱えており，長い棒を使って高い枝になるカカオの果実を収穫する作業は困難であった。そこで，彼はカカオを収穫する際，狩猟採集民の少年や青年から手伝いを得ていた。

　「障害」ということばはもともと，英語のディスアビリティ（disability）という語にみられるように，当該の人の労働生産性が低いという理由で，障害者を社会的に排除することを正当化する文脈で用いられてきた。このように労働力を「個人の能力」として捉えるなら，農作業や狩猟採集のような身体的な労働で生計を立てる農村社会では，身体障害者の生業活動は不可能もしくは著しく困難であるということになるだろう。それにもかかわらず，ここでの障害者は雇用や共同労働といった仕組みを活用しながら，自身でカカオの実の点検や収穫といった一年を通じた活動を主体的に計画・実施していた。彼らは，その意味において障害者や「社会的困窮者」ではなく，まさに「農耕民」であった。そしてジュドネは父から相続したカカオ畑によって，村のなかで農耕民男性という役割を担っていた。こうした状況は彼に限ったことではなく，障害がある・ないということは，農耕民男性の農地の所有に差を生じさせていなかった。では果たして，私たちが暮らす日本では，身体障害を抱える親族に農地を譲ることはあるのだろうか。カメルーンと日本の社会では何が違っているのだろうか。

　障害を心身の機能的な損傷としてだけみるのではなく，社会的な構築物としてのディスアビリティとしてみる見方がある。そこには，障害の原因を個人に求め，医療の対象に還元してしまうのではなく，個人に何かを「できなくさせる」現象をディスアビリティと呼び，その社会のあり方を考えるという視点が含まれている。カメルーンに暮らす障害者の営みから，私たち日本社会の「当たり前」をみつめなおしていきたい。

第 2 章

経済と社会

経済を人類の地平で見るとはいかなる試みか

佐久間寛

ベナンやニジェールなどの旧フランス領西アフリカ諸国で用いられている共同通貨 CFA フラン（2019年，筆者撮影）

1 自由市場の不自由

　経済ということばを聞いて，あなたは何を思い浮かべるだろう。株の値動き，円相場，商品の売れ行き，金融の動向などだろうか。なるほど新聞の経済面に載っているのはこうした事柄である。これらはみな，個人や企業による財やサービスの売買をめぐる活動であり，そこから得られた利益の貯蓄や投資に関する活動である。そうした活動からなるのが，私たちにとって一般的な経済の姿である。

　こうした経済には一つの特性がある。経済活動がもっぱら「市場」を介し

て「自由」に営まれるという特性である。逆に，国による市場介入や自由の規制は望ましくないとされる。ゆえにこの経済は，「市場経済」「自由経済」などとも呼ばれる。

　1980年代末に東西冷戦が終結し，社会主義的な計画経済が破綻してからというもの，市場経済が一般的となった。他の経済は想像さえしにくくなった。市場経済が万能ならそれで良かったかもしれない。ところが現実には，2008年のリーマンショックに代表されるように様々な問題が生じてきた。経済を市場の自由にまかせていると深刻な危機が生じるおそれがある。にもかかわらず市場経済を抜本的に見直す動きは本格化しなかった。理由の一つは，それ以外の経済のかたちを人々が知らないからではなかったろうか。

　つまり私たちは，自由市場以外の経済を構想する自由を奪われている。自由市場は私たちに不自由を強いているのだ。

　本章では経済とは何かを問い直す。この問いをめぐり人類学は次のことを明らかにしてきた。私たちが知る，あらゆる財とサービスが市場で売買される経済とは，実はヨーロッパ近代に成立した特殊な制度にすぎない。世界の様々な社会の，過去や現在に目をこらすと，私的な利益が追求される市場ばかりでなく，互酬性にもとづく贈与や，権威にもとづく再分配といった経済活動が人類にとって重要だった事実が浮かび上がってくる。このことを初めて体系的に論じた人物こそが，ハンガリーで育ち，オーストリア，イギリス，アメリカで活躍した経済思想家カール・ポランニーである。

　本章で取り上げるのは，ポランニーの最晩年の著作『経済と文明――ダホメの経済人類学的分析』（原題は『ダホメと奴隷貿易――ある古代経済の分析 (*Dahomey and the Slave Trade: An Analysis of an Archaic Economy*)』1966年出版）である。同書は，18世紀西アフリカのダホメ王国（現ベナン共和国南部）を対象とした非市場的経済制度をめぐる民族誌である。ポランニー自身が現地でフィールドワークを行ったわけではないが，文献資料からかつてのダホメ王国の経済像を再構成するその手腕は，いま見ても圧巻である。同書の読解を通じて多元的な経済のあり方への理解を深めるとともに，市場一辺倒の経済観を問い直す視座を養うことが本章の狙いである。

2　市場を中心としない経済——K・ポランニー『経済と文明』

(1)　奴隷貿易国家の民族誌

　ダホメは，いくつかの点で世界史的にも著名な王国である。第一に，女性からなる常備軍「アマゾン」——ヨーロッパ側の呼称——が存在した点において，第二に，大規模な人身供犠が行われていたとされる点において，第三に，ヨーロッパとある「商品」を大規模に取り引きした点においてである。奴隷という商品である。

　西アフリカから大西洋にまたがるカリブ海地域では，17世紀半ばから急速にサトウキビ産業が広がった。栽培されたサトウキビは砂糖に加工されヨーロッパへ輸出されたが，この産業は全行程にわたって大量の人手を要する労働集約型産業だった。はじめは現地周辺の住民（いわゆるインディオ）が労働にかり出されたが，過酷な労働と伝染病の蔓延により，その大半が命を落とした。かわって利用されることになったのが，大西洋をまたいだアフリカ大陸の住民の労働力である。最盛期には年間2万人もの人々が「輸出」されたとポランニーは試算している（ポランニー 2004 : 245）。

　ポランニーの記述によると，当初アフリカで住民を奴隷化していたのはヨーロッパ商人だった。ところがサトウキビ産業の拡大に伴い奴隷に対する需要が爆発的に伸びると「奴隷狩り」の担い手はアフリカ人へと変わった。彼らはヨーロッパ人から購入した銃を用いてこの事業に手を染めた。そのなかから奴隷の獲得と売却を大規模に組織化し，この事業を礎に繁栄を遂げる国家が現れた。その筆頭こそがダホメ王国である。

　「女性軍」「人身供犠」「奴隷狩り」などと聞くと，ダホメは「野蛮」で「非人道的」で「前近代的」な王国だと感じる読者もいるかもしれない。ポランニーと同時代を生きた人々が抱いていた印象もおおむねそのようなものだっただろう。だがポランニーは違った。彼は，センセーショナルでエキゾチックに見える事柄の深層に，現代を生きる私たちにとっても重要な意味をもつ，より普遍的な問題が潜んでいることを見抜いた。すなわち，市場によ

らない経済とはいかなるものかという点である。

　ポランニーによると，経済は単に商品の売買や貨幣のやりとりに還元されない。人間が自然との相互作用のなかで財やサービスを生み出し，それを他者へゆだね，分かちあい，自ら消費したりする一連の過程すべてである。彼はそれこそが形式的ではなく実体的な経済，「人間の経済」であると考えた。こうした視点に立つ場合，経済には4つのパターンを見出すことができる。すなわち「再分配」「互酬」「家政（家族経済）」「交換」である。こうした見解は『経済と文明』以前の著作（後述の『大転換』）のなかでも提示されていたが，『経済と文明』のなかでポランニーは，ダホメ王国がこれら4パターンの見事な総合のうえに成り立っていたことを明らかにしている。以下で詳しく見ていこう。

(2) 非市場型の経済制度——再分配，互酬，家政

　まず再分配とは，財やサービスがいったん社会の「中心」に集められ，その後社会の成員に改めて分配される過程を指す。これは私たちにとっても無縁な経済ではない。たとえば，国民が税金を払い政府がそれを使って社会保障やインフラ整備を提供する過程などが再分配にあたる。ダホメ王国の場合，財やサービスが集中する「中心」は政府ではなく王だった。私たちは納税の義務に従い税金を納めるが，ダホメの人々がなぜ王に財やサービスをゆだねるのかといえば，王が生者と死者を仲介する神聖な存在であるという宗教的な理由からだった（いわば税というよりお供えに近い行為だった）。

　ひとたび王に集められた財の大半は，「貢租大祭」という年に一度の国家行事を通じて人々に再分配された。貢租大祭は，隣国との戦争——それこそが奴隷獲得の機会でもある——が終わり，軍隊が帰還した際に行われる。そこには王や貴族ばかりでなく，全家族から少なくとも一人が代表として参加した。それは民衆が祖先に敬意を表し，闘いの勝利に感謝する機会でもあり，そうした感謝の印として人身供犠が行われた。とはいえ重要なのは，この貢租大祭の機会に，この地域の貨幣である子安貝とその他の輸入品が王から人々に与えられたという点である。人々はこのとき得た子安貝により，食

料をはじめとした生活必需品を安価に購入することができた。これは現代のベーシック・インカムの発想に近い制度といえそうである。ポランニーもまた,「子安貝貨幣は古代的国家における福祉政策の生きた役割」(ポランニー 2004：316) を担っていたと述べている。

　次に,互酬である。互酬とは,基本的に対等な関係にある個人や集団が互いに財やサービスをやりとりする過程を指す。バレンタインデーやお歳暮のような贈与の慣行を想起するとわかりやすいが,ポランニーがダホメの事例をめぐって着目しているのは,財ではなくサービス,つまり労働力をめぐる互酬であり,とりわけドックプウェと呼ばれる集団内の互酬である。ドックプウェは村や村のなかの地区単位で組織される協業集団であり,全成人男性がいずれかの集団に属している。メンバーの一人が病気などで働けなくなると,彼のドックプウェは総出でその仕事を肩代わりする。また,ダホメ王国では結婚の条件として夫が妻の両親のために農作業をする慣行があるが,この作業には夫のドックプウェのメンバー全員が加わる。こうした援助を受けたからといって謝礼を払う必要はない。重要なのは自分以外のメンバーが助けを必要とした場合に,その活動に参加することである。こうした対等な関係にもとづく互酬性が,労働力の柔軟な動員を可能にした。ポランニーはこうした協業組織をヨーロッパの労働市場に相当する制度として評価している (ポランニー 2004：132)。

　再分配,互酬とならぶ第三の経済的制度は,「家政」である。これは「みずから使用するための生産の謂い」(ポランニー 2009：90) であり,より一般的なことばでいえば「自給自足」ということになる。家政の原語は"householding"であり,その原義は「家族」である。ダホメ王国における家政もたしかに家族と関わるが,私たちのよく知る親子からなる家族 (核家族) とは異なり,二つの範疇の複合からなる。一つは,男性家長,その兄弟と妻たち,息子,未婚の娘からなる家族 (拡大家族,現地語でグベ) である。彼らは住む家屋こそ異なるものの同じ敷地で暮らし同じ畑を耕作する。つまり同じ土地を保有する。もう一つの「家族」とは,共通の祖先をもち,隣接する住居に暮らし,隣接する畑で耕作する人々である。彼らは祖先から土地

を相続してきた親族であり，その祖先を共同で祭祀する。家政の最大単位はこの親族集団（出自集団，現地語でクセネ）であり，その規模は50人ほどになる。それはまた土地の譲渡（相続）が行われうる最大の単位であり，逆にいうと，この親族集団以外の個人や集団に土地が譲渡・売却されることはない（家族や親族については第4章を参照）。

　以上のようにポランニーの論じるダホメ王国の経済は，再分配，互酬，家政という市場とは異なる制度に多くをよっていた。とはいえダホメ王国に市場が不在だったわけではない。なによりそこは奴隷交易，つまり人間を商品化することによって勃興した国家だった。そうしたダホメの市場と私たちの知る市場とでは何が異なるのか。この問いの答えとなるのが，再分配，互酬，家政にならぶもう一つの経済のパターン，すなわち交換である。

(3)　交換――国内市場と貿易港

　ポランニーのいう交換とは，市場における財やサービスの交換，典型的には私たちもよく知る商品の売買を指す（ただし貨幣を用いない物々交換なども含む）。ポランニーによると市場交換とは，互酬，再分配，家政とならぶ経済の1パターンにすぎない。そればかりか人類史的に見た場合，交換は他の3パターンに優越するどころか，他のパターンのなかに埋め込まれ，その機能を制限されていることが多いとされる。

　ダホメ王国には地域的な市場や外部との交易を行う市場，商品の売買に欠かせない貨幣といった諸制度がたしかに存在した。私たちが知る市場経済と異なるのは第一に，価格である。私たちの考える市場とは，需要と供給のバランスで自動的に価格が決定される機構である。ところがダホメの市場にはそうした仕組みがない。価格は王によって公的に決定され，変更できない。どこで誰から商品を購入しても値段は同一なのである。

　第二は貨幣である。ダホメ王国では子安貝が広く貨幣として用いられていた。すでに触れたようにこの貨幣を住民に再分配していたのは王であり，彼が中央銀行さながらに貨幣の供給量を管理していた。ただし，市場経済の貨幣とダホメの貨幣がとりわけ異なるのはその安定性をめぐってだった。市場

経済では貨幣の価値は変動し，インフレーションやデフレーションが起きる。ところがダホメ王国ではこうした貨幣の価値の変動が起こらず，約1世紀にわたってほぼ一定だった。ポランニーはこうした子安貝の安定性を19世紀ヨーロッパの国際金本位制になぞらえて高く評価している（ポランニー 2004：295, 313）。

　第三の相違点としては国内市場と国外市場との関係がある。私たちの生きる市場経済では，国内市場と国外市場が連動している。アメリカで石油の価格が下がれば，すぐに日本の価格にも波及する。ところがダホメ王国では，食料や生活必需品が売買される国内市場と，輸入品・輸出品を扱う対外的市場とが注意深く分断されていた。どうしてそんなことが可能だったのか。その答えは貿易港という制度にある。

　「貿易港（port of trade）」（「交易港」と訳されることもある）とは，ポランニーが世界各地に見出した「国際市場の成立する以前の海外交易のひとつの普遍的制度」（ポランニー 1998：492）である。紀元前2000年紀の北シリア沿岸，紀元前1000年紀の小アジアやギリシア都市国家，メキシコ湾のアステカーマヤ地域，日本の江戸時代の出島など無数の事例がある。貿易港は文字通り貿易が行われる場所であり，海岸，砂漠の周縁，河口など，社会の内部が外部と接触する境界部に発生する。商品取引が行われるという点において市場に近いようにも見えるが，ポランニーによると両者はまったく別物である。

　貿易港における取引は，出身地も考え方も異なる別世界を生きる人々同士で営まれる。そうした異質な人々同士は，通貨はもちろん考え方も言語も異なるので，市場で「自由」に商品を売買することはできない。両者の接触は悲劇的な衝突を招くこともあるだろう。そればかりか，異世界からの来訪者が武力を用いて一方的な財の略奪を行うケース——たとえばスペインによるアステカの侵略——も多々あった。貿易港ではそうした事態が生じぬよう取引参加者，取り引きされる商品，利用される貨幣，価格などが厳格に管理される。

　ダホメ王国にはウィダという貿易港があった。そもそもウィダは，アルド

ラという王国の一部だったが，やがて貿易港として独自の発展を遂げ，その後ダホメ王国に征服された。もともと内陸国であるダホメ王国はウィダの征服により，初めて自らの海外交易の窓口を獲得した。とはいえダホメ王国は，ウィダに自国の政治原理——祖先崇拝を核としたダホメの政治原理とは宗教原理でもある——を課すことがなかった。つまりウィダは，ダホメ王国に征服されながら，その内実は王国にとって異質なまま保持された。

(4) 虚構の貨幣

貿易港ウィダでは，時代に応じて変化はあったものの，次のような商品が取り引きされた。すなわちアフリカ側からヨーロッパ側へ輸出されたのは，金，胡椒，象牙，現地産の布，毛皮，牛馬，キビ，なにより奴隷だった。逆にヨーロッパ側からアフリカへ輸出されたのは，ブランデー，棒鉄，銅，インド産・ヨーロッパ産の布，装飾品，なにより銃だった。ウィダにおける取引では，双方に共通の交換手段として用いられる貨幣が存在しなかった。ゆえに，たとえばある商人に銃を売ることでお金をつくり，そのお金で別の商人から奴隷を買うことはできなかった。先述のとおり，ダホメ王国の国内市場では子安貝という貨幣が存在し，国内市場ではこれによって定められた価格で商品を購入できた。ところが貿易港では，子安貝は（交換手段という意味での）貨幣としては通用しなかった。むしろ子安貝は，貿易港での取引を通じてヨーロッパから輸入される商品だった。そのかわり貿易港では，アフリカ側の商品とヨーロッパ側の商品が直接物々交換された。

もっともアフリカ側の商品である奴隷は高価であり，ヨーロッパ側にはこれと一対一で対応する商品はなかった。そこでヨーロッパ側が発明したのが，一人の奴隷に対し複数の商品のまとまりを対応させる手法である。たとえば，奴隷一人に対し，「かんな1本，やかん7つ，インド産の布3枚，ハンカチ1枚」といった商品を等価と見なす。ヨーロッパ商人は，こうした複数商品のまとまりを「貿易オンス」と呼称した。「オンス」とはヨーロッパで古くから用いられてきた重さの単位であり，重さと価値が比例する金や銀に用いられることはあっても，重さと価値の間に関係がない加工製品には本

来用いられるはずがない単位だった。つまりヨーロッパ商人は，貿易オンスという単位を新たに発明することで，奴隷に対応する商品のまとまりを計量可能な単位に見立てようとしたのだった。

　計量可能な単位である点において貿易オンスを貨幣の一種とも見なしうる。ただしそれは貿易港限定の貨幣であり，ダホメの国内市場においてもヨーロッパにおいても交換手段としては用いられない（つまり商品の購入に使うことができない）特殊な貨幣だった。ゆえにポランニーはこれを「虚構の（擬制的な）貨幣（fictitious money）」と呼んでいる。

　のちにヨーロッパ商人はこの虚構の貨幣を利用して交易からより多くの利益を得ようと試みた。すなわち奴隷に対して等価とされる商品をヨーロッパで可能な限り安く入手することで最大限の利ざやを得ようとしたのである。たとえば，先に挙げた商品のまとまり（「かんな1本」「やかん7つ」「インド産の布3枚」「ハンカチ1枚」）は，金の延べ棒50本分に相当するが，これを実際には金の延べ棒25本分で仕入れることができれば，取引で得られる利ざやは2倍になる。だが実際にはこうしたヨーロッパ商人の試みはうまくいかなかった。アフリカ側が奴隷の対価として求める商品のまとまりもまた2倍近くに高騰する結果を招いてしまったからである。

　アフリカ側によるこうした価格の調整を可能にしたのは子安貝だった。先述のとおり子安貝は貿易港において通常の貨幣のように「交換手段」として用いられたわけではない。だがダホメがウィダを征服した後に子安貝は「価値尺度」として用いられるようになった。ゆえに，奴隷と等価とされる商品のまとまりを子安貝に換算した場合の価格と，奴隷と等価とされる金を子安貝に換算した場合の価格は比較できた。つまりヨーロッパ商人が安価に仕入れた商品のまとまりで奴隷を購入しようとしたのに対し，ダホメの側は価格を引き上げることによって一定の価値を維持したのである。

3　社会と経済の大転換

(1)　商品擬制と二重運動

　ポランニーの『経済と文明』はこれまでにないダホメ王国論だった。ただしポランニーは，単にアフリカの一王国の歴史を再構成するために『経済と文明』を著したわけではない。むしろ彼と同時代の市場経済のあり方を批判的に考察する手がかりとなるからこそ，ダホメ王国に着目したのである。だとすると，『経済と文明』をよりよく理解するには，ポランニーが市場経済のどこに問題があると考えていたかという点が重要となる。この点を明らかにするため，『経済と文明』に先行して刊行された『大転換──市場社会の形成と崩壊』（ポランニー 2009）の議論を参照することにしよう。

　『大転換』のなかでポランニーは，あらゆる財とサービスが自由に売買される市場経済は，本来売買の対象になりえない財を売買可能な商品に変えてしまう点に根本的な問題があると指摘している。そうした商品は三つある。すなわち，労働力，土地，貨幣である。

　労働力とは，文字通り人間が働く力である。給料を得て働くとき，人はある意味自分の労働力を売り，その対価として金銭を得ている。これは他の商品を売買するのと同様である。ところがよく考えてみると労働力は一般商品とは異なる性質をもっている。それが物ではなく人間の一部だという性質である。ある商品が単なる物なら，売買された物は買った人の物となる。それをどうしようと買い手の勝手である。だが労働力はそうはいかない。労働力を売った人は，人格まで買い手のものになったわけではない。たとえば極端につらく苦しい仕事や人間性を貶める仕事を課すことは本来許されない。労働力の提供者はロボットではなく，意思と人格を備えた人間だからである。

　次に土地である。土地も少し考えれば一般的な商品と異なることがわかる。労働力が人間の一部であって，そこから切り離すことができないように，土地は本来自然の一部であって，そこから切り離すことはできない。しかも土地は他の商品とは異なり，新たに一から生産することができないし，

売買されたからといって，ある地点から別の地点へ移動させることもできない。それは文字通り「不動」の「財産」なのだ。ゆえに，自分の土地だからといって隣の土地の持主の迷惑になるような用途に使うことはできない。

最後は貨幣である。外国為替証拠金取引（FX）の例をあげるまでもなく，市場経済では円やドルといった貨幣そのものが商品として売買される。政府や銀行によって貨幣と金の兌換が保証されていた時代（いわゆる金本位制の時代），古典的な経済学者にとって，これは当たり前のことだった。彼らは貨幣が，商品取引を効率化するため他の商品との交換に特化して用いられるようになった商品の一種（たとえば金や銀）であると考えていたからだ。ところがポランニーは，こうした考えは誤りだと指摘した。彼によると本来貨幣は，人や企業がいくらの商品を購入できるかという力（＝購買力）を示す指標にすぎない。ゆえに他の商品のように有用物である必要さえない。こうしたポランニーの指摘は，金本位制の崩壊によって貨幣の実体的な裏付けが失われ，ビットコインといった仮想通貨さえ普及するようになった現代においては説得的である。

以上のようにポランニーによれば，労働力，土地，貨幣は他の財やサービスとは異なる性質を有しており，それゆえ本来商品化することはできないものである。ところが市場経済においては，労働力も土地も貨幣も現実に売買される。他の商品と同じく労働市場，土地市場，通貨市場が存在し，需給関係にもとづいて価格が決定されている。そこでは本来商品になりえないものがあたかも商品であるかのように見せかけられているわけだ。こうした見せかけの制度をポランニーは「商品擬制（commodity fiction）」と呼んでいる。

ポランニーによると，労働力，土地，貨幣を擬制商品化する市場経済が世界を席巻したのはそれほど昔ではなく，おおむね19世紀のことである。この時期のヨーロッパ，とりわけイギリスでは産業革命の結果，大量の労働力と大量の原料を集めて大規模な設備で複雑な工業生産が行われるようになった。これを実現するためには，必要な労働力や土地を必要な分だけ迅速に獲得しなければならない。そのうえで最も効率の良い方法が貨幣を用いて労働力や土地の「自由」な売買を可能にする市場の整備だったとポランニーは指

摘する。

　とはいえ，人間や自然や購買力を商品と同様に扱うことにはそもそも無理がある。にもかかわらず工業生産のためこれらの商品化を無理に推し進めると何が起こるか。ポランニーによるとその答えは，労働問題（たとえばブラック企業や過労死の問題）や，環境問題（土壌，大気，海洋の汚染）や，金融危機の発生であり，最終的には「社会の壊滅」である（ポランニー 2009：126-127）。ただし社会はなすすべなく壊れてしまうわけではない。市場の暴力に対抗しようと自己防衛的な運動を開始するとポランニーは指摘する。市場を規制する各種の政策や，労働運動，社会運動などが実例である。またポランニーによると，政策金利の変更や公開市場操作を行う近代的な中央銀行とは，企業を市場から守るために創出された制度だった。このような視点に立つと，19世紀以降の欧米の歴史とは，市場による破壊的作用とこれに対する社会からの防衛という「二重運動」として理解できる。こうした歴史的過程の果てに最終的に生み出された反市場経済的な二つの体制がファシズムと社会主義である。これが第二次世界大戦中の1944年に出版された『大転換』の時代的診断だった。

(2)　二重運動としての奴隷貿易

　『大転換』により近代市場経済の成立と崩壊を明らかにしたポランニーは，以後，近代以前のヨーロッパやヨーロッパ以外の地域の経済に関する研究を進めていく。労働力，土地，貨幣が本来的に商品ではないのだとしたら，それらが社会的に不足した場合，いかに調達するのか。たとえば，人の労働力を商品化しないとうことは，自分のために働いてくれる人に給料を払わないということだ。はたして，そんなことが可能なのか。

　ポランニーによれば，それは可能なのであり，その最も優れた具体例の一つが，『経済と文明』の舞台であるダホメ王国なのだった。そこには，労働市場も土地市場もなかったが，協業集団ドックプウェを通じた互酬的実践や，拡大家族グベと親族集団クセネという家政の仕組みを通じて，労働力や土地が柔軟に運用されていた。また貨幣（子安貝）は，貢租大祭を通じて王

から住民に再分配され，それによって住民は市場で必需品を入手できた。住民同士が財をやりとりする国内市場は国外市場から切り離されており，ヨーロッパとの交易は貿易港の内部で行われた。貿易港では，貿易オンスといった独自の貨幣的単位（虚構の貨幣）が用いられ，国内市場では必需品を獲得するための交換手段として利用されていた子安貝は，貿易港では交換手段としてではなく商品の価値を計量化するためにのみ用いられた。このように貨幣の用途や通用範囲が制限されたとしても不都合は起こらず，むしろヨーロッパ商人が貿易オンスの仕組みを利用して一方的な利益を得ようとした際には，商品価格を吊り上げることで速やかに対応することができたのである。

　もっとも，こうしたポランニーの研究に対しては後年批判も提出されている。すなわち，ヨーロッパ近代の市場経済を問題視するあまり，アフリカや古代ギリシアの非市場経済を過度に理想化した結果，市場経済ばかりでなく非市場経済にも葛藤や矛盾があったことを見落とし，静態的な制度論に陥っているとの批判である。

　たしかにポランニーの議論にそうした問題点が皆無とはいえない。ただしここで注意したいのは，ポランニーが，ダホメ王国をヨーロッパ型の市場経済とまったく無関係のものとして描いているわけではない点である。そもそもダホメ王国が勃興した18世紀は，ヨーロッパにおいて市場経済が全面化する鳥羽口にあった。サトウキビ産業の拡大によって大量の労働力が必要となった際，それを調達するための労働市場はまだヨーロッパの内部には存在しなかった。だからこそヨーロッパは外部から労働力を奴隷として購入する方策をとったのであり，ダホメ王国はそのヨーロッパとの奴隷貿易を通じて勃興した新興国家だった。ポランニー自身，ヨーロッパの奴隷需要こそが「ダホメをアフリカ内陸国家の伝統的停泊状態から取りだして並外れて高い業績を達成させるような圧倒的な威力をもつ出来事」（ポランニー 2004：215）だったこと，それこそが「アフリカの諸国家自身が外国貿易にふさわしい組織体を作りはじめる」（ポランニー 2004：193）契機となったことを繰り返し指摘している。したがって，ダホメ王国の非市場的な経済制度は，市

場経済と無関係な静態的制度というより，商業の世界的発展のなかで新たに生成した動態的制度，ファシズムや社会主義と同じく市場経済に対する社会の防衛運動の一形態であったと見なすことができる。

だとすると，ポランニーが『大転換』に描いたヨーロッパ近代を貫く二重運動の葛藤は，ダホメ王国というヨーロッパの外部において先駆的に作動を開始したと理解することができる。つまり『経済と文明』に描かれているのは，アフリカの一王国に固有の経済制度なのではなく，市場経済の破壊的作用とそれに対する社会の防衛という葛藤に満ちた二重運動の世界史的端緒にほかならないのである。

こうしたポランニーの議論は，過去ばかりでなく現代アフリカの経済の内実に迫るうえでも示唆的である。以下では私の調査地ニジェール共和国の事例を紹介しよう。

4　現代アフリカの農村経済

(1)　ニジェール農村の光景

ニジェールは，西アフリカの内陸部に位置する共和国である。かつてダホメ王国が存在したベナンの隣国にあたる。国土の大半はサハラ砂漠にあたり，農業を営むことが困難な不毛の大地が広がっている。一人あたりのGDPは438米ドルであり（2018年度），国際機関の分類ではいわゆる「最貧国」にあたる。

かつてニジェール一帯には，ダホメ王国に勝るとも劣らない中央集権的な国家が無数に栄えた。そうした諸国の王の末裔を自認する人々は現在もおり，なかにはその権威を政府から公認され，地方行政上の要職についている者（首長）もいる。とはいえ首長の権限は限られており，ダホメ国王のような財の再分配機構とはなりえていない。そればかりか「最貧国」ニジェールでは，租税国家の要である政府さえ十分な再分配政策（福祉政策など）を担えていない。それを雄弁に物語るのが，国連開発計画が発表している「人間開発指数（HDI：Human Development Index）」である。所得に加え平均余命や

識字率・就学率を複合して算出されるHDIは，長生きできることや十分な教育を受けられることといった，社会福祉の充実度を測るうえで目安となる指標であるが，ニジェールのHDIは世界最下位もしくは下から2番目を推移している。いわばそこは「世界最低の福祉国家」なのである。

　私はこの国の西部の一農村で2004〜2007年に集中的な住み込み調査を行った（佐久間 2013）。そこには，ある部分，たしかにポランニーの『経済と文明』を彷彿とさせる光景が広がっていた。まず，農村の基盤的な経済単位は，ポランニーが「家政」と呼んだ拡大家族を中心とする人のまとまりだった。また，労働力を商品として売却し，その対価として給料を得る機会はいまも限られており，そうした仕事は「白人の仕事（アンナサーラ・ゴイ）」と呼ばれ，農業・漁業・牧畜といった仕事（「黒人の仕事（ボロビ・ゴイ）」）から区別されていた。土地が商品として売買されることも稀であり，余裕のある土地は土地がない者に無償で（貸し）与えられることがほとんどであった。そのかわり土地を与えられた者は，土地の提供者の農作業を自発的に手助けすることが求められていた。つまりそこには，土地と労働力をめぐる互酬的関係が成り立っていた。最後に貨幣についていえば，フランス植民地期以来，独立後の現在に至るまで，フランスが発行する通貨（CFAフラン）が用いられているが，利子をとる貸し付けを禁止するイスラームの規定がよく知られていることもあり，お金をやりとりすることでお金を増やそうとする人々はほとんどいなかった。

　もちろんニジェールの農村にも商品市場が存在し，現地の特産物から日本製の輸入品にいたるまで様々な財が活発に取り引きされていた。その意味においてこの地域が市場経済とまったく無関係だったわけではない。だが，ポランニーが危惧したような労働力，土地，貨幣の擬制商品化に一定の歯止めがかかっていたという点において，たしかに経済は社会に埋め込まれていたといえる。以下では，命名式という，より具体的な制度を取り上げてみたい。

(2)　福祉政策の生きた役割

　命名式とは，新たに生まれた子どもの生後7日目に行われる産剃と命名の

儀礼である。準備から事後まで幾重もの手順を踏み，1週間かけて進められていく。この儀礼を経ることで初めて子どもは社会的な存在として認められる。ニジェールの人々はこの命名式を非常に大切にする。一つの命名式に数百人の客人が訪れることも珍しくはない。一方，子どもが生まれた当の日，つまり誕生日はほとんど重視されない。人間が一人では生きることができない社会的動物であるという事実にたちかえるなら，命名式は，生物学的な意味での「出産日」以上に重要な，文化的な意味での「誕生日」といえるかもしれない。

　ただし，命名式を「アフリカの伝統的風習」などと理解することがここでの主眼ではない。注目したいのは第一に担い手である。結論からいえば，子どもの父親や母親といった当事者はほぼ何もしない。命名式には人手が必要だが，食料や材木の調達などの力仕事を担うのは，子どもの父親の同世代の男性からなる年齢集団である。子どもの父親自身が何もせずとも年齢集団の仲間たちがすべての仕事を差配してくれる。謝礼は必要なく，必要なのは他のメンバーの命名式を無償で手伝うことである。同様のことが食事の準備をはじめとした女性の仕事についてもいえる。つまりそこではダホメ王国のドックプウェのような互酬的関係が成り立っている。また，命名式の担い手となる男性や女性は，「子どもの父親」「父親の姉妹」と呼ばれる。こうした擬似的な家族こそが命名式を担う家政的単位なのである。

　第二に注目されるのは，命名式の場には大量の財が集まり，かつ再分配される点である。くりかえせば，ニジェールの農村は，一般的な意味で「豊か」とはいえない。食べ物の確保さえままならないこともある。ところが命名式では，普段は決して目にしない大量の財が，それを運ぶ人とともにある場所から別の場所へと移動していく。財の内実は，食べ物，衣服，装飾品，燃料，現金など様々である。トウジンビエ，コーラの実，タイガーナッツのように，古くからこの地で生産されてきた財もあれば，お茶や砂糖のように近年もたらされたばかりの財，なかにはネスカフェやミロやリプトンのように，私たちがよく知る財もある。手づくりされるものもあれば，市場(いちば)で購入されるものもある。命名式では，これらの財がしかるべき人からしかるべき

人に贈答され，再分配あるいは消費される。ポランニーの定義に準じるなら，そこで生じているのは，私たちがよく知る市場型の活動とは異質であるものの，紛れもなく経済活動の一種なのである。

　第三に注目したいのは，この経済活動が何のために生じているかという点である。命名式の場を往来する財は，市場経済のように，私的利益を追求した結果として分配・消費されるわけではない。そこに集う財はみな，つきつめていえば新たに生を受けた命のために用いられる財である。命名式の後まで取り置かれ，直接子どものために用いられる財はもちろんのこと，命名式の当日に集まった人々に再分配される財にしたところで，子どもの誕生を祝福し，その生が良きものとなることを願って再分配され消費される。

　ダホメ王国の貢租大祭では，王という中心的権威から臣下へ財が再分配されていたが，現代ニジェールの命名式では，新たに生まれた子どもを中心点として財が集まり，再分配される。この中心点は王のように固定的なものではなく，新たな命の誕生とともにそのつど構築されていく。子どもの命と未来を守るための制度を「社会保障」というならば，命名式とは紛れもなく社会保障の一種である。私たちのそれと異なるのは，この保障の担い手が国家ではなく文字通り「社会」に偏在している点にすぎない。いわば，21世紀の「世界最低の福祉国家」では，王でも中央政府でもなく社会が「福祉政策の生きた役割」を担っているのである。

5　自由な経済から自由になるために

　『経済と文明』の議論に照らしてみるなら，市場経済がかつてなくグローバル化した現在においてもなお，ニジェール西部の農村経済は社会のなかに埋め込まれているといえる。そこでは労働力，土地，貨幣が全面的に商品化されることなく，再分配，互酬，家政，交換の諸制度を通じて柔軟に運用されている。財政基盤が脆弱なニジェールでは政府がかつてのダホメ王のような中央集権的な再分配機構とはなりえていないが，そのかわり，命名式という儀礼の機会を通じてある種の社会福祉制度が実現されている。ただし注意

したいのは，ダホメ王国の経済が近代ヨーロッパの市場経済と無関係ではなかったのと同じように，現代ニジェールの農村の経済も市場経済と無関係ではない点である。

とりわけ指摘する必要があるのは，移民労働者の存在である。この地域の成人男性の大半は，ニジェールの首都ニアメや，隣国のガーナ共和国やナイジェリア連邦共和国の大都市へ出稼ぎに出かける。農村部では稀な労働力の売買を都市部では行うのである。これはフランス植民地期から続く慣行であるが，従来出稼ぎは農閑期に限定され，農繁期には農村に戻ることの方が一般的だった。ところが近年では出稼ぎ期間が長期化しつつある。なかにはサハラ砂漠をこえ，地中海を渡り，ヨーロッパを目指す者さえいる。

2015年に「欧州難民危機」として問題化する，人の国際的移動の一部を占めたのも，こうした西アフリカの農村出身者だった（Anderson 2014）。時に「経済難民」とも表現されるこれらの人々は，非正規のルートを通じて目的地に向かわざるをえないがゆえに，保障されるべき人間としての権利をないがしろにされることが少なくなかった。それでも人々が希求したのは，ここではないどこかで「白人の仕事」を得ることだった（第3章も参照）。

18世紀に商品として大西洋の向こうへ強制的に送られた人々と，21世紀にまがりなりにも自らの意思にもとづいて地中海をこえる人々とを同列に論じるわけにはいかない。さりとて，それらがともに自由な人の移動というより，海洋の彼方の労働需要に対するアフリカからの反応の結果生じた移動である点は見落とすべきではない。そうした労働力の移出を可能にする制度とはいかなるものか。自由な経済から自由になるための道は，こうした問いをポランニーから継承することによってひらかれていくにちがいない。

参照文献

佐久間寛　2013『ガーロコイレ——ニジェール西部農村社会をめぐるモラルと叛乱の民族誌』平凡社。

ポランニー, K　1998『人間の経済II——交易・貨幣および市場の出現』玉野井芳郎・中野忠訳，岩波書店。

ポランニー, K　2004『経済と文明——ダホメの経済人類学的分析』栗本慎一郎・端

信行訳，筑摩書房．
ポランニー，K　2009『［新訳］大転換——市場社会の形成と崩壊』野口建彦・楠原学訳，東洋経済新報社．
Andersson, R. 2014. *Illegality, Inc.: Clandestine Migration and the Business of Bordering Europe*. University of California Press.

●読書案内●

『経済人類学』栗本慎一郎，講談社，2013年
　　　1980年代に日本でカール・ポランニーが多くの人に読まれるきっかけをつくったのは，経済人類学者として著名な栗本慎一郎だった．同書は彼の代表作であり，その議論の多くが『経済と文明』の丹念な読解にもとづいているという点でも出色である．

『カール・ポランニーの経済学入門——ポスト新自由主義時代の思想』
　　　若森みどり，平凡社，2015年
　　　膨大な未公刊資料の猟歩にもとづきポランニー思想を再構築した著者による，平明なポランニー思想の解説書．とりわけ経済的自由主義の批判者として知られるポランニーの自由思想がもつ今日的意義が明らかにされている．

『アフリカ農民の経済——組織原理の地域比較』杉村和彦，世界思想社，2004年
　　　コンゴ民主共和国農村部における長期のフィールドワークにもとづき，現代アフリカにおける互酬，再分配，家政，交換の実相に迫った労作．専門書であるため敷居は低くないが，アフリカ農民の経済を知るには価値観やモラルにまで踏み込む必要があることを学ぶことができる．

【コラム❷】

貨　　幣
悩みの種

早川真悠

　フィールドでよく悩むのが，お金の「自然な」使い方だ。
　2007年から2009年まで，私はジンバブウェ共和国の首都ハラレで，国立病院の医師だったコリーヌという女性と一緒に暮らしていた。ある日，私たちは，南アフリカ共和国で行われた知人の葬式に出席し，深夜の飛行機でハラレへ戻った。コリーヌは空港で旧友のルンビとエリック夫妻に電話をかけ，車で迎えに来てほしいと頼んだ。車を待ちながら，コリーヌは「何かお礼をしたほうがいいと思う。（二人に渡せる）お金を持ってる？」と私に尋ねた。私には多少の持ち合わせがあった。彼らの車に乗って，もうすぐ家に着くというとき，コリーヌが私に目配せをした。私は「ど，どうもありがとう」と言いながら，握っていたお金を助手席のルンビに差し出した。彼女ははじめ，車内が暗くて何かわからないようだったが，それがお金だと気づくと嘆くように言った。「どうして!? 　私たち，友だちでしょう？」。車が着いてからも，二人はお金をかたくなに拒み続け，私たちはとうとうあきらめた。家の中に入ると，コリーヌがため息まじりの低い声で私に言った。「へたくそ」。たしかに，彼女の言うとおりだった。
　近代貨幣はあらゆるものを単一の価値尺度で測り，市場で取引可能にし，社会固有の交換領域や共同体を破壊するという考え方がある（Bohannan 1959）。これに従えば，お金の使い方はただ一つだ。店でモノを買うときのように，相手との人間関係や文脈など気にせず，合理的にきっちりと計算して清算すればよい（中川 1992）。しかし，近代貨幣が使われるのは，決して市場交換の領域だけではない。祖先の墓の維持や伝統医への支払いなど，お金は共同体の人々の間でやりとりされ，人間関係を形成したり社会秩序を維持したりもする（Parry and Bloch 1989）。
　ただ，お金が様々に使われるとしても，商業活動や伝統行事のように，その文脈が人々の間で明確に共有されていれば，使い方をあまり悩むことはないだろう。問題は，お金が様々に使われるからこそ，その文脈の解釈が一つに定まらないような場合

である。

　ジンバブウェでは，結婚のお祝いや誕生日プレゼントだけでなく，ちょっとしたお礼をするときにもお金が使われることがある。しかし，そのとき，いかにも「返礼」するかのようにお金を差し出すと，相手は自分の行為が親切によるものではなく見返りを求めていたものと誤解されるのを恐れ，そのお金を受け取ろうとしない。

　思えば，ホスト・ファミリーに「家賃」を払おうとしたときも，ストーブを直してくれた近所の露天商にお礼をしようとしたときも，私は同じような失敗をした。「お返しじゃなくて，きみが僕に何かをあげたいと思ったときにくれればいい」（露天商）。「自分が相手を助けているかのように渡しちゃだめよ。自分が助けられているように渡すのよ」（コリーヌ）。今までいろいろな人がアドバイスをくれた。それでも，残念ながらあまりうまくできたためしがない。

参照文献

中川敏　1992『交換の民族誌——あるいは犬好きのための人類学入門』世界思想社。

Bohannan, P. 1959. The Impact of Money on an African Subsistence Economy. *The Journal of Economic History* 19（4）: 491-503.

Parry, J. and M. Bloch（eds.）1989. *Money and the Morality of Exchange*. Cambridge University Press.

第 3 章
都市と移民
移動から世界を問い直す

松本尚之

ガーナの都市クマシにて（2010年，筆者撮影）

1　「移動民の大陸」と呼ばれるアフリカ

　上掲の写真は，私がガーナ共和国の都市クマシを訪れた際に撮影したものである。クマシは，アフリカの伝統王国のなかでも有名なアサンテ王国の王都にあたる。アサンテ王国はかつて「黄金王国」とも呼ばれ，西欧諸国を相手とした金や奴隷の交易を通して栄えた。2010年5月，その王都の片隅に日本の霊柩車が駐車してあるのを見つけたのである。

　人の死に伴い盛大な葬儀を行う文化は，アフリカには多い。なかでもガーナは，意匠を凝らしたユニークなデザインの棺桶が有名である。ウシやエ

ビ，果物から飛行機や自動車，携帯電話まで。実に様々なデザインの棺桶がつくられており，今日ではアフリカを代表する現代アートの一つとしても評価されている。

　宮大工が施したきらびやかな装飾が特徴的な日本の霊柩車は，凝った棺桶を用いるのと同じ文脈で，盛大な葬儀を好むガーナの人々に受け入れられたのであろうか。日本では忌み嫌われ，とんと見かける機会が減った霊柩車が，いつの間にか海を渡り，ガーナの葬送文化のなかに新しい居場所をみつけているのである。このようなユニークな文化交流が可能となった背景には，いうまでもなくガーナと日本を結んだ人とモノの移動がある。

　アフリカは，「移動民の大陸」と呼ばれている。そもそも，アフリカは人類発祥の地であり，地球上の人の移動はアフリカ大陸より始まったといっても過言ではない。そして，20世紀に入り近代化の波がアフリカに押し寄せるなか，人々の移動はますます盛んとなり，それと同時にアフリカの都市化も進んだ。アフリカは現在，地球上で最も急速に都市化が進む地域であり，およそ4割の人々が都市部に暮らしている。

　アフリカをフィールドとした文化人類学的研究においては，1950年代以降，都市化や移民を扱った研究が盛んに行われるようになった。植民地時代，アフリカ諸社会が貨幣経済に巻き込まれるなか，人々は住み慣れた土地を離れ，働き口を求めて都市へと移動するようになった。それまで，文化人類学者が農耕民や牧畜民として描いてきた人々が，都市や炭鉱，農園などで働く出稼ぎ移民となっていったのである。

　以下では，エイブナー・コーエンの民族誌（Cohen 1969）を手がかりに，アフリカの都市や移民に関する文化人類学のアプローチを紹介したい。コーエンは，1962年から63年にかけてナイジェリア連邦共和国西部の都市イバダンで調査を行った。彼が民族誌の対象としたのは，故郷であるナイジェリア北部を離れイバダンに移り住んだハウサ人移民たちである。ハウサ人は，西アフリカにおいて商業民として名高い民族であった。

　イバダンは，もともとヨルバランドの都市王国の一つである。20世紀に入ると，イギリスによる植民地行政の重要な拠点として，さらには商業の中心

地として栄えた。その結果，1950年代には，サハラ以南アフリカにおいて最大の人口を抱える大都市となっていた。

2　都市の部族民——A・コーエン『アフリカ都市の慣習と政治』

(1) 脱部族化と再部族化

　コーエンが調査を行った1960年代初頭，イバダンに暮らすハウサ人のほとんどが，都市の周縁部に位置したサボと呼ばれる地区に集住していた。「サボ」は「サボン・ガリ」(ハウサ語で「新しい町」の意味)の略称であり，イバダンでは1916年にイギリス植民地政府が設置したハウサ人居住区を指す。1963年の時点でサボおよびその近隣地区におよそ4200人のハウサ人が暮らしていた。

　イバダンで調査を始めたコーエンを驚かせたのは，サボのハウサ人たちの熱心な宗教実践であった。なにより興味深いことに，彼らが宗教活動に精力的に取り組むようになったのは，過去10年程度のことだというのである。1940年代後半まで，サボのハウサ人の多くは一般的なムスリム(イスラームの信者)であった。しかし1950年代になると，多くの者がイスラーム神秘主義教団に入信するとともに，イバダンの中央モスクでヨルバ人信者たちと交わることを止め，ハウサ人居住区内のモスクに集うようになったのである。

　ナイジェリアは，1960年に独立を果たした。それに先立つ1950年代は，特に都市において政党活動が盛んとなり，住民自治や憲法制定をめぐる議論や，独立に向けた選挙が行われた時代である。ナショナリズム運動が熱気を帯びるなか，なぜ大都市イバダンにおいてハウサ人たちは時代に逆行するかのようにあえて排他的な宗教コミュニティを生成したのか。

　新しく独立したアフリカの国々では，二つの相矛盾する現象が見られた。一方は「脱部族化」と呼ばれるもので，民族が急速に自身の文化的な独自性を失っていく現象である。研究者のなかには同様の現象を「近代化」と呼ぶ者もいる。他方は「再部族化」と呼ばれるもので，民族が自身の文化的アイデンティティと排他性を維持するばかりか，強調し際立たせる現象である。

コーエンが民族誌で論じているのは，後者の「再部族化」の過程である。コーエンは，サボに暮らすハウサ人の「再部族化」の過程を，彼らが生業とする長距離交易との関わりから考察している。

(2) サボのハウサ人

　ハウサ人は，ヨルバ人，イボ人とともに今日のナイジェリアにおいて三大民族と位置づけられている。ナイジェリアは，アフリカ第三の大河であるニジェール川（ナイジャー川）と，その支流であるベヌエ川によって国土が北部，西部，東部の三つの地域に分かれる。三大民族はそれぞれの地域で多数派を占めており，ハウサ人はナイジェリア北部の多数派民族にあたる。ハウサランドはサハラ砂漠を縦断する交易ルートの終結点の一つとして栄え，特に14世紀以降，イスラームの伝来とともに都市国家群が形成された。

　イバダンに暮らすハウサ人は，サハラ砂漠南縁部のサヘル地帯と，ギニア湾沿岸の森林地帯を結んだ交易に大なり小なり関わる人々である。ウシなどの北部の産品を売りに来る者，あるいはコーラの実など西部の産品を買い付けに来る者。北部から来た商人と地元の商人の間で仲介業を営む者。ウシを買って解体し小売りする肉屋。商人たちが買い付けたコーラの実を測り，小分けしたうえで梱包する包装業者。鉄道駅で荷運びを手伝う人夫。貨物トラックの運転手たち。マラムと呼ばれるイスラームの教師。それら働き手の妻や子どもたち。さらには，物乞いや盗賊，ばくち打ちに娼婦，などなど。このように，多様な人々が行き交う都市的状況において，サボの社会構造に安定と持続を与えていたのが，様々な商売を取り仕切る30人の大家主たちである。「マイギダ」（ハウサ語で「世帯主」の意味）と呼ばれる大家主たちは，サボに林立する家屋の半数以上を管理している。

　家屋は，大家主たちがもつ社会的な影響力の源泉となっている。大家主たちは，自身の家族や親族たちのためだけでなく，子分やその家族，彼が手がける商いの顧客のために住居を用意しなければならない。たとえば，ウシの取引の場合，ウシの売り手である北部のハウサ人商人たちは，懇意とする大家主を頼りイバダンにやってくる。大家主たちは商人たちを自身が所有する

家屋の一つに迎え入れ，商人たちがイバダンに滞在する間，無償で面倒をみる．さらに家屋に暮らす子分の一人に命じ，商人を市場に案内させる．子分は，大家主とつきあいのある肉屋をまわって，ウシの買い手をみつける．商いは信用取引で行われ，後日，子分がウシの買い手から代金を回収する．大家主は子分から代金を受け取り，北部の商人がイバダンを去るときまで自身の家で安全に保管しなくてはならない．大家主たちは，ウシの買い手から仲介の手数料を取り，収入とする．

　大家主と，彼の家屋に住む子分たちの関係は，現代の企業における雇用主と被雇用者のような契約関係にもとづくわけではない．両者のつきあいはより広い社会関係にもとづき，インフォーマルな信頼関係を基盤としている．文化人類学においては，このような関係を「パトロン＝クライアント関係」と呼んでいる．

　サボにおける大家主と子分たちの関係を論じるうえで重要なのが，養取の慣習である．養取とは，他人の子どもを里子として引き取り育てる慣習で，ハウサ社会に広くみられる．いわゆる養子縁組とは異なり，里子は引き取り手，すなわち里親の子どもとはみなされず，預け手である生みの親の子であり続ける．

　サボにおいて養取は，大家主たちが子分を増やす主な手段となっている．大家主の多くが，ナイジェリア北部に暮らす兄弟姉妹の子どもを養っている．一方で，生みの親は子どもが裕福な家で育ち，商いの仕方を覚えることを期待して送り出す．他方で，大家主たちは親族の子どもたちと絆を深め，成長した後には子分として商いを任せる．

　とはいえ，子分たちの多くは，親族関係にも養取関係にもない者たちである．しかしその場合も，大家主と子分たちの関係は，単なる雇用主と被雇用者の関係にとどまらない．子分たちが結婚適齢期となれば，大家主たちは自分の家屋に住む娘との結婚を勧める．そして結婚が決まれば，大家主は新郎新婦に対し，新婦が住むための部屋を新たに提供する．その後，二人に子どもができれば，大家主か彼の妻が第一子を養取し，里親となる．

　互いの関係が深くなればなるほど，大家主が子分に任せる金銭的な責任も

大きくなる。子分の報酬が増え，彼が手がける商いも広がる。それとともに，子分自身も自らの部下をもつようになり，さらには大家主がもつ家屋の一つの切り盛りを任されることもある。そして，大家主が亡くなった後には，その商いの一部を引き継ぎ，彼自身が新しい大家主の一人となるかもしれない。1963年当時，サボに30人いる大家主のうち5人は，このようにして子分から大家主へと成り上がった者たちであった。

　さらにサボには，住民たちを取りまとめる「ハウサ人の首長」がいる。首長は植民地政府の承認を得たハウサ人居住区の代表であり，イバダンのヨルバ人王であるオルバダンが指名し，儀礼を経てその地位に就いた。サボの首長自身が商いを手がける大家主の一人でもある。1963年当時の首長は，サボの50〜60の家屋を管理していたという。

(3) 長距離交易と再部族化

　長距離交易には，技術的な問題がつきまとう。ウシの取引を例にとれば，ウシの価格は様々な要因の影響を受け，変動を続ける。したがって，ウシの売買で儲けるには，各地の需要と供給について持続的に情報を収集する必要がある。さらに，西部の森林地帯に到達すれば，1〜2週間のうちにウシを屠殺しなくてはならない。ツェツェバエなどによる感染症の危険があるからだ。そのため，ウシの運搬から販売までを迅速に行う必要がある。加えて，商いは信用取引によって行われることから，見知らぬ者同士が互いに信用し合い，信用貸しや委託業務を円滑に行うことができるような制度づくりが求められる。

　コーエンによれば，このような交易と関わる技術的な問題を解決する方法の一つが，特定の民族による特定の商品を扱った交易の独占である。サボに暮らすハウサ人たちにとって，民族文化は単なる生き方の問題ではなく，長距離交易の独占と関わるものなのである。では，社会が大きく変動するなか，イバダンのハウサ人たちは，いかにして長距離交易の独占状態を維持できたのか。なぜ，異郷の都市に移り住んだ彼らは，ホストであるヨルバ人との交わりを回避し，民族の排他性を保つことができたのか。

イバダンに暮らすハウサ人の自律性を論じるうえで，排他的な居住地の存在は重要であろう。サボと呼ばれるハウサ人居住区の設置は，イギリスの植民地政策に負うところが大きい。イギリスの有名な間接統治政策とは，現地の政治機構や政治権力者を可能な限りそのまま活用し，住民たちの統治を行う政策である。植民地支配を「白人が背負うべき重荷」と考えていた当時のイギリス人行政官らにとって，間接統治は現地の伝統的な社会制度の保護と関わる政策であった。また，第一次世界大戦によって国が疲弊するなか，本国から派遣するイギリス人行政官の数を減らし，植民地統治に関わる出費を抑えるための制度でもあった。後に，間接統治政策は，本来流動的な慣習を「伝統」の名のもとに固定し，排他的な集団としての民族をつくりだしたと批判されている（レンジャー 1983：323-406）。

しかし1950年代になると，ナショナリズム運動の高まりとともに，サボのハウサ人の自律性が大きく脅かされることとなった。ナショナリストが結成した政党はイバダンでも盛んに政治活動を行ったが，それらの活動は民族の垣根をこえた交流の場を生み出した。さらに政党の台頭は，サボの首長の権威を弱めることとなった。それまで，植民地政府やヨルバ人首長たちへの交渉役は，居住区の首長が一手に引き受けていた。しかし，植民地政府の後ろ盾を失ったサボの首長の権限が弱まる一方で，政党が政府と住民たちの仲介役の任を果たすようになったのである。ナショナリズム運動がサボのハウサ人たちの自律性を脅かすなか，ハウサ人たちは自らの社会組織を再編成し，民族の排他性を再構築する必要があった。それを可能としたのが，ティジャーニー教団である。

(4) 部族としての集合意識から宗教にもとづく同胞意識へ

ティジャーニー教団は，18世紀末に北アフリカで誕生したイスラーム神秘主義教団である。19世紀以降，西アフリカの多くの地域に広まった。サボでは，1950年末に教団のシャイフ（導師）がセネガルより来訪し，二人のハウサ人信者をサボで最初の儀礼的師，ムカッダムに任じた。この出来事をきっかけに，サボのハウサ人がこぞって教団に入信した。1963年時点では，サボ

の男性の85％がティジャーニー教団の信者となっていた。

　イスラームにおいて信者が行うべき五つの義務の一つに，1日5回の礼拝がある。正統派のイスラームでは，礼拝の場所は定めておらず，信者はどこで礼拝を行ってもよい。それに対しティジャーニー教団の信者は，少なくとも夕刻の祈祷は自身の儀礼的師のもとに集まって行わなければならない。加えて，平日正午の礼拝にも多くの信者が儀礼的師のもとに集まって礼拝を行った。このような集団的な儀礼行為は，儀礼的師と信者の間のみならず，さらには同じ師をもつ信者たちの間に親密な社会関係を生み出した。結果として，信者たちの間に宗教を通した「同胞意識（brotherhood）」が芽生えた。

　また，ムスリムは金曜にモスクにおいて合同礼拝を行う。1952年まで，サボのハウサ人たちはイバダンの中央モスクでヨルバ人信者とともに金曜礼拝を行っていた。しかし1952年には，サボの首長の決定のもと，ハウサ人信者たちはサボの中央モスクに集まり祈祷を行うようになった。

　さらに，サボのハウサ人たちの宗教上の分離を象徴する出来事の一つが，イスラームの断食月，ラマダーンにおける断食と祝宴の実践方法の変更である。ラマダーンには暦上の定まった日程はなく，新月の観測とともに始まる。ヨルバ人信者たちは，イバダンの街で新月が観測されると，断食の準備を始める。それに対し，サボのハウサ人たちは北部州の州都カドゥナでの観測に準拠し，儀礼を開始するようになった。カドゥナで新月が観測されたとの報告をサボの首長が電話で受け，ラマダーンの開始を宣言するのである。

　加えて，ティジャーニー教団の浸透によって，サボの権威はその特徴を大きく変えることとなった。その点を論じるうえで重要なのがマラム，すなわちイスラームの教師の存在である。マラムには，人の運命や人間関係に劇的な変化をもたらす神秘的な力があると信じられている。商活動において子分や顧客との信頼関係に依拠する大家主たちは，マラムたちの神秘的な加護を求める。そのため，彼らは力のあるマラムたちの後援者となり，マラムたちを自身の家屋に住まわせ，面倒をみる。

　イスラームの五行には，財力や体力がある者が行うべき義務として，メッカへの巡礼がある。巡礼を成し遂げた者は「ハッジ」と呼ばれ，イスラーム

社会で大きな尊敬を受ける。サボにおいては，1955年に当時の首長が二人のマラムを伴い，メッカへの巡礼に出かけた。続く3年の間に，30人の大家主全員がメッカへの巡礼を行った。その際，大家主の幾人かは，自身が支援するマラムを旅に同行させた。1950年代初頭に「ハッジ」はサボに6人しかいなかったが，1950年代の終わりには45人にまで達していた。

　したがって，政党政治の到来とともに脅かされていたハウサ人のアイデンティティと排他性は，ティジャーニー教団の出現とともに新しい外観をもつようになり，新しい象徴や慣習のもとに正当化されることとなった。異国の地における部族的な帰属にもとづいた集合意識は，新たに神秘主義教団内の同胞意識にもとづくようになったのである。

　実際には，イスラームの信仰心において，ハウサ人もヨルバ人も変わりはない。しかしサボのハウサ人の間では，ヨルバ人はムスリムとして堕落しており，ゆえにハウサ人は彼らから距離をおき，自らの儀礼的純潔を守らなければならないとの認識が広まった。部族主義に反対するナショナリズム運動が拡大するなか，ハウサ人たちは純潔で卓越したムスリムのコミュニティとして，民族の排他性を守ることができたのである。

　20世紀半ばにアフリカの都市で顕著となった「再部族化」については，都市に暮らす移民たちは一時的な逗留者にすぎないため，部族的なアイデンティティを維持するとの説があった。一時的な滞在ゆえに，移住先の都市の文化への同化が進まず，故郷の文化を固持した「部族民」であり続けるというのである。コーエンが描いたサボのハウサ人の事例は，そのような説を否定する。なぜなら，サボにおいてハウサ文化の排他性を強調するのは，一時的な逗留者たちではなく，むしろサボで定住化が進んだ人々だからである。「再部族化」と呼ばれる現象は，民族間関係の断絶や孤立の結果ではない。むしろ，ダイナミックな社会変動の所産であり，商売上のライバル関係や政党活動を通した交わりなど，都市における民族同士の活発な交流ゆえの結果なのである。

　そしてサボのハウサ人たちは，異なった方法で，他の民族との違いを絶えず再創造し続けてきた。それは，彼らが保守主義だからではない。民族的な

差異や排他性が，長距離交易の独占において彼らの武器となるためである。サボのハウサ人たちが危惧したのは，単なる文化的アイデンティティの消失ではなく，彼らの生計の源が脅かされることに対してである。現代アフリカの民族集団とは，政治経済的な目的のために慣習を操作し，活用するインフォーマルな利益集団である，というのがコーエンの主張である。

3 文化人類学における都市と移民への眼差し

(1) 20世紀半ばのアフリカの変化

　ナイジェリアが独立を果たした1960年は「アフリカの年」と呼ばれている。第二次世界大戦後に盛んとなったナショナリズム運動の波を受け，アフリカ大陸で17か国が植民地支配を脱し，独立を果たした。アフリカに新しく誕生した国は，1956年のスーダン共和国，1957年のガーナ共和国を皮切りに，1960年代の終わりまでに30余にのぼる。それまで西欧諸国が「保護」や「啓蒙」の対象とみなしてきた人々が，政治的に同等の権利をもつ存在として自らを主張し，自決権を勝ち取っていった。

　世界の「未開」の地に出かけ，フィールドワークを通してその地の「部族」の暮らしぶりを学び，民族誌として記述する。20世紀半ばになるまで，文化人類学者によるフィールドワークと民族誌の執筆は，アフリカに限らずほとんどの場合，いわゆる伝統社会についてであった。西欧諸国の人々が自民族中心主義的な視点に立ち，アフリカを含めた非西欧の社会を劣った存在とみなすなか，人類学者は文化相対主義の立場に立ち，それら「〇〇族」や「××族」の文化の豊かさ，複雑さを記述してきた。しかし気がつけば，人類学者が対象とした人々が「ナイジェリア人」や「カメルーン人」として，自らをイギリス人やフランス人と変わらぬ存在と主張するようになっていた。このように，20世紀半ばにアフリカ諸社会が大きな政治経済的な変化を遂げるなか，文化人類学者の関心も大きく広がっていった。その一つが都市化や移動・移民現象を扱った研究である。

　都市において研究を行うようになった人類学者がまず関心をもった現象の

一つが，伝統社会を離れた「農耕民」や「牧畜民」の都市への適応の過程であった。イバダンのハウサ人たちの「再部族化」の過程を論じたコーエンの民族誌もその一つである。民族をインフォーマルな利益集団として捉える彼の主張は，「民族」概念をめぐる研究において，「民族動員論」（あるいは「民族手段論」）と呼ばれている。

「民族」やさらには「国民」といった概念に関する文化人類学者による研究の紹介は，後の章（第6章）で改めて論じたい。以下では，コーエンの民族誌を足がかりとして，アフリカにおける都市化や移民・移動へのアプローチについて取り上げる。

(2) アフリカにおける人の移動と都市

アフリカの都市研究において草分け的存在であるイギリスの人類学者エイダン・サウゾールは，アフリカの諸都市を，植民地支配以前から栄えた都市と，植民地化以降に政治経済的な機能を与えられ急速に発展した都市の2種類に分けている（Southall 1961）。ただし，コーエンが論じたイバダンのように，実際のアフリカの都市は両方の特性を併せもつ場合が多い。

コーエンの民族誌について移民・移動研究の観点から見逃せないのが，ハウサ人たちの来住の契機となった長距離交易である。かつてアフリカは「暗黒大陸」や「歴史のない大陸」と称され，停滞した不活性な地域と考えられていた。しかし実際には，アフリカにおける経済的な動機にもとづく人の移動には，植民地化以前からの長い歴史がある。それら人の移動が生み出す物流は，長距離交易の中継点として都市が栄える大きな要因の一つとなった。西アフリカの諸王国については，サハラ砂漠をこえてやってくるアラブの商人や，あるいは海を渡って来訪した西欧の商人たちとの恒常的な交易を通して，その仲介役として発展したことが指摘されている。明確な領土をもつのではなく，交易の拠点となる都市とそれを結ぶ交易路の管理であり，いわゆる「点と線の支配」であった（川田 1990）。第2章で論じた奴隷貿易によって栄えたダホメ王国もその一つである。

とはいえ，20世紀に入ってアフリカの都市化が急速に進み，人の移動が

いっそう盛んとなったことは間違いない。特に西欧諸国による植民地支配のもとで、金銭払いによる税制が導入されると、人々の暮らしに現金収入が不可欠となった。20世紀のアフリカ都市に暮らす人々の多くは出稼ぎ移民であったといわれている。それら出稼ぎ移民が向かった主な先は、植民地時代に開発が進んだ炭鉱や港、新しく産業化が進んだ都市である。

さらに、アフリカにおける人の大規模な移動は、今日では海をこえて拡大している。それとともに、世界中の様々な都市にアフリカ系移民のコミュニティが形成されている。また、人が移動する動機も多様化している。出稼ぎや交易などの経済的な動機にもとづく移動に加え、近代教育への関心の高まりとともに、留学などの教育の機会を求めた移動も盛んとなっている。さらには、希望に満ちた独立の後に直面した貧困や紛争によって、人身売買や難民など、当人が望まぬ強制的な移動も顕著となった（第10章を参照）。ヨーロッパにおいて近年、問題として語られる移民や難民の多くは、アフリカ大陸出身者である。「移動民の大陸」という呼び名が今日否定的な含蓄を持って語られるのはそのためである。

世界中に広がったアフリカを起点とした人の移動は、現在では東アジア諸国にまで及んでいる。以下では、日本に暮らすナイジェリア出身の移民を事例に、今日のアフリカにおける人の移動の実態をみてみたい。

4　現代アフリカにおける人の移動──日本に暮らすイボ人移民たち

(1)　アフリカから日本へ

2018年末の時点で、正規の在留資格をもち日本に滞在する外国人の人口（総在留外国人人口）は、約342万人である。日本の総人口に占める割合は、わずか2.7％にすぎない。そのうちアフリカ出身者の人口は1万9760人で、外国人人口の0.6％にあたる。日本において「マイノリティのなかのマイノリティ」の立場にあるといえるだろう。そして日本に暮らすアフリカ人のなかでも、国籍別で第一位の人口を有するのが、ナイジェリア人である。その人口はわずか3245人ではあるが、1990年代初頭から急速に増加している。彼

ら日本に暮らすナイジェリア人のうち約8割が成人男性である。

　出身民族をみると，在日ナイジェリア人たちのなかで多数派を占めているのはイボ人である。イボ人はナイジェリア国内において，ハウサ人，ヨルバ人に続いて第三の人口を誇る民族である。彼らの故郷にあたるナイジェリア東部は，同国のなかでも特に人口過密な地域であり，植民地時代より移民の送り出し地域となってきた。今日，ナイジェリアの「商業民」といえば，ハウサ人よりもイボ人を思い浮かべる者は多い。彼らの移動先はナイジェリア国内にとどまらず，現在は世界各地にネットワークを形成している。

　日本に来訪するイボ人たちの多くは，建設現場や工場において単純労働に従事する，いわゆる「出稼ぎ外国人労働者」であった。彼らのなかには，短期滞在ビザで入国し，ビザの有効期限が切れた後も非正規滞在の身となりながら日本に残り，働くことを選択した者が少なくない。しかし1990年代半ば以降は，短期滞在者の数は減少しており，かわって中長期の在留資格をもつ者が増加している。今日では，日本に暮らすナイジェリア出身者のおよそ3分の2が「日本人の配偶者等」あるいは「永住者」の資格をもっている。

(2) 定住化と移動のはざまで

　自ら「ビジネス志向」を自負するイボ人たちは，工場などで働いて資金を貯めると，それを元手に起業を目指す。その際，ほとんどの者が試みるのが，日本とナイジェリアを結んだ長距離交易である。1960年代のイバダンに暮らすハウサ人がウシやコーラの実を商品として交易を行っていたのに対し，現在日本に暮らすイボ人たちが主に交易の対象とするのは，中古の自動車や家電製品などである。

　日本とナイジェリアを結ぶ長距離交易には，多種多様な商売が関わる。中古自動車のオークションの会員権をもち，在日ナイジェリア人を含めた顧客に対し卸商を営む者。自動車解体業の資格を取り，自動車部品を販売する者。首都圏や地方都市でリサイクル業を営み，様々な廃品を買い取り，顧客に小売りする者。郊外に「オキバ（置き場）」と呼ばれる土地をもち，買い付けた商品の一時集積とコンテナへの積み込みを行う場所を提供する者。

「オキバ」の所有者は，コンテナを港に運ぶための日本国内の陸運と関わる業務も請け負う。これら様々な仕事の傍ら，故郷の知り合いや，あるいはインターネットを介してみつけた顧客のために，商品の買い付け，輸送を代行する者もいる。さらに，商品がナイジェリアに到着するころに帰国し，自らの手でナイジェリアにおける通関手続きを含めた商品の受け取りや販売を行う者も多い。

　イバダンのハウサ人たちは，生業とする長距離交易の既得権益を守るために，民族の排他性を維持した。それに対し，日本でイボ人たちが行う長距離交易においては，同郷のイボ人たちとの協力が好まれる一方で，民族に限定しない協力，交流もみられる。

　アフリカ系移民に限らず日本に暮らす移民たちの商活動については，日本人，特に配偶者やその義理の親族との関係の重要性が指摘されている（福田2012）。先述した交易に関わる様々な資格を取るにせよ，また不動産を購入したり，銀行から融資を受けたりするにせよ，日本語による書類手続きや保証人の設定が必要となる。したがって，在日イボ人たちが起業するにあたっては，特に日本人配偶者が事務仕事などを引き受ける場合が少なくない。私が知るイボ人の一人は，日本人の妻と二人三脚で廃品回収業を営んでいる。夫が在日イボ人のネットワークを通じて廃品の買い付け元や販売先の開拓を行う一方で，妻が会社の事務仕事をするとともに，トラックを駆って商品の国内輸送を手がけている。

　いずれにせよ非正規滞在の身では，日本で不動産を借りることも，国外に出かけることもできず，起業は不可能に近い。したがって，彼らが起業を試みるのは，主に日本人の配偶者との結婚を通して，正規の滞在資格を再び得た後である。日本人配偶者との結婚や永住者の増加は，一見すると移民たちの「定住化」や「適応」を表す現象である。しかし，興味深いことに，「定住化」の指標となる日本における立場の変化は，ナイジェリア人たちがトランスナショナルな移動を再開するきっかけともなっているのである。

(3) 移住先における民族や出身地とのつながり

　とはいえ，日本に暮らすイボ人たちにとって，民族や出身地によるつながりが無意味となったかというと，そうではない。アフリカ系移民の多くにとって，「故郷に錦を飾る」ことは重要な文化的価値をもっている（Trager 2001）。移住先の地で差別的な待遇を受けることの多い移民たちにとって故郷は，民族や肌の色などによって区別されることなく名声を勝ち取ることができる重要な場所である。さらに，日本においては非正規雇用の不安定な立場にあることから，引退後の帰郷は余儀ないものと考えている者が多い。したがって，将来の故郷での暮らしを思い描く彼らにとって，故郷とのつながりは重要な意味をもつ。

　イボ人たちのなかには日本で貯めた金を用いて故郷に家を建てる者が多い。また，日本で稼いだ金を故郷で暮らす家族や親族たちに送金することも一般的である。甥や姪の学費を支払ったり，病気の親族のために治療費を工面したりする者もいる。それに加えて，故郷の村で行われる自助開発プロジェクトに対し寄附を行う者も少なくない。さらに，日本に暮らすイボ人たちのなかには，経済的な投資を目的としてナイジェリア国内の都市部で不動産を買う者もいる。日本では賃貸アパート暮らしで日本人が嫌がる仕事に従事する「外国人出稼ぎ労働者」だが，ナイジェリアでは立派な実業家，という場合もある。

　日本に暮らすイボ人たちと故郷の関係は，個人的なつながりにとどまらない。日本では現在，イボ人が設立した様々な団体が活動を行っている。出身民族あるいは出身地を同じくする人々が集う，いわゆる同郷団体である。そのなかの一つ，I州連合会は，関東在住の同州出身のイボ人たちをメンバーとし，在日ナイジェリア人の諸団体のなかでも最大規模の団体である。設立年は2000年で，登録メンバーは現在300人をこえる。そして，毎月1回，週末に東京や埼玉で例会を開催している。毎回80人前後のメンバーが集まり，彼らが抱える問題が話し合われる。

　I州連合会は，メンバーにとって一種の社会保障の役割を果たしている。

メンバーやその身内に祝い事や不幸があれば，会合でその旨が報告される。その場合，I州連合会は，会則に定めた祝い金や見舞金をメンバーに支払う。

　なかでも，メンバーが亡くなった場合に担う団体の役割は重要である。イボ人たちは，死後，故郷の地に埋葬されることを強く望む。様々な理由から故郷を離れ移動することが当たり前となった現在，故郷で死を迎える者は少ない。特に国際移民の場合，遺体の搬送にかかる費用は膨大なものとなる。過去には遺族が費用を準備できず，火葬され灰になって故郷に帰った者たちがいる。そのような死を，イボ人たちは忌むべき恐ろしいことと考えている。I州連合会はメンバーの死去にあたって，日本で団体主催の通夜と葬儀を開催するとともに，遺体をナイジェリアに空輸する。そして，故郷で遺族たちが開く葬儀に代表を送るとともに，見舞金を手渡す。イボ人たちは，移住先の地で同郷団体を設立し加入することで，不測の事態に備えることができるのである。

　さらに，日本に暮らすイボ人たちが組織している同郷団体の多くは，故郷の年中行事を日本で再現したり，舞踏団を組織したりと，様々な文化活動も行っている。今日，日本に暮らすナイジェリア人たちのなかには，滞在歴が10年，20年をこえ，高校生や大学生の子をもつ親もいる。在日イボ人たちは，同郷団体が行う文化活動を，日本で生まれた子どもたちが故郷の文化に触れる機会と位置づけている。

　I州連合会は現在，舞踏団を組織している。その舞踏団は，複数の踊り手と太鼓の奏者，それに仮面の演者からなる。舞踏は，年末に団体が開催するパーティーなどで披露される。また，アフリカと日本の交流が進むなか，国際交流イベントなどに招かれ，踊りを披露することもある。かつてイボ社会では，仮面の演者たちは祖霊が憑依した存在と信じられ，人々から恐れられていた。それが現在では，日本の観客たちを楽しませる存在ともなっているのである。

5　移動から世界を問い直す

　東京は，地方民の集まりだといわれている。就職や進学，あるいはただ都市的な生活へのあこがれから，人々は住み慣れた土地を離れ，東京に移り住む。そして時とともに，彼らやその子どもたちは「東京人」としての意識をもつようになる。ヨソから来た移民たちは時間の経過とともに移住先の地に適応し同化するという発想は，我々自身の経験にもとづく移民観である。しかしコーエンが論じた「再部族化」の過程は，上記のような適応の流れについて，必ずしもそうはならないことを示す。それは，今日，日本を含めた世界中で「問題」として語られる移民をめぐる現象をみても，明らかなことであろう。

　サボのハウサ人たちの間で「再部族化」が起こった要因について，コーエンは長距離交易の独占という当事者たち自身の経済的な動機を強調した。しかし移民たちのコミュニティ形成については，当事者たちの帰属意識のみではなく，移住先の地の社会制度や移民観など，様々な要因のなかで決定される。日本に暮らすイボ人移民たちの場合，安定した立場を得て経済活動を拡大するためには，民族的な排他性を固持することは不可能であり，日本人との関わりが重要となってくる。しかしその一方で，故郷のつながりにもとづくコミュニティ形成も行われている。その理由の一つには，日本では得ることができない社会保障や引退後の生活への懸念，日本における差別的待遇がある。移民たちは，自ら求めて「再部族化」するのか。それとも，せざるをえないのか。

　移民たちが国境をまたいで営む生活は，もはや適応か否かという二者択一では語れない。そうした問いは，一定の場所から人の移動を考える視点であり，暗黙のうちに移動を正常（定住）からの逸脱，一時的行為として捉えている。しかし，定住化が同時にトランスナショナルな移動の契機となるイボ人移民たちの生き方は，人と場所の多様な関係のあり方を示す。今日の移動・移民研究において「場から移動をとらえる」のではなく「移動から場を

とらえる」ことの重要性が指摘されているのはそのためである（伊豫谷 2007）。

　グローバル化をめぐる研究で有名な，インド出身の文化人類学者，アルジュン・アパデュライは，「電子メディア化と大規模な移動が現在の世界を特徴づけるとしても，それは技術的に新しい力としてではなく，想像力の作動を駆り立てる（そしてときには強制する）力としてなのだ」（アパデュライ 2004：21）と述べている。グローバル化と関わる技術の進歩は，我々の世界をめぐる想像を大きく変化させている。ガーナを走る日本の霊柩車や，日本で演じられるナイジェリアの仮面の舞踏も，それら新しい想像の世界の一部であろう。

　コーエンを含め，20世紀のアフリカの都市化や移民現象を扱った人類学者は，都市における移民たちの変化に富んだ暮らしぶりを描くことで，従来の固定的な「部族民」像を大きく揺さぶった。そして21世紀に入り，ますます流動的となったアフリカと世界を結ぶ人とモノの移動は，われわれがもつ遠い他者としてのアフリカ観を揺るがし，われわれとアフリカとの関係を，ひいては人と場所とのつながりを問い直す機会を与えてくれる。多文化共生が叫ばれる現在，改めてコーエンが論じた「再部族化」の背景について，問い直す必要があるだろう。

参照文献

アパデュライ，A　2004『さまよえる近代――グローバル化の文化研究』門田健一訳，平凡社。

伊豫谷登志翁　2007「方法としての移民――移動から場をとらえる」伊豫谷登志翁編『移動から場所を問う――現代移民研究の課題』有信堂，3-23頁。

川田順造　1990［1976］『無文字社会の歴史――西アフリカ・モシ族の事例を中心に』岩波書店。

福田友子　2012『トランスナショナルなパキスタン人移民の社会的世界――移住労働者から移民企業家へ』福村出版。

レンジャー，T　1983「植民地化のアフリカにおける創り出された伝統」E・ホブズボウム／T・レンジャー編，前川啓治・梶原景昭他訳『創られた伝統』紀伊國屋書店。

Cohen, A. 1969. *Custom and Politics in Urban Africa: A Study of Hausa Migrants in Yoruba Towns.* University of California Press.

Southall, A. 1961. Intrductory Summary. In A. Southall (ed.), *Social Change in Modern Africa: Studies Presented and Discussed at The First International African Seminar, Maherere College, Kampala, Jan 1959*. Oxford University Press, pp.1-66.

Trager, L. 2001. *Yoruba Hometown: Community, Identity, and Development in Nigeria*. Lynne Rienner Publishers.

●読書案内●

『二次元的人間——複合社会における権力と象徴の人類学』
　　　　A・コーエン，山川偉也・辰巳浅嗣訳，法律文化社，1976年
　　　　本章で取り上げたエイブナー・コーエンの理論書。「二次元的人間」とは，人間の営みの「政治的次元」と「象徴的次元」のことを表す。コーエンは，二つの次元の相互依存関係の分析こそが，社会（文化）人類学の中心的課題であると述べている。

『都市を飼い慣らす——アフリカの都市人類学』松田素二，河出書房新社，1996年
　　　　大都市ナイロビのスラムでのフィールドワークをもとに描かれた日本の都市人類学を代表する民族誌。過酷な都市を自らの生活世界へと「飼い慣らす」出稼ぎ移民たちの生活実践を描き出している。移民たちの実践を単なる都市への「適応」ではなく，主体的な「抵抗」として捉える本書は，都市研究を越えて文化人類学において大切な視座を教えてくれる。

『都市を生きぬくための狡知——タンザニアの零細商人マチンガの民族誌』
　　　　小川さやか，世界思想社，2011年
　　　　タンザニアの零細商人の商世界を描いた民族誌。不確実な都市生活を，時に騙し騙され合いながら生きぬく商人たちの営みを描いている。自ら商人の一人となった筆者の体験談をまじえた記述は，フィールドワークの醍醐味（楽しさも苦労も）を教えてくれる。

『さまよえる近代——グローバル化の文化研究』
　　　　A・アパデュライ，門田健一訳，平凡社，2004年
　　　　グローバル化を取り上げた文化人類学者による研究書では，代表的な一冊。グローバル化とともに人々の生活は土地に縛られなくなり，人々の望む地景（ランドスケープ）も複数化する（エスノスケープ，メディアスケープ，テクノスケープ，ファイナンススケープ，イデオスケープ）という指摘は，今日の人とモノの移動を考えるうえで重要。

【コラム❸】

観　光
スラムツーリズムをめぐる倫理的問い

八木達祐

　ケニア共和国の首都ナイロビのキベラ地区は100万人以上の人口を有する同国最大のスラムである。ある日，溜まり場のバーで仲間たちと雑談していると店主が話しかけてきた。「お前はいいよな。何度もケニアに来ることができて。おれは一生日本には行けないんだぜ」。

　彼にとって，この台詞は「今日は牛肉をご馳走しろ」という交渉のための前置きにすぎなかったのかもしれない。だがこのことばにはケニアのスラムに住む彼と日本で生まれ育った私との間にある圧倒的な貧富の差が端的に現れている。そしてこの差を推進力として拡大するのがスラムツーリズムである。

　観光立国ケニアでは，野生動植物を見てまわるサファリツアーや海岸部と島嶼部のビーチリゾートが観光の目玉となってきた。近年これらに加えて都市部のスラムツーリズムが台頭した。スラムツーリズムとは，スラムをよく知るガイドとともにスラム内の各所——民家や学校，土産物屋，酒場，NGO団体の拠点などを訪問し，観光客がスラムの文化や社会・環境問題を体験的に学ぶという趣旨の観光である。この新しい観光は，観光客がスラムで暮らす人々の実情を理解するスタディツーリズムとして期待される一方で，倫理的な観点からの批判が絶えない。

　子連れでスラムツーリズムに参加した米国人の母親に参加動機を尋ねた。普段はボランティア活動にいそしんでいるという彼女は，「参加をしようかどうか迷ったわ。ここは動物園ではないし，スラムの人々は見世物ではないから。でも最後には，自分の子どもたちに様々な世界があるってことを見せなきゃって思ったの」と返答した。彼女のことばからもわかるように，スラムツーリズムは人々が生活する空間や貧困それ自体を商品としている。観光客の参加動機は多様だが，物見遊山で訪れる観光客がスラムの人々のプライバシーを覗き見し，娯楽や冒険として貧困を消費することには，疑問の声もあるのだ。

　スラムツーリズムが登場する以前からも第三世界における観光をめぐっては，先進

国が植民地時代に培ったネットワークを活かしてインフラ整備を行うことや，先進国の観光客に途上国の人々が奉仕を続けるといった従属的な構造，すなわち新・植民地主義的な関係が存在するとして批判がなされてきた。そうしたマクロな構造のうえに発展したスラムツーリズムには観光客とスラムの人々の不均衡な力関係を前提にした，貧困への「まなざし」の問題がある。スラムツーリズムをめぐる批判の根本は，調査する側とされる側，民族誌を書く側と書かれる側といった不均衡な関係性に端を発する人類学批判とも通底している。観光の倫理性を問うことは，人類学の学問的な問題を問うことにもつながっている。

　ところで，キベラの住民が自分たちの生活が観光資源となる現象にいかに対峙しているかについて調査を始めた私は，彼らが意外なほど淡々と観光客の期待や生活世界の観光化を受け入れるような語りをすることに気づいた。よく耳にするフレーズがある。「本当の暮らしは農村にあり，キベラは仮の住まいだ」「ここでは皆がワゲニ（スワヒリ語で「客」「よそ者」の意味）だ」というものだ。アフリカ都市の民族誌に古くから登場する常套句だが，キベラで生まれ育った若者が一定数いる現在でも，スラムがいつか抜け出す，いつか退出を迫られる仮の住まいであるという認識は広く共有されている。スラムが「自分たちの場所」になりきらない複雑性・流動性を帯びていることは，ホストとゲスト，真正な文化と演出された文化といった観光人類学の二分法的な問いには収まりきらないダイナミズムを，スラムツーリズムが内包していることを意味している。スラムツーリズムをめぐる倫理的な問いは，スラムで暮らす人々自身のスラムという場に対する理解やそこで生きることの意味とともに検討されていく必要がある。

第 4 章

親族と結婚

「家族」という怪物

橋本栄莉

競売にかけられる予定の婚資用のウシ（2013年，筆者撮影）

1　人類が生み出した〈怪物〉

　美しい家族愛や家族の絆は，映画やドラマに欠かせない，人類にとって永遠の感動テーマである。では，私たちの現実はといえば，どうだろう。本屋の売れ筋コーナーにならぶ本のタイトルにあるのは，「病」としての家族や母娘関係，「毒」や「モンスター」になってしまった親たち，「仮面」をもつ夫婦，懸命に「活動」をして手に入れるべきとされるパートナー（「婚活」）や子ども（「妊活」），さらには自分の人生の後始末の方法（「終活」）。そして毎日のように報道される児童虐待や介護問題，家事育児分担の不平等……。

こんな光景をみると，私たちはもしかして，映画やドラマに出てくる家族の姿に感動しながら，世間にダマされ，自分をダマシ，苦しみこらえて生きているのではないだろうか，と疑いたくなってしまう。
　私たちが「血のつながり」や「血縁」などと表現している親子や親族関係にも，ある種の欺瞞が隠されている。人種や地域，疾患の有無にかかわらず，人間同士はその遺伝情報の99.9％を共有している。つまり，「血のつながり」がない個人同士であっても，その二人の遺伝情報の差異は0.1％にすぎない。その0.1％であっても，重篤な病気を決定的に発生させる一部の遺伝子以外，人生を直ちに大きく左右することはない。たかだか0.1％の差異やつながりのなかに，愛情や義務，それゆえの苦悩を見出してしまうのは，人間に共通する科学的事実というよりも，たまたまそういう文化のなかに私たちが生きているからというだけのことなのである。
　近年の日本社会でも，家族形態の多様化や国際化，生殖技術の発達，そして先に述べた「売れている」書籍により，「血のつながり＝愛情」という神話の化けの皮が剥がれつつある。しかしそれよりもはるか前から，ひそかにこの神話の存在を指摘し続けてきたものがある。それが，文化人類学的フィールドワークをもとに書かれた民族誌である。
　これまで様々な民族誌により，世界中の「家族」や「親子」の実に多様なあり方が報告されてきた。「父」の存在しない社会や子どもの誕生に女性が関与しないとされる社会（「民族生殖理論」），死者と結婚する社会……世界の「家族」や「親子」概念の多様性は，私たちを縛ってきた「常識的」な家族概念をほどき，驚きと興奮を与えてくれる。しかし，民族誌を読み進めると，どのような「家族」であっても，その社会でしがらみや軋轢を生じさせ，人々の生を振り回しているらしいということに気が付く。
　どうも「家族」とは，その定義・翻訳の困難さも含め，人類がつくりだしてしまったおぞましい〈怪物〉であるらしい。では，私たちはなぜ，自分たちで勝手につくりあげた〈怪物〉に，これほどまでに苦しんだり，時として癒されたりするのだろうか。この得体のしれない〈怪物〉の謎と味わい深さに気付かせてくれるのが，イギリスの社会人類学者エヴァンズ＝プリチャー

ドが執筆した民族誌『ヌアー族の親族と結婚（*Marriage and Kinship among the Nuer*)』(1951/1985)（以下，『親族と結婚』と記す）である。ヌエル（ヌアーのこと。以下，書名と引用以外は現地の発音に沿いヌエルと表記する）人は，スーダン南部（現南スーダン共和国）のナイル川流域に居住する農牧民である。『親族と結婚』は，『ヌアー族』(1940/1978)，『ヌアー族の宗教』(1956/1982) とともに「ヌエル三部作」として名高いエヴァンズ＝プリチャードの代表作の一つである。この三部作はいずれも，彼が1920年代から30年代にかけてスーダン南部で行ったフィールドワークをもとに書かれたものである。

　本章が取り上げるのは，普遍的たりえない人類の「家族」のありように加え，ある意味で普遍的ともいえる「家族」をめぐる人類の宿痾と，それと向き合う方法である。以下では民族誌を紹介し，同書が人類学的親族研究に対して果たした役割と近年のヌエル社会で観察された家族をめぐる諸問題を検討する。なお，本章では一部翻訳を修正している。

2　「事件の影に牝ウシあり」
——E・E・エヴァンズ＝プリチャード『ヌアー族の親族と結婚』

(1) 「家族」とは何・誰か

　あなたは「家族」と聞いて，いったい誰の顔を思い浮かべるだろうか。おそらく，日本でまず家族と聞いてイメージされるのは，親と子どもたちからなる核家族ではないだろうか。

　ヌエル社会には，私たちがイメージするような「家族」に該当する語は存在しない。ヌエル語には「家」を意味するチエンという語がある。チエンは日常的に同居する近しい親族を意味するときもあれば，同居していない親族，あるいは自身のリニージ（単系出自集団），ひいては村全体を意味することもある。そのほか，親族関係を示す用語にブスとマルがある。ブスが，集団内の父系の親族関係，およびそのなかの個人間の関係と限定的なのに対し，マルは，個人間の「親族関係的」性質を帯びた関係を包含する表現である。世代をさかのぼると共有の祖先にたどり着く村全体をマルと呼ぶことも

できる。

　この通り，ヌエル社会では，「家族」や「親族」と関わる概念が極めて流動的かつ相対的な意味合いをもつ。文脈によって成員は異なるのだから，もちろんこちらが一方的に「家族」の範囲を断定することは容易ではないし，不適切ですらある。ではこの社会において，「父」や「母」，そしてその「子ども」というのはいったい「誰」を意味するのだろうか。ヌエル社会では，人間はただ生まれただけでは「家族」を獲得できない。ヌエルが「夫」や「妻」，そして「父」や「子ども」を得るためになくてはならないもの，それはウシである。

(2) ウシと人生

　　ヌアーの行動を理解したいと願っている人への最適なアドバイスは，「事件の
　　影に牝ウシあり」である。　　　　　　　　　　　　　（Evans-Pritchard 1940: 16）

　三部作の第一作目『ヌアー族』にて，エヴァンズ＝プリチャードは読者に向けてこのようなメッセージを送った。ヌエルの人々の人生は，ウシに始まりウシに終わるといってもよいかもしれない。ヌエル人の人生の岐路には必ずといっていいほどウシが登場し，人々の悩みの種の多くもまた，ウシの不足に起因するものである。

　ヌエルの人々の人生のあり方を男女別にみていこう。

　男児（ドル）は生まれてから，ウシの色と模様に由来する「ウシ名」を与えられる。幼少期はウシの搾乳をし，乳をのみながら，成人式を待つ。成人式の際，彼は大量の血を流しながら，額に6本の平行線を刻む。これを終えると，彼は社会から正式に「大人の男性（ウット）」とみなされ，ウシの所有権を得て放牧を行う。結婚適齢期になると，自分の妻にしたい娘を見つけ出し，求婚のことばとともに，婚資（花嫁代償）であるウシを払えるかどうかに思いを巡らせる。場合によっては，彼は命がけで他のクラン（祖先を共有していると考える人々の共同体）や周辺民族からウシを失敬してくる。ウシ

を確保し，数々の儀礼を経て結婚は完了する。ヌエルでは，父親の名前は世代をこえて子孫に受け継がれる。多くの妻を得，なるべく多くの子どもを残し，末永く自分の名をこの世に残すことがヌエルの男たちの人生の目的である。彼は何人かの妻を得ると，今度は妻が生んだ息子の結婚のためにウシを増やさなければならない。自分の娘を嫁にやったときに婚資として支払われるウシが，その一部になるだろう。彼の子どもたちが生んだ子も，そのまた子どもも，彼の名を忘れることはなく，子孫が途絶えない限り彼の名は半永久的にこの世に残り続ける。

　女児（ニャル）は子どものころから母や姉たちの「女の仕事」を見て育つ。ウシの搾乳は女性の仕事である。少女たちは，ウシの骨や皮で自身の身を飾る装飾品をつくりながら，好みの男に声をかけられるのを待つ。いざ結婚したい相手に求婚をされると，少女は自分の親に相談する。彼女の親族は，時間をかけて婚資として支払われるべきウシの頭数を検討する。この支払いによって，彼女は少女から妻（シエク）になる。しばらくして妊娠し，彼女は大量の出血とともにこの世に子どもを産み落とし，母（マン）になる。子どもを産んだ女は尊敬され，「誰それ（彼女の父）の娘さん」などと自分の名前以外の名で呼ばれる。

　このように，ヌエルの男性はウシをもつこと，そして女性は子どもをもつことに大きな価値を置く。『ヌアー族』で強調されたのは，人間存在とウシとの相互依存的・相補的な関係である。『ヌアー族の宗教』では，ヌエルの精神世界や哲学と，ウシがどのように相互に結びついているのかが描かれた。そして『親族と結婚』では，ウシは婚資として集団と集団をつなげ，「家族」や「親子」という様々な人間同士の関係をつくりだす媒体として位置づけられる。ヌエルにとって，ウシとは単なる家畜や食料ではない。ウシは，自己や親族，世界そのものであり，自己－集団－世界の諸関係をつなぎ留めておくものである。このために彼らは命を懸けてウシを守り，奪い，循環させるのである。

(3) 婚資の意味——結婚という長いプロセス

　婚姻届一枚によって結婚が成立してしまう私たちの社会に比べると，ヌエル社会の結婚（クエン）は非常に長く複雑なプロセスを要する。求婚に始まり，両親へのあいさつ，婚約式，結婚式，床入りの儀式，第一子の誕生，第一子を夫の父の牛舎に連れていくこと，生家との別れのしるしとして娘にスプーンを与えること，そして第二子の誕生というプロセスを経て初めて結婚は完了する。具体的なプロセスの一部を紹介しよう。結婚に関わる儀礼は，①婚約式，②結婚式，③床入りの儀式の3種類である。

　①では，花婿側から花嫁側に3～10頭の手付金ならぬ「手付ウシ」が譲渡され，最終的に何頭のウシを支払うかおおよその合意がとりつけられる。①は娘が適齢期を過ぎている場合は省略されることもある。また，ウシを十分に持たない男が，わずかなウシで娘を「青田買い」しておくためにも行われることがある。

　②は，婚資のウシの話し合い，祈願，ダンス，供犠の順で行われる。話し合いの主導権を握るのは花婿・花嫁の父方オジであり，双方が合意に至るまでに途方もなく時間がかかることもある。ダンスが始まる前，双方の親族は結婚を祖先に知らせるため，花婿と花嫁のクランがもつ「槍名」を呼び，祖先の死霊に婚資のウシを見てくれるように呼び掛ける。ダンスは夜明けまで続き，そのあと祈りとともにウシの供犠が行われる。

　③と子どもの誕生によって結婚はひとまずは完結する。「初夜」に該当する日，花婿・花嫁とその付き人たちは，決まったやり方で一軒の小屋に入る。花婿は，花嫁を細い小枝で打ちつけ，花嫁は彼を拒否して小屋の壁際にうずくまる。そして花婿は花嫁の腰布を引きちぎる。これが結婚の完了である。このとき小屋で行われているのは，花婿による折檻と花嫁による抵抗の「ふり」，つまり儀礼的なレイプである。実際，これまでこの二人は何度も通じている。この儀礼は花嫁が妊娠していても，子どもを産んでいなければ再婚の場合でも行われ，その際「彼女は処女にもどった」といわれる。ここでいう「処女」とは，身体的な状態ではなく，社会的な状態なのである。この

儀礼のあと，男は正式に「夫」となり，それまではなかった姦通に対する賠償を請求できるようになる。

　このプロセスと，婚資であるウシの支払いは連動する。地域によって異なるが，望ましいとされる婚資はウシ40頭で，花嫁側に支払われたウシは，花嫁の父方親族と母方親族にそれぞれ20頭ずつ平等に分配される。婚資が支払われなかったり，その数が不十分であったりすると，花嫁側の親族間で大きな不和が生じることになる。婚資の支払いは人々の間に新しい社会関係をつくりだし，それを維持していくための一つの「技術」であり，そのうえに結合を築くことを可能にする「社会的足場，すなわち行動の型からなる一時的な構築物」（エヴァンズ＝プリチャード 1985：147-148）である。

　ヌエルにとって婚資の支払いは，結婚に永続性を与えるというよりも，永続性を確認するためのものである。ウシは個人の人生を左右するがゆえに，共同体の運命をも左右する。婚資をめぐって生じる衝突は，個人や特定の家の財のためのみならず，婚資によって期待される共同体間の結合や社会関係をないがしろにされたことに対する闘争なのである。

(4)　ウシがつくりだす「親」と「子」――いかにして人は親に「なる」のか

　これまで述べた通り，結婚と共同体の連帯を支える婚資としてのウシは，自分の子どもを残すことを人生の第一目標と考えるヌエルの人生を豊かなものにする。ヌエルにおいて，子孫を残して幸福になる権利と可能性は，ほぼすべての者に開かれているといってもよい。

　ヌエル社会ではウシを花嫁側に贈った者が法的・社会的な「夫」や「父」と認められる。したがって婚資を支払いさえすれば，ある特定の状況のもとでは，男であろうが女であろうが，生きていようが死んでいようが，ある者の「夫」になったり「父」になったりすることができる。この場合，生物学的な父（ジェニター）の存在は，社会のなかで認められる法的父（ペイター）ほど生まれてきた当人の人生に大きく関わることはない。ヌエルの結婚制度として大変よく知られている，女が夫／父になる事例（女性婚）と死者が夫／父になる事例（死霊婚）を詳しく取り上げてみよう。

第4章　親族と結婚　89

女性婚——女性がウシを支払って夫・父になる

「女性婚（women marriage）」と表現された結婚は，女性がウシを支払うことによって女性と結婚し，その「妻」に生まれた子どもの法的父とみなされる結合である。女性婚は多くの場合，女性が子どもを産むことができないとわかった場合に行われる。不妊の女性は，「男になった女」と表現され，その後の人生を「男」として暮らす。通常ヌエルでは女はウシを所有しない。不妊のために「男になった女」は，自分の「妻」を得るための婚資として，自分の親族の娘の結婚によってもたらされたウシをその娘の「オジ」としてもらったものを用いることもあれば，自分が「男」として父親から相続したウシを用いることもある。「男になった女」は，ウシを支払いさえすればその分多くの妻をもつことも可能である。自分の同意なしに「妻」が姦通を行った際には，損害賠償も請求できる。

「夫」となった女性は，自分の結婚の儀式を終えると，自分の男の親族や友人などに頼んで自分の妻に子どもを産ませる。その子どもは，法的に「夫」の子どもであり，社会的にもそのように認識される。子どもたちも「夫」である女を「父」と呼び，「夫」は妻たちの娘の結婚にあたっては「父のウシ」を受け取る。生物学的な父は，時として家の仕事で男手が必要な時に呼ばれることもあり，娘が結婚した際には「実父のウシ」を受け取る。したがって，生まれてきた子どもに対して生物学的な父はまったく無関係とまではいかないが，彼のもつ権利と義務は婚資を支払った法的な「父」のそれには遠く及ばない（エヴァンズ＝プリチャード 1985：163-166）。

死霊婚——ウシを支払った死者は妻子を得，名を次世代に残す

ある男が男子を残さずに死亡した場合，彼の同世代の親族もしくは次世代の親族が故人の名で妻をめとること，これをエヴァンズ＝プリチャードは「死霊婚（ghost marriage 冥婚，幽霊婚とも訳される）」と呼んだ。死者の名で妻をめとるのは，たいていは故人の兄弟である。もし男が男子の後継者を残さずに死んだ場合，彼の名が後世まで記憶されるように，彼のために子孫をつくる必要がある。これは親族としての最も基本的な義務であり，これを怠

ると，死者の霊は親族に付きまとって悪いことを引き起こすと考えられている。

　このとき，故人の代理となった男は故人の名で婚資のウシを花嫁の親族に支払う。その男は「夫」のような役割を果たす。しかし，その「妻」の法的な夫は故人であり，結合の結果生まれた子どもたちの父もまた故人である。妻は「死霊の妻」と呼ばれ，子どもたちは「死霊の子どもたち」と呼ばれる。

　しかし，この婚姻は，「死霊の妻」をもつ男にとっては悲劇の始まりである可能性を秘めている。よく問題になるのが，①ある男が故人の名前で妻をめとった際にウシを支払ったために，自分自身の妻を獲得するためのウシがそろわないケース，そして②自分の妻をめとっても，息子が死に，以降女児しか生まれないケースである。①について，もしその男が自身が結婚するための婚資を工面できず，自身の子どもを残すことができなかった場合は，その男の近親者が，男の死後に彼の名前で妻をめとる必要がある。さらに大変なのは②である。その男が息子を残せたとしても，その息子が男児を残す前に死んだ場合，彼の親族は父と死んだ息子両方の妻を探してから自分が結婚しなければならなくなる。つまり，故人のために死霊婚を行う場合，代理の夫となる者は，自身もまた，将来の死霊になる覚悟をしたうえで結婚をしなければならないのである（エヴァンズ＝プリチャード 1985：167-172）。

　以上二つの結婚の形式からわかるとおり，生物学的な父性はヌエルの「家族」の形成にとってほとんど意味をもっていない。ヌエルは自身の子をもうけることを期待しはするが，他の男によって生まれた子どもを育てることを不面目だとは思わず，基本的に子どもに対する法的父権さえはっきりしていれば，子どもが誰の子どもであるかということにはあまりこだわらない（エヴァンズ＝プリチャード 1985：185）。つまり，ヌエルの「親子」とは，生物学的事実としての生んだ－生まれたという関係ではなく，婚資であるウシのやりとりを介して「つくられる」ものなのである。

(5) 規範と禁忌——いかなる場合に親族は「切り裂かれる」のか

　ヌエルが確実に子孫を残すためには，自身や子孫の結婚が，神や祖先に祝福された「適切」なものでなければならない。「適切」でない結合の場合，儀礼によっていったんその夫婦や親族を「切り裂き」，彼らの「血」を「浄め」なくてはならない。「不適切」な結婚の一つが，「インセスト（近親相姦）」と翻訳された「ルアル」が発生する関係である。

　ルアルとは，いわゆるインセストと，インセストによってもたらされる災厄の両方を意味する。災厄は多岐にわたり，当事者の死，親族の死，梅毒などの性病，不妊，不慮の事故などがあげられる。その災厄は「罪」を犯した当事者のみならず親族にも及ぶため，ルアルを犯した者は，場合によっては殺人罪まで背負うことがある。

　ここで注意しなければならないのは，私たちが用いる「インセスト」や「近親相姦」という概念と，ヌエル語の「ルアル」という概念には大きな隔たりがあるという点である。私たちが通常「近親相姦」とみなすのは，遺伝的に近しい親族関係者同士の間に肉体関係があった場合である。したがって，たとえば義理の父や母，血縁関係にないオジやオバなどと肉体関係をもった場合，社会的に好ましくはないかもしれないが，厳密には「近親相姦」にはあたらないと考える者もいるだろう。

　一方，ヌエルで問題にされるのは，遺伝学上のみならず，法的に規定された極めて広範囲にわたる親族や姻族である。ルアルに該当する者たちは下記のとおりである。たとえば，クランやリニージを同じくする者，生物学的親族関係が近い人々，姻族関係が近い人々，自分の父や娘と同じ世代にある人々，存命中の近親者の妻などである（エヴァンズ＝プリチャード　1985：44-51）。

　ルアルが発生してしまった場合には，親族関係を「切り裂く」儀礼をする必要がある。このとき，当事者は牡ウシの両側の足をそれぞれ持ち，祭司が祈祷とともにその牡ウシを頭から尻にかけてタテに半分に切り裂く。このとき流れるウシの血により，人間の血の汚染は洗い流される。ウシが不足して

いる場合，供犠は野生のキュウリでも代用可能である。

　広範囲にわたる結婚の禁止は，異なる村の人々との間に女性を介した無数のつながりを生み出す効果をもつ。女性を介して結ばれた親族，つまり義理の親族は，婚資のやりとりや相互扶助を通して時間をかけて双方が信頼を置く「親族（マル）」と呼び合う関係になってゆく。厳しい禁忌をこえ，時としてそれを「切り裂いて」一つの結婚を成立させることは，複数の村々をまたいで当事者やその親族がセーフティーネットを構築し，拡大してゆくことにつながるのである。

3　学説史上の意義とその後の展開

(1)　文化の翻訳の可能性と不可能性——翻訳者は反逆者

　『親族と結婚』の学説史上の意義の一つとして，共訳者の長島信弘（長島の研究については第9章を参照）は「インセスト」と訳されたルアルに注目した。長島は巻末の「解説」において同書を次の通り評価する。

> エヴァンズ＝プリチャードは既成の「理論」をほとんど無視している（中略）「結婚」も「家族」も「インセスト」も既成の定義で考えるのではなく，ヌアー社会にみられる現象をヌアー人の説明を慎重に吟味しながらあるがままに分析している。これは，ごく当然のことのように思われるかもしれないが，（中略）1950年代までの社会人類学においては例外的に柔軟で知的な態度だったのである。
> 　　　　　　　　　　　　　　　　　　　　　　　　（長島 1985：286）

　すでに述べた通り，ルアルという語で表現される事柄は，英語の「インセスト」や「近親相姦」という語によっては到底説明できるものではなかった。当時の親族研究は，普遍性をもちえない「家族」や「親族」概念を，機能や型（パターン）という普遍性をもちうる軸にあてはめ，一般理論を導き出すことが大きな目的の一つとなっていた。

　実際，『ヌアー族』でエヴァンズ＝プリチャードが描き出したのは，文脈

に応じて拡大・伸縮する流動的な親族＝政治体系としての「分節リニージシステム」というモデルであった。『ヌアー族』とマイヤー・フォーテスのタレンシ二部作（Fortes 1945, 1949）で描かれた分節リニージシステムは，「国家なき社会」の政治構造の特徴ともされ，1940年代のイギリス構造機能主義人類学が生み出した親族理論と評される。分節リニージ理論は，他地域の研究者からその地域名を借りて「アフリカモデル」と呼ばれ（清水 2007：28），地域をこえた重要性をもつ理論として多くの研究に影響を与えた。しかし，この理論は当時の構造機能主義というパラダイムに大きく影響されたモデルであり，ヌエルの現実を描き出したものではないと批判を受けることとなる。

　一方，『親族と結婚』において描かれたのは，「親族」や「インセスト」の普遍的なモデルを探究するための整然とした理論ではなく，その理論や既存の概念に収まりきらない人間の現実であった。結婚をめぐる厳しい規範の記述の合間には，必ずしも理想として語られる「理論」のなかだけでは生きてはいない人間の姿を見出すことができる。

　たとえば，ヌエルにおいて姦通は「法律的違反行為ではあっても，不道徳ではない」（エヴァンズ＝プリチャード 1985：186）。姦通の際に問題になるのは，法律的違反行為を犯したための賠償のウシと，その罪によって引き起こされるかもしれない重篤な病気である。ヌエルは軽い気持ちで姦通を行い，それを特に恥ずかしいこととも思っていない様子であるという。これが事実かどうかはさておき，これによって示唆されたのは，法という規範で語られる事柄と，それが実際に彼らの道徳に反映され遵守されているかどうかはまた別の問題であり，両者は必ずしも連動していないという点である（法と裁判については第5章を参照）。『親族と結婚』の随所にみられる情緒あふれる描写からは，理論や分析概念から離れて，ヌエルの経験に限りなく近づき，それを再現しようとしたエヴァンズ＝プリチャードの試みがうかがえる。

　1970年代から80年代にかけて，イギリスの社会人類学者ロドニー・ニーダム（Needham 1971）やアメリカのディヴィッド・シュナイダー（Schneider 1984）によってそれまでの一連の親族研究の破壊が行われ，それまで人類学の中心的課題であった親族研究は衰退していった。この際槍玉にあげられた

のが，西欧社会の血縁的親族集団の前提とした「親族」観にもとづき，対象社会の「親族のようにみえるもの」を分析し，人類全体の「親族」について理論化を試みるという手法であった。しかし，清水昭俊はこの一連の親族研究に対する批判と衰退に対して，次のように警告する。

> 西欧的な親族概念が非西欧の親族現象を解明しえないことが示された時，人類学的な親族研究が挫折したと感ずるのは（中略）西欧的な反応であり，西欧の知的な支配を前提とした感情である。　　　　（清水 2007：38-39）

たしかにエヴァンズ＝プリチャードが西欧的な概念を用いることでみえてきたのは，これらの概念の限界域であったかもしれない。しかし，それは同時に，西欧の知的支配の及ばない人類文化の可能性を保証するものでもあった。この点，安易な一般化を避け，注意深く「親族」や「家族」という既成概念が用いられた『親族と結婚』は，シュナイダーらによる破壊にも，清水の警告にも耐えうる力をもった作品であるといえよう。『親族と結婚』において，西欧社会を基準とする諸概念は，西欧社会が発見する「理論」を強化するためのものというよりも，むしろ対象社会の「親族的現象」を分析するための西欧側の一つのローカルな概念にすぎず，破壊されてしかるべきものであるかのように提示されている。

翻訳の難しさは，訳した語が現地の人々にとって何を意味するかを問うと同時に，訳された語が訳者や読者にとって何を意味するかを問わなければならない点にある（エヴァンズ＝プリチャード 1973：17-19）。エヴァンズ＝プリチャードは，既成の不自由な概念をあえて使用することによって，読者にとっての「親族」「家族」の意味を問い返し，不可能であることを前提とした文化の比較を試みたのではないだろうか。

(2) 民族誌の継承――貨幣経済，内戦，移動

このようなエヴァンズ＝プリチャードの姿勢は，後続するヌエル研究においても引き継がれることになる。三部作の出版以降，ヌエル社会は様々な変

容を経験した。国家規模の紛争や難民としての強制移動など（難民の暮らしについては第10章を参照），ヌエルが経験することになった新たな状況を描いた民族誌は数多く存在する。なかでも植民地時代からスーダン内戦期に至るまでのヌエル社会の変容を綿密なフィールドワークにもとづき描き出したのが，アメリカの文化人類学者シャロン・ハッチンソンである。

エヴァンズ＝プリチャードがどちらかといえば男性中心的な結婚観・親族観を描き出したのに対し，ハッチンソンは，女性側の結婚観や恋愛に関する意識の変化にも注目しつつ，植民地統治期からスーダン内戦以後の男女関係や結婚事情を明らかにした（Hutchinson 1996）。

ハッチンソンが大きく発展させた一つの項目は，ヌエルにおける「血（リエム）」の概念の分析である。もちろん，それは私たちが考えるような「血のつながり」，つまり生物学的親族関係を表現するための「血」ではない。ハッチンソンは，ヌエルの「血」の特性を次のように記述している。

> 血は人から人へ，世代から世代へと特定の物質や流動性を維持し社会関係を育みながら流れるものである。両親から子になされる血の贈与は，彼らが究極的に従属している古い世代への尊敬や権威にもとづいている。同様に，恒久的な親族集団の拡大や溶解，そして消失は，血の創造，移動，そして喪失という語で概念化される。　　　　　　　　　　　　　（Hutchinson 1996: 75-76）

ハッチンソンによれば，ヌエルの社会生活は「血をもつ領域」と「血をもたない領域」とに分けられる。ヌエル社会に貨幣経済が導入された1930年代ごろ，ヌエル人は交換媒体としての紙幣の「不適切さ」を，紙幣がウシのように「血」をもっていないことによって説明していた。

ヌエルにおいて，人間の「血」は，人間の生命の創造と維持に関わるものとしてイメージされる。「血」は，生命に関わるがゆえに，とてつもなく脆弱なものでもある。殺人や，インセスト（ルアル），姦通は「血」の汚染を引き起こすとされる。これらの事件が生じた場合，多くは浄化儀礼としてウシの供犠が行われる。ウシの「血」は，人間の「血」が危険な状態や不安定

な状態に陥っているときに，必ずといっていいほど流されているのである。逆にいえば，ウシの「血」が流されなければ，人間の「血」の問題は解決されず，多くの者が不幸な人生を送る羽目になる。

4　ウシなき時代の結婚事情

　ハッチンソンが調査を行った1980年代，ヌエルは第二次スーダン内戦（1983～2005年）のただなかであった。以降，和平合意の成立（2005年）や南スーダン共和国の独立（2011年）など，国家にとっての「和平」は成立したかにみえた。しかし，以後もヌエルの村落では反政府勢力の反乱や武装化した若者によるウシの収奪とその報復闘争が続き，治安は安定しないままである。2013年末に政治家同士の対立から国内が内戦状態となってからは，多くのヌエル人が難民となり国外に流出した。

　強制移動のなか，ヌエルはウシを大量に失った。ヌエルにとってウシをもたないことは結婚できないことを意味するだけでなく，自身の子孫を後世に残すことができないことも意味している。物質的な窮状とは別に，ヌエルはウシの不在に伴う精神の窮状にも直面することになったのである。私が調査を行ってきたウガンダ共和国の難民定住区のヌエル人コミュニティでは，国の状態が落ち着くまで，ヌエル同士で結婚は行わないことが決定された。

　しかし，なかなか理想通りにいかないのが現実である。毎日のように開催されるヌエルの草の根裁判では，結婚や男女関係にまつわる様々なトラブルが議題に上る。

　ウガンダにたどり着いた難民たちは，ウシをまったくもたないからといってウシの支払い義務や供犠が免除されるわけではない。婚資の未払いが姻族間に衝突をもたらすことや，ルアルによって災厄がもたらされることは，社会変容や移動とは関わりなく，ヌエルの人々にとっての現実として存在し続けているからである。ウシをもたない場合，まずヌエルが考えるのは「代わりのウシ」をどうにか手に入れることである。

　婚資の場合，「代わりのウシ」は現金である。基本的に，ヌエルは婚資を

現金で払うことをなるべく避けようとする。「血をもたない」紙である現金では、人間同士のつながりを持続させることができず、また子孫の誕生にも影響を与えかねないと考えられているためである。どうしても現金で婚資を払う必要があるときも、彼らはそれを「現金」とは決して呼ばない。婚資の支払いの文脈において、あくまでも現金は「ウシ」と呼ばれる。実際に婚資の支払いの場面に立ち会ったとき、人々は10枚ずつ束ねられた100米ドル札を何束かに分け、「ウシ1頭、ウシ2頭……」と数えていた。婚資の支払いが中途半端な額であった場合、「（残りの）ウシはまだ（花嫁の家に向かうための）道の途中を歩いている」と表現される。夫側の経済状況があまりにも厳しい場合は、ウシ1頭あたりのレートを下げ、なんとか既定の頭数分を支払わせることもある。

　ルアルをはじめ「血」の汚染と関わる問題が発生した場合、これを「血をもたない」現金で解決することは不可能である。しかし、「血」の汚染は場所を問わず発生する。供犠においてキュウリがウシの代用となることは先に述べた通りだが、野生のキュウリが自生していないウガンダでは、野生のキュウリに形質的によく似た市販のレモンが「ウシ」として供犠されていた。この際、乾燥したレモンは決して用いられない。供犠において重要なのは、これらの果実の内部にある液体だからであるとヌエルは説明する。レモンのなかからあふれる液体は、ウシの供犠で流れる「ウシの血」なのではないだろうか。

　移動と窮状のなかでウシを失った現在においても、『親族と結婚』で描かれた規範は人々の人生を翻弄している。避難先の土地で発見された新たな「ウシ」や「ウシの血」はそんな彼らの不自由な人生を少しだけ楽にし、軌道修正してもいるのである。

5　人類は〈怪物〉を飼いならすことができるか

　本章では、ウシや「血」という媒体に注目しながら、ヌエルがいかに「親族」や「家族」を統御し対処しようとしてきたのかを、『親族と結婚』を題

材として思考することを試みた。ヌエルにおいて，生んだ者と生まれた者は，それだけでは「親」と「子」にはなれない。結婚の長く複雑なプロセスを経て，婚資としてのウシを送ったり分配したり，あるいは供犠を行ったりすることではじめて人々は「夫婦」や「親」となり，家族や親族をつくることができる。社会変動や強制移動を経てもなお，『親族と結婚』で描かれた規範はヌエルの人々の人生を大きく左右するものとしてある。

　しかし，よくよく考えてみれば，私たちの社会で法的な「親」や「子」を決定しているのも，出生届や養子縁組届などの役所に提出する紙切れである。ある人間同士が「血のつながり」と表現される遺伝学上に示される0.1％以下の個体間の連続性をもつ場合，それが「親」と「子」として表現されるパターンこそ多いものの，彼らが「親」と「子」として社会で認知されるためには特定の手続きが必要なのである。「ウシのつながり」であれ，役所への届け出の有無であれ，やはり私たちは生物学的な裏付けを十分にもたない「つながり」のなかに，様々なしがらみや義務，そして希望をみているのである。

　かつて文化人類学において親族研究は関心の中心でありながら，「家族」や「親族」がいったい何を指すのか共通理解のないまま比較と理論化が進められ，のちに「（西欧社会が前提とする）親族など存在しない」という痛烈な批判とともに「衰退」した。しかし近年では，西欧社会における家族形態や価値規範の多様化，そして生殖技術の発達などにより，文化人類学的親族研究は再び注目を集めている。人類学者にとっても，やはり「家族」とは，彼らを魅了し，そして破壊してしまう可能性をもつ，得体のしれない〈怪物〉なのである。

　「家族」や「親族」は確固たる実体としては存在しないかもしれないが，そのつど生起する出来事や現象，レトリックとしての「家族」は，今日も私たちの生を振り回している。『親族と結婚』が私たちに教えてくれるのは，〈怪物〉は地域や時代によってその姿かたちを変えるけれども，私たちはどうにかそれに向き合って人生を生きているという，ある意味で普遍的な現象である。この民族誌が，家族をめぐる日本の「当たり前」から私たちを解き

第4章　親族と結婚　99

放つ「救いの書」になるか，それともやはりどこに生まれようとも苦しみこらえて生きねばならないことを説く「呪いの書」になるかはわからない。いずれにしても，〈怪物〉を飼いならそうとしてきた人類の軌跡が描かれたこの民族誌は，「家族」とは何か，そして「親」や「子」とはいったい誰かという，いまだに解決できずにいる難題について，文化の翻訳可能性と不可能性を往来しながら問い続ける力を私たちに与えてくれる。

参照文献

エヴァンズ＝プリチャード，E・E　1973『宗教人類学の基礎理論』佐々木宏幹・大森元吉訳，世界書院。

エヴァンズ＝プリチャード，E・E　1982『ヌアー族の宗教』向井元子訳，岩波書店。

清水昭俊　2007「親族現象と人類学――学説史の回顧と現代」丸山茂・橘川俊忠・小馬徹編『家族のオートノミー』早稲田大学出版部，9-53頁。

長島信弘　1985「解説」E・E・エヴァンズ＝プリチャード『ヌアー族の親族と結婚』向井元子・長島信弘訳，岩波書店，281-294頁。

Evans-Pritchard, E. E. 1940. *The Nuer: A Description of the Modes of Livelihood and Political Institutions of a Nilotic People*. Clarendon Press.（E・E・エヴァンズ＝プリチャード　1978『ヌアー族』向井元子訳，岩波書店）

Evans-Pritchard, E. E. 1951. *Marriage and Kinship among the Nuer*. Clarendon Press.（E・E・エヴァンズ＝プリチャード　1985『ヌアー族の親族と結婚』向井元子・長島信弘訳，岩波書店）

Fortes, M. 1945. *Dynamics of Clanship among the Tallensi*. Routledge.

Fortes, M. 1949. *The Web of Kinship among the Tallensi*. Routledge.

Hutchinson, S. E. 1996. *Nuer Dilemmas: Coping with Money, War, and the State*. University of California Press.

Needham, R. ed. 1971. *Rethinking Kinship and Marriage*, Tavistock.

Schneider, D. M. 1984. *A Critique of the Study of Kinship*, University of Michigan Press.

● 読書案内 ●

『結婚と死をめぐる女の民族誌——ケニア・ルオ社会の寡婦が男を選ぶとき』
　　椎野若菜，世界思想社，2008年
　　ケニア・ルオ社会に暮らす「墓の妻」と呼ばれる人々の多層的な人間関係や生活実践とは？「レヴィレート婚」や一夫多妻という人類学でお馴染みの親族をめぐる制度の研究を学ぶと同時に，それまでの研究史で注目されてこなかった，アフリカの「寡婦」たちの戦略を知ることができる。

『アフリカの老人——老いの制度と力をめぐる民族誌』
　　田川玄・慶田勝彦・花渕馨也編，九州大学出版会，2016年
　　アフリカにも押し寄せる「高齢化社会」の波。このなかで，老人たちはいかに残りの人生を生きるのか？　彼らにとっての「理想の老人」像とは？　様々なアフリカ社会のライフコースや家族の姿を描きつつ，近代化や社会変化の進むなかでバラエティに富んだ「老い方」をする老人たちに迫る。

『「異人」としての子供と首長——キプシギスの「知恵」と「謎々」』
　　小馬徹，神奈川大学出版会，2019年
　　ケニアに暮らすキプシギス人の子どもは，加入礼を受けなければ「キプシギス」——つまりヒト——になれない。加入礼を済ませた「男」は，子どもが大好きな「謎々遊び」を二度としてはならず，「(男の) 知恵」に目覚めなければならない。同氏の『「女性婚」を生きる——キプシギスの「女の知恵」を考える』(神奈川大学出版会，2018年)と合わせ，家族やライフコース，ジェンダーについて，日本社会の「常識」や筆者の経験をたどりながら楽しく学べる一冊。

第 5 章

法と政治
争論の民族誌から法の人類学へ

石田慎一郎

ケニア・イゲンベ地方の長老結社による裁判。左手前に着席している二人と起立している一人が訴訟当事者（2012年，筆者撮影）

1 法と人類学

　人類学は，個人の顔がみえる具体的な事例の積み重ねのなかから，人間の生きざまや社会のなりたちを理解する。その点で人類学者は法律家に似ている。人類学は事例研究を，法学は判例研究を，つまりどちらもケース・メソッドを重視する。20世紀初頭アメリカの高名な裁判官ベンジャミン・カードーゾはいった――「特定の事件から一般原理を導くには，まず事件そのものを理解しなければならない。一つの事件を理解すること，これがまた，な・ま・や・さ・し・い仕事ではない」（カードーゾ 1966：24，訳文一部改変）。

ケース・メソッドの重視という点だけではない。「変遷する特殊なものを通して，その背後にある恒久的なものを見ようとする」（カードーゾ 1966：11）姿勢においても，両者は似たところがある。法はそれを抱く社会内での普遍的適用を求める。ある社会で法とされるものが状況に応じて姿を変えるなら，それは正しくないし，そのようなものは法ではない。もし法律家はこのような意味での普遍性を求め，人類学者はむしろ多様性を求めるといった対比をするならば，それはあまりにも単純な理解だ。徹底的なフィールドワーカーであると同時に，個人や文脈の多様性を吸収するなかで育まれる真の普遍性のありかを探究するイギリスの人類学者マックス・グラックマンは，カードーゾのような法律家と同様あるいはそれ以上に，深い意味での普遍主義者だった。

権威者による決定が普遍的適用の意図を欠く場合，それは法ではなく政治の領分における決定である（ポスピシル 1974）。北ローデシア（現在のザンビア共和国），バロツェ王国の裁判人は，個別の争論の社会的背景や特殊性を考慮するための柔軟性を発揮しながら，普遍性を備えた判決を導く。グラックマンは，ここに含まれる重要な逆説を指摘した。すなわち，法が個別の争論によって破壊されることなく高次元の確定性を維持する，つまり法の普遍的適用が可能になるのは，法自体が不確定性と柔軟性を内包するためだ。

本章は，バロツェの司法過程を描き，カードーゾの『司法過程の性質』における議論を土台に法とは何かを語ったグラックマンの民族誌『北ローデシア・バロツェの司法過程』（Gluckman 1955）を題材に，法人類学の要所と課題を述べる。特に，この作品が〈争論の民族誌〉を真の意味での〈法の人類学〉へと発展させる試みだったことに注目し，「法」の存在を求めることの意義について，またそのなかでの「政治」の位置づけについて考える。

バロツェの司法過程を描くグラックマンの民族誌において鍵となるのが「リーズナブル・マン（reasonable man）」の概念で示される社会的人間像である。男女を含む概念としてはリーズナブル・パーソンとする方が適切ともいえるので，本章では文脈によって使い分ける。英米法の概念としては「通常人」「合理人」が定訳で，「行為者の有責性を判定するための基準とされる

仮定の人物。平均的な注意力，行動力，判断力をもって行為する人物で，たとえば，ある行為者がその状況のもとで通常人の払う注意を怠ったかどうか（過失の有無）を判定する場合に基準とされる」ものだ（田中 1991：699）。

　リーズナブル・マンに相当する現地の民俗概念の一つは「ムトゥ・ヤンガナ」で，グラックマンはこれを「分別ある人間(センシブル・マン)」と訳すことができると述べる。さらに，ここでいう「分別」は，ジェイン・オースティンのいくつかの作品においてテーマとなる「分別」に通じるものだと付言する。たとえば，オースティンの小説『分別と多感（Sense and Sensibility）』は，訳者の中野康司が解説するように，冷静で理性的な姉と一途で情熱的な妹との対比のうちに，理性（分別）本位と感情（多感）本位の両極端を描いている。グラックマンがわざわざオースティンに言及した意図は明確ではないけれども，男女関係と結婚をめぐる，時に財産の行方が絡んでの，人々の生，苦悩，そして内面の探り合いを題材にした点で，両者はよく似ている。グラックマンが調査の過程で観察した裁判事例のうち「5分の4」は夫婦関係に関わる事件だった（Gluckman 1955: 36, 64）。

　グラックマンのこの民族誌は，モノ（財産）をめぐる紛争であってもつねに人（人間関係）をめぐる法が主題となるような裁判事例についての詳細な記述を土台とする。本章では，同書掲載の60件の裁判事例のうちグラックマンが特に詳細に記述したもののなかから4件を精選し，それぞれの裁判における具体的な法の発見と適用のプロセスを再論する。グラックマンが描く裁判人は，当事者間の和解と関係維持を求めるが，政治的交渉によって法の普遍的適用を犠牲にすることはない。良き裁判人とは，それぞれの裁判事例に固有の社会関係においてリーズナブル・マンとは何かを知る者であり，まさにその基準に照らして判決を導く。裁判人は，法の支配のもとにあり，自らもまたリーズナブルな裁判人でなければならない。

2 リーズナブル・マンの民族誌
——M・グラックマン『北ローデシア・バロツェの司法過程』

　バロツェは、その支配的部族であるロジ人の王を擁き、グラックマンの調査時点で400年以上の歴史をもつ王国で、その支配下に由来の異なる複数の民族が居住していた（このような社会編成については第6章を参照）。

　クタ（王室顧問官会議）は裁判所を兼ねるもので、ロジ人顧問官が裁判人を、インドゥーナ（最上位の顧問官）集団のうち一人が裁判長をつとめていた。王自身が裁判人として意見を述べたり、決定に加わったりすることはないが、判決は王に報告され、王の権威によって支えられていた。裁判所としてのクタは、200年以上の歴史をもつと推定されるが、イギリスによる植民地統治が始まった西暦1900年以降は、死刑判決の禁止など、その権限は制限された。クタは下級審・上級審・最終審に分かれており、下級審の判決を不服とする当事者は上訴が可能だった。また、植民地化以降はイギリス式の高等裁判所とイギリス人行政長官がさらなる最終審として位置づけられること

写真5-1　バロツェのクタ。右奥が訴訟当事者ならびに証人たち。マット上の裁判人たちは当事者の正面にも着座している（Gluckman 1955: 61）

になった。王国支配下の各村落には、クタが指名するヘッドマン（村長）が配置された（写真5-1）。

(1) 村を去る者は土地を失う――法はいかに適用されるか

『北ローデシア・バロツェの司法過程』における事例記述の基本スタイルは、当事者・証人・裁判人の発言内容を、もともとの時系列で列記していくものだ。そのような現場再現型の記述からわかることの一つは、裁判人たちが判決を導くまでのプロセスが、論点拡張を特徴とするということである。バロツェ社会において、土地＝財産の法は、モノをめぐる人についての権利として認識されている。日常的な人間関係をもたない者同士の取引をめぐる紛争については、取引内容に直結する単発的な権利のみを考慮すればよい。だが、取り引きする者同士が、当該の取引をこえて親族関係・婚姻関係・隣人関係・主従関係などをもつ場合には、前述の意味での論点拡張が必要となる。

【事例1】わけへだてする父（Gluckman 1955: 37-45）

　三兄弟ABC（原告）は、父方オジにあたるヘッドマン（被告）を訴えた。争いの発端は、ヘッドマンの息子（Z）が、三兄弟の一人（C）の妻を寝取ったことにある。Cの妻は事実を認めてクタに納める罰金（ウシ1頭）を支払ったが、ZはCに対して賠償（ウシ2頭）を支払わなかった。それどころかCに暴言を吐いた。Cからの抗議を受けたヘッドマンは、彼ら（C、続いてA）を村から追放した。村を離れた三兄弟は、やがてZが自分たちの土地を奪取し、サツマイモとマンゴーを無断で収穫したことを知った。

　ヘッドマンの息子（Z）は、自分がCの妻と男女関係をもったこと、そして三兄弟の土地を自らのものにしたことを認めた。だが、Aこそかつて不適切な男女関係をもった経験があること、三兄弟は追放されたのではなく、自分たちの意思で離村したこと、そしてCこそが暴言を吐いたことなどを付け加えた。ヘッドマンは、若者一般の不品行を非難しつつ、三兄弟は理由なく離村したにすぎないと主張し、結婚する際に必要な婚資（第4章を参照）の

ウシ4頭を提供するなど，彼がずっと三兄弟を支援してきたこと（AとBはこれが事実と認めた）に触れた。

　続く裁判人とのやりとりのなかで，個別の事実関係についての認否をとりまぜつつ，三兄弟は帰村を希望することを明言した。ヘッドマン側も三兄弟の帰村を待望すると述べた。そして，裁判人たちは，判決を導くための自らの見解を一人ひとり述べていった。バロツェの法では「村を去る者は土地を失う」と決まっており，この裁判でもこれを適用すべきである——最初に発言した3人の裁判人は，まずこの基本原則を確認した。続く裁判人たちは，この原則を肯定しつつ，同時にヘッドマンが原告にとって「父」である——父方オジであり，育ての親であり，ヘッドマンである——点に留意した説教をそれぞれ行った。親子関係におけるしかるべきふるまいとは何かについての説教，そしてすべての当事者たちへの叱責である。加えて，裁判人の一人は，三兄弟が本心では帰村する意思がなく，A自身が新村を開き，自らがその長になること，つまり村の分裂を画策している可能性があることに触れ，もしそのような結末となる場合には新たに罰金を課すことを告げた。

　判決は，三兄弟が帰村すること，そしてヘッドマンとその息子がそれを受け入れて農地を返すことを命じるものだった。両当事者はともにこの判決を受け入れ，その後，平穏に暮らしたという。それを可能にしたのが，権利義務をめぐるものから道徳をめぐるものへの論点拡張のプロセスだといえるだろう。この裁判においての両当事者と裁判人の関心事は，土地をめぐる権利関係を明確にすることに尽きなかった。当事者は，それぞれ自分が相手に対して公正かつ寛大な態度でふるまってきたことを強調し，相手の不品行を非難した。裁判人は，親子関係・兄弟関係ならびにヘッドマンと村人との主従関係のあるべき姿，それぞれの社会属性に応じた人間のあるべき姿，そして村としてのあるべき姿を語った。人々は，親子そして兄弟が互いに助け合うこと，ヘッドマンが中立であることを求め，親族および村の分裂をともに悪しきこととみなす。当事者たちは，親子関係・兄弟関係・主従関係のあるべき姿について人々が一般的に考えるところを，それぞれの主張の根拠として

いた。だからこそ，三兄弟に帰村を命じる判決は，法的にも道徳的にも正しいものとして両当事者に受け入れ可能なものだったのである。

(2) リーズナブル・マン——裁く人／裁かれる人の基準

　裁判人は王国の立法者・行政官を兼ねており，裁判における法的判断は同時に王国の社会秩序を維持するための道徳的・政治的判断としても妥当なものであることが求められている。クタは，紛争処理や犯罪解決を担当することに加えて，土地行政，学校運営，市場価格についても監督するなど複数の役割を果たしている。だが，裁判人は，政治的目的のために法を犠牲することを是としない。王も裁判人もまた法の支配のもとにあり，裁判人をつとめるインドゥーナが裁きの対象になることもある。

【事例2】暴力をつかったインドゥーナ（Gluckman 1955: 83-90）
　Y（原告）は，あるインドゥーナを訴えた。Yによると，インドゥーナ（被告）の息子（A）がYの妻（W）の姉妹を口説こうとしたことから，YとAとの間で喧嘩が起きた。抗議のためインドゥーナのもとに出向いたYは，インドゥーナの屋敷で激しい暴行を受けた。そのため，Yは，クタ下級審に訴え，賠償を求めた。下級審は，インドゥーナに対して1ポンドの支払いを命じ，そのうち一部をYに，一部を罰金としてクタに支払うことを命じた。Yはこの判決に納得せず，クタ上級審に上訴した。
　インドゥーナ（被告）の息子たちは，首を締められたと訴えるYの証言を否定した。インドゥーナは次のように述べた——突然やってきたYこそが「Aは（Yに首を締め上げられて）糞を垂れ流すことになるぞ」と威嚇した。自分が現場に到着したときは，逆に息子たちがYに馬乗りになっていた。自分は手を差し伸べて立ち上がらせようとしたのであって，腕を掴んで引きずったということではない。それに，そもそもトラブルの発端は，Yの義理の姉妹たちがふしだらな女だったことにある。
　Yに有利な判決を導くに足る十分な証拠は揃っていたが，裁判人たちのなかには同じインドゥーナとして被告に味方する者がいたこともあって，被告

の主張を退けるには，その瑕疵(かし)を明確に説明する必要があった。被告の責任を見極めようとする裁判人たちの論点は，暴行の事実そのものから，被告が当事者としてもインドゥーナとしても適性を欠いていたことへと移行していく。被告は，なぜ双方の間に立って解決につとめなかったのか，なぜインドゥーナたる者として許されざる暴力的手段に訴えたのか。被告の行為は，喧嘩を仲裁すべき者，そしてインドゥーナとして「理にかない慣習にしたがう(リーズナブル・アンド・カスタマリー)」ものではなかったということが，被告を厳しく叱責するに足る根拠とみなされた。判決は，被告インドゥーナの過ちを認め，1ポンド全額をYの取り分とすること，再び同じふるまいに及んだ場合にはインドゥーナの職を罷免することを申し渡すものだった。

　暴行の事実に関する争点から当事者間関係のあるべき姿についての道徳的評価へと話題が拡張した点で，この裁判は事例1と同様である。事例2では，裁判人と当事者とのやりとりのなかで次のことも明らかになった。すなわち，①被告は1ポンドを支払うよう命じたクタ下級審の決定について異議申し立てをせずに受け入れていた。②被告はYとAとの喧嘩を止めるためとしながらも，鞭を手にとって威嚇したこと自体は認めた。裁判人は，これらを踏まえて判決のとりまとめを進めた。自らが潔白だと確信する者は，不利な決定が下されれば異議申し立てをするはずだし，インドゥーナは暴力的手段に訴えてはならない。これが当事者としての，そしてインドゥーナとしての理にかなった(リーズナブル)行動パターンである。だが，被告がそのような意味でのリーズナブル・マンではなかったことが明らかになったことで，被告の証言の信ぴょう性への疑念を生み，被告不利の判決にいたった。

　裁判人たちは，当事者の行動の是非を評価するうえで，証拠を精査するとともに，夫たるもの，妻たるもの，ヘッドマンたるものなど，それぞれにリーズナブル・パーソン，すなわち「分別ある人間」としていかにふるまうべきかという基準を考慮する。

　リーズナブル・マンの基準は，責任の在りかと事件の真相を見極め，判決を導くための「手段(ミーンズ)」(Gluckman 1963: 179)となる。そのような手がかりと

してのリーズナブル・マンの基準には，性質が異なる二つの顔がある。当事者に求める行動規範について，そうあるべきだとする道徳論が第一のものであり，じっさいの行動に関わる人間観察においての，そうあるはずだという心理学的推論が第二のものだ。たとえば，事例1では親子関係・兄弟関係・主従関係の，事例2ではインドゥーナとしての，それぞれあるべき姿の道徳的基準が，判決を導く過程で重視された。そのような意味でのリーズナブル・マンには，法が求める以上の「高潔な人間」であることへの道徳的期待が含まれている。「分別ある人間」とは，まさにこのような理想に近づくリーズナブル・マンのことである。他方，事例2そして後述の事例3では，○○たる者かくあるはずだ——自らが潔白だと確信する者は，不利な決定が下されれば異議申し立てをするはずだ（事例2），女は，不義密通の証拠を突きつけられると，相手である真の愛人の名を暴く／暴かないはずだ（事例3）——という心理学的推論が顔をみせる。これは，当事者の証言の不自然さを暴く手段になる（事例2）。加えて，悪しき行動に伴うはずの「理にかなった」悪知恵についての推論，そしてそのような行動の真相解明につながる推論の手段にもなる（事例3）。すなわち，裁判人たちは，悪しき行動をとる者にもその典型的なふるまい方があると推定するのである。

【事例3】 妻を寝取った学生（Gluckman 1955: 130-133）
　ある夫婦が，教員養成学校に通う男子学生を訴えた。妻は，夫から問い詰められてこの学生と不倫したことをすでに認めていた。夫によると，妻は畑仕事を理由に家を不在にすることが続いた。所在を疑った夫が，妻が畑仕事で使うはずの農具の保管場所を密かに移して，畑仕事から帰ってきたという妻の嘘を暴くと，妻は男子学生との関係を告白した。そこで，夫は学生を訴えた。妻側の証人として彼女の友人が次のように述べた。妻本人からこの学生は愛人だと聞いた。この学生から受け取ったという2シリングを見せられた。学生が友人同伴で，夫の留守中に妻の家を訪問し，オレンジを食べているところも見た。
　男子学生（被告）によると，もともとは妻が彼を誘惑して愛人にしようと

企んだ。妻が恋文を書いてよこしたので，不審に思って内容を友人に見せたこともある。学生は言った。①妻には自分とは別に本当の愛人がいて，自分は本当の愛人を隠すために利用された。②夫が妻から自分の名前を聞き出した経緯がおかしい（所在をめぐる嘘が暴かれたからといって愛人の名前まで明かすことは不自然だ）。③損害賠償の支払いと教員養成学校からの退学処分の危険があることを知っているから怖くて不倫などできないし，するわけがない。

　反対尋問において最初に厳しく追及されたのは妻だった。好意を寄せた男子学生から拒まれたために学生を陥れようとしているのではないかと。そして，不倫関係をもった女性が，本当の愛人の名前を明かすことは考えられないはずだと。この追及に続いて発言した裁判人は，自分も不倫相手だと名指しされたことがあると自らの経験談を語り——当該の女性と密会していたことは事実だが……と付け加えたために失笑を買った——，ゆえに彼女の場合にも本当の愛人の名前を明かしているのだろうと述べた。

　判決において，妻はその非が繰り返し指摘されて禁固刑となり，男子学生もまた手紙を夫に見せるなどのしかるべき対応をとらなかったことをもって夫に2ポンドを支払うよう命じられた。その後，学生はさらに上のクタ最終控訴審に上訴して，無罪となった。ただし，学生が手紙の内容を夫に通知することを怠ったことが改めて考慮され，学生を訴えた夫の責任は問われなかった。

　裁判人たちは，人間の性(さが)について社会的そして個人的に獲得した信念をもち，またそうした信念にもとづいて，事件の真相について推定する。たとえば，女から誘いを受ければ拒絶する男はほとんどいない，プラトニックな男女関係は存在しない，といった心理学的推論だ。ただし，この事例が示すように，裁判人それぞれの推論——不義密通の証拠を突きつけられた女は真の愛人の名を暴くか否か——の間にはズレが生じている。リーズナブル・マンの基準は，以上の事例3に含まれるような心理学的推論としても，そして下記事例4に含まれるような道徳論としても，文脈に応じた解釈の余地をもつものである。

3 法の柔軟性と確定性

(1) 司法判断に先行する道徳的判断

　法は道徳と正義の求めにこたえるかたちで発展するものなので，判決を導くことが困難なものであればあるほど良い法が生まれる（Gluckman 1955: 191, 361）。良き裁判人はそう考える。ヘッドマンの任命権をもつクタといえども，法が守護するヘッドマンの土地権限を否定して，彼が本来所有する土地を別の村落に居住する者に分与してはならない。このような財産処分は，居住地に根付いた王・ヘッドマン・一般村民の関係，ひいてはそれを基盤とする王国の秩序を破壊してしまう。次に示す事例4では，このような法規則の字義通りの適用が正義にかなうか否かが裁判人たちの検討課題となった。

【事例4】意地悪なヘッドマン（Gluckman 1955: 178-187）
　マハリハリ1世は，王から土地を分与されヘッドマンとなったが，ひどく厄介な人物だった。実弟と対立し——兄による虐待をクタに訴え出た実弟は新村を設立して別居することになった——，実の娘Pには邪術による親族殺害の疑いをかけた。娘Pは，父が土地利用を妨げる，サツマイモと家畜を横取りすると訴えた。娘Pは，実母の村に逃れ，結婚後は夫の村に移った。夫の死後，子を連れて母の村に戻り，親子関係が良好だった時分に父から分与された（漁労用の）貯水池を使用した。貯水池は複数あって，マハリハリ1世はもう一人の娘Qにも別の貯水池を分与していた。その間，マハリハリ1世の厄介な性格のために村を離れる者が続出し，村は勢力を失いつつあった。そこで，マハリハリ1世は，同意を得てQ夫婦の息子の一人を自らのもとに置くことにした。だが，その息子は白人入植地に働きに出かけたまま行方不明になった。
　マハリハリ1世の死後，その息子マハリハリ2世がヘッドマンの地位を継承した。2世は，村を立て直すために，父と同じ手法でQ夫婦に再度依頼し，別の息子を自らのもとに置こうとした。だが，断られたため，その意趣

返しに，姉妹PならびにQ（マハリハリ1世の二人の娘）それぞれの貯水池を取り上げてしまった。そこで姉妹（原告）は2世を訴えた。マハリハリ1世と対立して新村を立ち上げていた1世の実弟は，2世側（被告）を支持する側の証人となった。

　この事件を最初に審理したクタ下級審の裁判人は，村を去る者は土地を失うという理由で，貯水池はいずれもマハリハリのものだとの判決を導いた。そこで，二人の姉妹はクタ上級審に上訴した。事例2で当事者として非難の的となったインドゥーナは，この上級審では裁判人として，もともと父が娘たちに与えた財産を息子（娘たちの兄弟にあたる2世）が取り上げることはできないと述べた。これは道徳的義務を法的義務として認めようとする態度である。これと同じ見解を述べた裁判人は他に二人いたが，他の何人かの裁判人は，貯水池を含む土地はヘッドマンのものであるとして，マハリハリの権利を擁護する見解を述べた。多くの裁判人は，貯水池はヘッドマンであるマハリハリ父子のものであること，しかしながら娘（姉妹）がそれを使用することを妨げてはならないとの立場だった。

　クタでの最終的な判決は，上述の3事例と同じ裁判人による。判決は，貯水池の所有者はマハリハリ父子であるが，姉妹が使っている財産を取り上げる権利はないこと，もし財産を没収するならば，彼を罷免して新たなヘッドマンを任命するというものだった。2世はこの判決を不服とし，最終審に上訴することを予告した。

　裁判人たちは，法的義務と道徳的義務との狭間で難しい判断を迫られていた。マハリハリ父子の村落は，規模のわりに構成員数が少なかったので，必要以上に広い土地があった。そのことからすれば，他所に住む親族がその分け前を主張することにも一理ある。だが，そうした土地処分を認めると，ヘッドマンの土地権限のみならず「村を去る者は土地を失う」とする法規則を否定したことになる。他方，この法規則を字義通りに適用すると，不誠実な男たちを助け，憐れむべき女たちの生活を壊してしまう。

　裁判人たちは，法と道徳との間のジレンマに直面していた。最後に発言し

たインドゥーナの判断は，このジレンマを解決するものだった。すなわち，2世が姉妹から土地を奪おうとするならば，クタの権限で彼を罷免して新たなヘッドマンを指名すると警告した。これは，「クタはヘッドマンを罷免することができる」とする別の法規則を手がかりに，道徳と正義の求めにかなった解決をはかるものだった。他方，「村を去る者は土地を失う」とする法規則については，その有効性を否定することなく適用しないという立場をとった。姉妹たちは村を「去った」のではなく村から「追放された」と解釈できたためだ。

マハリハリ1世の息子は，高潔な人間(アップライト・マン)に近づくべき者として，父から酷い仕打ちを受けていた姉妹を憐れみ，父に立ち向かってでも問題解決に努めるべきだった。そして，マハリハリ2世を襲名した後も寛大な態度で親族に接するべきだった。このような道徳的責任を怠った2世を，大半の裁判人たちは擁護しようとは考えなかった。

裁判人たちは，このように道徳的観点からみて正しいと確信する結論をすでに手にしている場合でも，あくまでも司法判断として導くために，判決理由の妥当性を入念に見極める。根拠とする法規則は，複数のうちから選択する余地があり，またそれぞれについて解釈の余地がある。「分別ある人間」としてのリーズナブル・マンの基準もまた，当事者間の社会関係や訴えの社会的文脈にかなった解釈を必要とする。ヘッドマンは中立でなければならない，寛大でなければならないといった一般的かつ道徳的要請には，前述のとおり，法が求める以上の「高潔な人間(アップライト・マン)」であることへの期待が浸透している。どのような行動がそのような基準に一致するかについてはそれぞれの文脈での解釈が必要だ。裁判人の司法判断は，それを支える様々な根拠を吸収していく過程を伴うものなのである。

(2) 法の普遍的適用における逆説

裁判人はフリーハンドで自由に法を解釈して判決を導いているわけではない。自由裁量を発揮するのは一定の制約においてである――「裁判官は，自由に判決することができる場合ですら，完全には自由であるといえないので

ある」（カードーゾ 1966：142）。

　カードーゾは，法の機械的適用によって導かれるものが判決だ——法は論理的に精緻なもので確定性を伴う——とする演繹的理解と，判決として導かれたもののみが法だ——法は経験的なもので不確定性を伴う——とする帰納的理解の，両極論を排除する。そして，中庸をとって，裁判官の役割は，「法の欠缺（けんけつ）」（判断の根拠とすべき明確な法規定が欠けていること）を補充し，法の不確定性を補正し，正義に合致する結論を導くことであり，その範囲内で自由裁量を発揮するものと考える（カードーゾ 1966：10, 126-127）。そして，判決基準の選択と解釈に苦悩する裁判官は，備えるべき論理的思考に従い，歴史と慣習に学び，そして裁判官個人の正義感を堅持しながら，時代固有の社会福祉の目的にかなう判決を導かなければならない（カードーゾ 1966：39, 113）。

　グラックマンは，カードーゾが描いたこのような法と裁判官の姿をバロツェの司法過程のうちに認めた。クタにおける法の存在を，一般的な法（ロー・イン・ジェネラル）としての「法大全（コーパス・ジューリス）」ならびに生きている法としての「司法判断（アジュディケーション）」という二つの側面で理解すべきものであるとした（Gluckman 1955: 227, 325）。バロツェの裁判人は，前者の意味での法を手掛かり（法源）に，後者の意味での法を導く（司法判断をする）。グラックマンそしてカードーゾにとっての法は，多様な法源のなかから裁判人（官）による司法判断を介して発展する，その過程のなかに生きる法を捉えたものである。このような法の発展過程は，法の欠缺を補充することに加えて，社会変化に対応することにも寄与するような，新たな法の創造を可能とする。裁判人たちは，そのような意味での法の発展を，法に備わる柔軟性を活かして実現する。以上の点を捉えて，グラックマンは，本書の結論で次のような逆説を述べている——「わたくしの結論は，法大全としての法が，法概念の柔軟な不確定性のゆえに，判決におけるある種の不確定性を通して（かえって）確定的になることである」（Gluckman 1955: 365，訳文は千葉 1974：152）。

　裁判人がそう理解するところにおいて，一般的な法としてのバロツェの法大全は，王国の秩序全体を維持するあらゆる規則を含む。慣習や道徳が求め

るところに加えて，先例（文書として管理・共有されないため，裁判人がそれぞれ過去の経験に必要に応じて言及する），制定法（王・クタ・植民地統治者によるものを含む），さらには神の法，民族をこえた共通法，自然界の法則や人間の心理的メカニズムにいたる，すべてを含む。他方，裁判人が担う司法判断とは，それらの規則を法源として，そして当事者の社会的背景にみあうかたちで「法的決定(リーガル・ルーリング)」をなすことである。そのような生きている法としての裁判人の司法判断によって「規則」は真の意味での「法規則(リーガル・ルール)」となる。そして，司法判断の全過程を各所で方向づけるのは，王国の秩序全体のなかで育まれた文化的思考としてのリーズナブル・マンの基準であり，またそこに浸透していく裁判人の道徳的期待である。

4　アフリカの法を求める——法をめぐる「政治」

(1)　裁くことができる社会の条件

　人が人を裁くことには，根源的な困難がある。私自身がかつて滞在したケニア西部グシイ地方の農村において，そして当地で紛争事例を多数観察するなかで，そう感じた。当事者双方が自分が正しいと思ってぶつかり合っているとき，意見対立をおさめるのは容易なことではない。村の寄合で紛争処理を担っている長老たちは，熟慮のうえに結論を導いても，当事者から，その結論が間違っていると非難されてしまう。

　その後，新たな調査を開始したケニア中央高地のイゲンベ地方では，グシイ社会でみたような困難を回避するようなやり方で事件を処理していることを知った。長老たちは，両方の言い分に耳を傾けるけれども，どちらが正しいかの結論を導かない。そのかわりに，当事者が呪物を飲み込むことを求める。間違っていたら恐ろしいことがわが身に起こるであろうと述べつつ呪物を飲み下し，公然と自己呪詛をする。すると，間違ったことを言った当事者の身に，将来必ず恐ろしい災いがふりかかるとされる。そのような災いは遠くから近づいてきて，少しずつ自分の身に迫ってくる。そうしたなかで，いよいよ恐ろしくなって，あのときは自分が悪かったのだと自身の責任を認め

る。その時点で，当初の意見対立が解決する。イゲンベの人々はその時点まで待つことのできる人たちである。

　同じケニアに，イゲンベと似て非なる社会がある。浜本満（2014）が描くドゥルマ社会において妖術（第9章を参照）使いだと告発された人物は，呪物を飲み込んで自らの無実を証明することを求められる。当人が本当に妖術使いならば呪物の効果が現れる。その点ではイゲンベの方法に似ている。イゲンベの事例と違うのは，その効果がその場ですぐに現れることである。口が腫れて息ができなくなり，苦しみ悶える。浜本は，それが「いかさま」である可能性にふれている。呪物を用意する施術師は，容疑者が真犯人であるという直感のもとに，最初から呪物に毒を仕込む。だからすぐに効果が現れるのは当たり前のことだ。けれども，苦しみ悶える容疑者が，自らの罪を「自白」すると，毒を仕込んだ施術師は自分の直感の正しさに対する確信をますます高めていく。

　以上は，ケニアの三社会の比較であると同時に，人が人を裁くことの根源的な困難をどのように受け止めるのかについての三類型でもある。すなわち，グシイは人が人を「裁く社会」でありながら「裁ききれない社会」であり，イゲンベは「裁かない社会」であり，ドゥルマは「裁いてしまう社会」だ。このような比較でいうと，バロツェは，神判的方法を使うことなく，裁判人の判決によって解決につとめる社会だという点では，上記の三類型のうちのグシイと同様だ。そして，両社会ともに，判決を導くことはカードーゾがいうように「なまやさしい仕事ではない」。だが，バロツェがグシイと異なるのは，前者が「裁く社会」かつ「裁くことができる社会」だという点である。

　バロツェが「裁く社会」かつ「裁くことができる社会」であるのは，法大全としての法が王国の秩序全体を維持するもの，究極の正義と法の確定性が王の権威と結びつくものと考えられているからだろう。グシイは，そのような王が存在しない，いわゆる国家をもたない社会だ。だが，王の権威という点のみで説明することはできない。すでに述べたように，バロツェの王が裁判人として判決に加わることはないし，王もまた法の支配のもとにある。当

事者が判決に納得するかどうかは別にして，裁判人たちは一般的な法としての法の存在を確信し，自らの手で生きている法としての法を導く。バロツェが「裁く社会」かつ「裁くことができる社会」であるのは，司法判断の目的に確信をもち，法の確定性と普遍的適用を維持する手法に熟達した裁判人たちが存在するからである。

(2) 法の生命

裁判の民族誌には，裁判官の司法判断の過程に注目するものと，当事者の主張表明の過程に注目するものとがある。両アプローチを併用する場合にも，法の存在そして発展をどのようなものとして考えるかによって，どちらに力点を置くかの基本姿勢が分かれる。

グラックマン自身がそう述べているとおり（Gluckman 1955: 96-97），バロツェの司法過程は裁判人の訴訟指揮を裁判の推力としている点で職権主義的だ。これと対比して，裁判の推力を当事者の意見表明に求める理念は，法学において「当事者主義」と呼ばれている。後者の側面から紛争事例を観察するアプローチは「方法論的当事者主義」と呼べるだろう。

方法論的当事者主義は，紛争処理という受動的側面のみならず，当事者の関与による新しい規範形成という積極的側面を明らかにすることができる。アメリカの法人類学者ローラ・ネイダーの著書（Nader 2002）は，裁判制度を主体的に利用する人間（原告）が法の発展にとって不可欠の役割を果たすこと，またそのことが民主的な規範形成のプロセスに寄与することを強調した。これは，法の生命は当事者の主張表明にあるとみなす立場である。方法論的当事者主義をとる法の人類学は，ボトムアップの手法で様々な語りに耳を傾ける。そして，当事者が内面的苦悩をことばにして表現しきれないこと，語りにくさがあること（コラム⑧を参照）を理解しようともする。これは，裁判官がいかに判断を導くかに着目するアプローチでは十分に描き切れない側面だ。その意味で，当事者の主張表明に着目するアプローチは，裁判の民族誌のなかで不可欠である。その一方で，法人類学の方法上の問題として指摘されるようになったことは，当事者の意見対立を記述する裁判の民族

誌が，いつのまにか「法」の人類学であることをやめて「争論」の人類学になってしまうことだ。

　本章で取り上げたグラックマンの民族誌は，裁判人による法の発見と適用の場としての司法過程を描いたもので，それは，本章冒頭で述べたように，普遍的適用の意図を備えた法的決定の条件を明らかにするものだった。それを踏まえたうえでの最後の論点は，法と政治の緊張関係をめぐる，本章にとってはもう一つの逆説的論点である。

　フィリップ・ノネとフィリップ・セルズニックは，法の発展をめぐる理論的考察のなかで，政治との緊張関係を維持しながら確定性と柔軟性とを発揮する法の姿を論じ，これを応答的な法と呼んだ（ノネ／セルズニック 1981）。応答的な法は，柔軟性を優先して法と政治との一体化を許容するために抑圧的な法と，形式主義を高めることで政治と決別する自律的な法との対立をこえる。応答的な法において法と政治とは再び結合するが，それは法の連続性を維持しつつ法の柔軟性を可能にするためであり，かつ権威者による場当たり的な決定や法の変更を制約するためだ。そのような法を導くのは，公共の利益を実現する目的であり，そのような目的指向的な応答的法が求めるのは，利益間の「対抗・妥協としての『権力政治』」ではなく，「政治体の理想を実現せんとする理性的努力としての『高等政治』」である（ノネ／セルズニック 1981：187）。

　バロツェの司法過程における法の目的指向性は，道徳的観点からみて正しいと確信する結論が，判決理由の妥当性を見極める段階ですでに裁判人たちの手にあること，リーズナブル・マンの基準に高潔な人間に近づく道徳的期待が浸透していることなどに読みとれる。このような目的指向性は，それぞれの時代・社会で育まれるものであり，客観性を欠いた不確かなもの，あるいは個人の自由を脅かすものとして批判の対象にもなるドグマだ。だが，固有の意味・価値を与え，支えるドグマを伴うことで，法は真に人間的な法になるともいえる。よって，それを排除しようとするならば，言葉が意味を失い，法が正義から手を引く暴力的世界への道を開くことになる（シュピオ 2018）。

(3) 法として認知すること

　グラックマンは，自らの民族誌的発見がカードーゾの司法過程論に合致することを示しながら，バロツェの司法過程が近代西洋のそれに比肩することを強調した。西洋諸国の法と比較して両者の共通点を指摘する手法は，西洋の基準をアフリカに押しつけたものだとして後にポール・ボハナンによる批判を呼び，グラックマン・ボハナン論争として知られるようになった（河合1979）。このような批判には一定の妥当性があるが，西洋とアフリカとを対等な関係に位置づけようとするグラックマンの政治的立場にも留意すべきであろう（Moore 2001: 98）。というのも，西洋諸国でいうところの法に相当するものがアフリカの伝統社会には存在しない。このような見解を導くことは，植民地支配者側にとって都合の良い部分があった。たとえばケニアでは，ロンドン大学東洋アフリカ学院のユージン・コトランが編纂した『成文アフリカ法（*Restatement of African Law*）』が独立後の1968年に刊行された。これは，ケニア国内諸民族の慣習法の具体的内容を記述したもので，現在も司法の現場で慣習法典に相当するものとして利用されている。成文化事業が植民地時代に始まったこと，またイギリス人の手で編纂されたことなどから，植民地時代の遺制を引き継ぐものとみて批判することは可能だ。人々の日常生活のなかで育まれる慣習法を箇条書き形式で，しかもイギリス法の概念を使って抽出することはできないという視点から批判することも可能だ。だが，次のような歴史的経緯を踏まえると，このような批判は力を削がれてしまう。

　植民地統治者側には，アフリカ法成文化事業に着手することについて強い反対論があった。それはアフリカ人の訴えを法・司法の領分ではなく，行政の領分に関わるものと位置づけて考える立場によるものであり，アフリカ法を法として認めることは植民地支配に対する異議申し立て（第8章を参照）を可能にすると考えられていた。したがって，アフリカ法成文化事業を植民地支配の遺制とみるのは一面的な理解なのである。法の背後に国家の権力を読み解くことは誤りではないし，法はたしかに政治的強者にとって支配の手

段になりうる。だが，強者は法によらずとも支配の手段を備えている。他方，弱者にとって，法は権利実現のための貴重な手段となる。だからこそ，強者は法の支配を忌避することがある。

5　法の人類学

　法の生命は当事者の主張表明にあるとするネイダーの指摘は正しい。だが，「不法とか不正義とかを正すという任務が個人の請求者の肩にのみ押しつけられるようなことになってはならない」（ノネ／セルズニック 1981：153）し，当事者間の具体的な意見対立は，多くの場合「法についての紛争ではなく，事実についての紛争なのである」（カードーゾ 1966：130）。当事者の訴えに耳を傾け，判決において法の普遍的適用を導く良き裁判人は困難な知的探究を担っている。歴史社会学者のイマニュエル・ウォーラーステインは，真の普遍を目指す知識人のあるべき姿について次のように述べた。

> 知識人は，必然的に，3つの水準で作業をすることになる。すなわち，真の追求においては分析家として，善と美の追求においては道徳的人間として，そして真の追求と善および美の追求との統合を目指すにあたっては，政治的人間として，である。　　　　　　　　　　（ウォーラーステイン 2008：156）

　法と道徳とを総合して正義を実現しようとするバロツェの裁判人もまた，同じ意味で分析家であり，道徳的人間であると同時に，政治的人間なのである。
　グラックマンの『北ローデシア・バロツェの司法過程』は，ブロニスラフ・マリノフスキーの『未開社会における犯罪と慣習』とならんで，法の人類学的研究では，たびたび引用される基本書の一つである。調査研究の方法論において革新的だった点を確認するだけでは，その意義を十分に汲み取ったことにはならない。どちらも，法を政治権力による一方的な命令あるいは個人による機械的服従として説明する視点を退け，法が人間関係につなぎとめられた権利義務の体系としての基盤をもつものであることを具体的に論じ

た。そして，どちらも，法がその内部に矛盾を抱えるものであり，それゆえに苦悩する個人の姿，そして個人と個人との間の交渉を民族誌のなかに書き込んだ。グラックマンの民族誌の意義は，具体的な個人のなかでも特に苦悩する良き裁判人の姿に着目した点，人が人を裁くことには根源的な困難が存在するなかでの「裁く社会」かつ「裁くことができる社会」の可能性をアフリカの一社会の文脈で具体的に論じた点，そして〈争論の民族誌〉を〈法の人類学〉に導いた点にある。

参照文献

ウォーラーステイン，I 2008『ヨーロッパ的普遍主義——近代世界システムにおける構造的暴力と権力の修辞学』山下範久訳，明石書店。
オースティン，J 2007『分別と多感』中野康司訳，筑摩書房。
カードーゾ（カドーゾ），B・N 1966『司法過程の性質』守屋善輝訳，中央大学出版部。
河合利光 1979「法の民族誌」『法社会学』31：46-61頁。
シュピオ，A 2018『法的人間——法の人類学的機能』橋本一径・嵩さやか訳，勁草書房。
千葉正士編訳 1974『法人類学入門』弘文堂。
田中英夫編 1991『英米法辞典』東京大学出版会。
ノネ，P／P・セルズニック 1981『法と社会の変動理論』六本佳平訳，岩波書店。
浜本満 2014『信念の呪縛——ケニア海岸地方ドゥルマ社会における妖術の民族誌』九州大学出版会。
ポスピシル，L 1974「法の四属性」千葉正士編訳『法人類学入門』弘文堂：200-220頁。
Gluckman, M. 1955. *The Judicial Process among the Barotse of Northern Rhodesia*. Manchester University Press.（新章を加えた第2版は1967年刊。結論章の全訳は千葉正士編訳（1974）に所収）
Gluckman, M. 1963. *Order and Rebellion in Tribal Africa*. Cohen and West.
Moore, S. F. 2001. Certainties Undone: Fifty Turbulent Years of Legal Anthropology, 1949-1999. *Journal of Royal Anthropological Institute* (N. S.) 7：95-116.
Nader, L. 2002. *The Life of the Law: Anthropological Project*. University of California Press.

● 読書案内 ●

『アフリカ人の生活と伝統』阿部年晴,三省堂,1982年
　相反する力の均衡を,アフリカ各地の民族社会における様々な題材を貫くモチーフと捉える点で,グラックマンの視点と一致する部分がある。同じ著者による『アフリカの創世神話』(紀伊國屋書店,1981年)は一章を割いてロジの神話を論じている。

『現代・法人類学』千葉正士,北望社,1969年
　1960年代半ばまでの法人類学の発展をたどる。現在に至るまで,海外をみても,重要文献の詳細なレビューを本書ほど網羅的に行った著作はない。『北ローデシア・バロツェの司法過程』についても法人類学上の顕著な業績の一つとして詳細に論じている。

『秩序と紛争——人類学的考察』S・ロバーツ,千葉正士監訳,西田書店,1982年
　1970年代までの法人類学,特に紛争処理に関する民族誌的研究の成果を紹介しながら,紛争処理と秩序維持のメカニズムについて比較分析的視野で論じている。終章では,秩序と紛争の研究と,法とは何かを問う法律本位の研究との統合可能性に触れている。

【コラム❹】

汚　職
アフリカの「癌」という問題化をのりこえて

味志　優

　1996年の世界銀行・国際通貨基金（IMF）年次総会の世界銀行総裁演説において，汚職は今後世界が対処すべき「癌」として形容された。これは1980年代に行われた一連の構造調整政策の失敗の原因が，現地の政治や行政の非効率性，特に汚職の蔓延にあったという分析を受けたもので，その後現在に至るまで政府・非政府を問わず数々の施策が行われた。こうして汚職が世界的に問題化され，汚職ということばが人々の生活に頻繁に登場するようになったことで，主に1990年代以降から汚職を対象とした人類学的研究が盛んに行われてきた。2016年にはこの分野の先駆的研究者によってシンポジウムが開催され，その後『汚職の人類学の再考（Rethinking the Anthropology of Corruption）』という題でその成果が発表されている。つまり汚職の人類学という領域には，先行研究を踏まえて次の段階として探究すべき論点が「再考」されるほど，すでに研究が蓄積されてきたといえる。

　では汚職の人類学とはどのような研究なのか。しばしば汚職は，政治家が関与する大規模なものと，人々の間で日常的に生じる小規模なものに大別されるが，人類学者がフィールドで直接観察可能なのは基本的に後者に限られる。たとえば警察や病院，選挙における賄賂の受け渡しがこれに含まれる。通常，こうした行為がいかなる方法や頻度で生じているかについて観察や聞き取りを行うことは，汚職の人類学において基本的な作業である。

　ただしその際により重要なのは，それが現地のいかなる文脈で行われているか，という点である。つまり，先進国の基準では汚職とみなされる行為が，その社会ではどのような文脈で行われ，どのような意味をもっているかを綿密に考察する。「アフリカで汚職が蔓延している」と先進国内でいわれる際には，その理由として，ただアフリカの人々の後進性が想定される傾向にある。しかし人類学的手法を用いることで，汚職が広く行われている背景を現地の文脈に即して細かに知ることができる。また，先進国の基準では汚職とみなされる行為が，現地ではそもそも汚職と考えられていな

い場合もあり，その際にはそもそも汚職とは何かという点を再考することを迫られる。さらには，このように実際には汚職が非常に曖昧な概念であるにもかかわらず，先進国側の汚職の理解に照らして「アフリカで汚職が蔓延している」と議論することの危うさや暴力性も提起される。

　私が現在研究を行っているタンザニアの農村では，人々の間で汚職が問題として認識されすぎていることの弊害もみられる。たとえば複数の村を横断するプロジェクトが行われた際に，その恩恵が比較的少ない村の人々からは，プロジェクトの裏で他の村と行政との間で賄賂の受け渡しがあったことを噂する声がよく聞かれる。しかし，そう考える理由を人々に聞いても「政府はそういうものだ」という具体的な根拠がない答えが返ってくる場合が多い。賄賂の存在の真偽は不明だが，ここでより重要なのは，人々の間で汚職が問題化されすぎることで，行政的な問題が汚職へと安易に結び付けられ，政治や行政に関する現実的な議論が妨げられているという点である。この例でいえば，プロジェクトがそもそもどのような範囲に対していかなる意図や経緯で行われたのかといった議論が人々の間でも人々と行政の間でも行われず，問題の理由がただ汚職に帰せられてしまっている。

　日本社会における政治と汚職をめぐる議論を考えてもわかるように，そもそも何が汚職で何がそうでないのか，そしてそれをいかに決めるのかという点は，その社会の政治や価値観の根本に関わる問題である。その意味で，汚職の実践のされ方やその語られ方，そしてそれに対する国際的な力学について考察する汚職の人類学は，国家そして国際社会との関係のなかにおいて，フィールドの人々が実践している政治や社会関係の根本的な部分を明らかにする試みでもあるといえる。

第 6 章

民族と国民

柔軟な関係性と付加型のアイデンティティ

佐川　徹

家畜とともに生きるダトーガの人々（2014年，宮木和撮影）

1　開かれたアフリカ像へ

　私たちがアフリカ社会に対して抱く先入観の一つに，「排他的な民族の集まり」というものがありそうだ。アフリカには独自の文化を有した多くの民族が分布し，各民族は他民族や外部世界に対して閉鎖的な生活を営んでおり，しばしば発生する民族間紛争がアフリカ諸国の国民形成や政治の安定を妨げている，というイメージだ。アフリカが様々な文化や民族の存在する多様性の大陸であることは，紛れもない事実である。しかし，各文化の独自性や民族間の対立ばかりを強調してしまうのは，私たちがそれらの語に対して

もつ考えを，アフリカの過去と現在に投影してしまっているからかもしれない。

たとえば，授業で「日本人」や「日本文化」の特徴を大学生に挙げてもらうと，よく以下のような答えが返ってくる。日本は島国で外部世界とは長く海で遮断されていた，そのため均質性が高い独特の文化が形成された，現代の日本人が外国でも日本人同士で固まる傾向が強いのはこの文化のためだ。このような考えかたは，「日本人論」と呼ばれるジャンルの出版物が戦後に形成してきたものである。だが，1970年代以降の歴史研究が示した日本列島の姿は，このイメージとは大きく異なるものだった。つまり，海は交流を断つのではなくそれを促進する空間であり，列島の住民は大陸との頻繁な交流や列島内での移動を通して多様な文化をつくり，またそれを変化させてきた，というのである。

アフリカ大陸の歴史は，おそらく日本列島の歴史以上に頻繁な人々の移動と分散によって特徴づけられるものである。そして，その移動と分散を通してアフリカには多様な文化や民族が形成されたが，異なる文化や民族の間には断絶ではなく連続的な関係性が育まれてきたということができる。本章では，このような特徴を意識しながらアフリカ社会を「多部族的共生社会」と呼んだ富川盛道の仕事を基点にして，アフリカにおける民族のあり方や帰属意識の特徴について考えることにしよう。

最初に用語の使い方を断っておく。テレビ番組などでは，今日でも「アフリカの部族」や「○○族」という表現がよく使われる。しかし，アフリカで調査する研究者の多くは，「部族」という語には差別的な響きが含まれていることを憂慮し，しばらく前から「アフリカの民族」や「○○人」と表記するようにしている。富川が著作を発表していた1960～80年代には，研究者の間でも「部族」という語が普通に使われていたため，富川もこの語を用いているのだが，今日では「民族」という語に置きかえて読み進めても基本的に支障がない（栗本 2006）。そのため本章では，富川の文章を直接引用するときを除いて，「民族」や「○○人」という語を用いる。ただし厳密にいえば，富川は部族と民族という語を使いわけ，民族を部族よりも規模が大きく

また文化的統合の度合いが高い集団だと定義していることは，明記しておこう（部族という語については原口（1996）も参照）。

2　集団編成の特徴——富川盛道『ダトーガ民族誌』

(1)　部族本位制社会

　1961年11月，富川盛道は今西錦司を隊長とした「京都大学第1次アフリカ類人猿学術調査隊」の「人類班」リーダーとして，東アフリカのイギリス領タンガニーカ（現タンザニア連合共和国）におもむく。そして，1964年4月まで同国北部に位置するエヤシ湖東岸のマンゴーラ地域に滞在して，主に牧畜民ダトーガ人の調査に従事した。この調査隊はその後，1967年の第6次隊まで組織された。メンバーの多くは日本の人類学やアフリカ研究のパイオニア的役割を担った人たちであり，彼らが著した作品は今日読んでも刺激的なものが多い（章末の読書案内を参照）。

　富川は自らの業績を一冊の本にまとめあげることはなかったが，彼の死後に後進の研究者によって編まれたのが『ダトーガ民族誌——東アフリカ牧畜社会の地域人類学的研究』である（富川 2005）。この本には1966年から1980年に出版された8本の論考と1本の未発表論考が収録されており，富川の代表的な著作を読むことができる。

　『ダトーガ民族誌』の第1章「部族社会」は，富川によるアフリカ社会の原論といえるものであり，ここで彼は伝統的なアフリカ社会を「部族本位制社会」と特徴づける。あたかも民族の排他性を強調しているかのような表現だが，彼の主張のユニークさは，「部族本位制社会」とは同時に「多部族的共生社会」でもあると定位している点だ。

　富川によれば民族とは文化集団であり，複数の村落を同じ文化のもとに包んで成立しているのが民族社会である。だからといって，民族が外部に対して閉じられた集団だというわけではない。ある民族の領域は，ほかの民族の成員の移動や利用にも開かれていた。彼がアフリカを「部族本位制社会」と呼ぶのは，異なる民族のメンバーが交流をもちながらも，各民族がより大き

な政治単位に融合してしまうのではなく，それぞれの自律性を維持しながら全体社会を構成してきたからだ。それが可能であったのは，人々が規模の大きい民族も小さい民族も基本的に対等な存在として相互に認め，共生してきたためである。ここでいう共生とは，両者の間に軋轢が生じなかったことを意味しない。各民族はときに協力関係を築き，またときに対立する。関係が悪化した際には分散して相互に一定の距離をとる。こうして複数の民族により構成される地域社会は維持されてきたのである。

(2) 多部族的共生社会

富川がこのような社会論を着想する主要な源としたのが，ダトーガ人とその近隣民族を対象とした調査であった。ダトーガ人はウシやヤギ，ヒツジを飼養する牧畜民であるが，富川の調査時にはトウモロコシなどの農産物も自家生産したり，近隣の民族から入手したりしていたという。彼らが話すダトーガ語は，ナイル・サハラ語族南ナイル系に分類される。現在のケニア共和国西部に暮らすナンディ人らと同じ言語系統である。

富川が特に関心を寄せたのは，第2章「ダトーガ族の地域集団」と第3章「ダトーガ族の分布と移動」で扱われる地域集団という単位である。富川は，従来の人類学的研究では，民族の内部構造である家族やクランなどの親族組織にばかり注目が集まり（本書第4章を参照），外部世界との関係を調整する地縁的な単位である地域集団の役割を適切に検討してこなかったと指摘する。そして，自らその記述と分析を行う。

ダトーガでこの地域集団にあたるのがエモジガであり，富川はこの語を「サブ・トライブ」あるいは「支族」と訳している。ダトーガには少なくとも9つのエモジガが存在する。富川は，大小様々なエモジガが，他のエモジガや近隣民族といかなる関係をもちながら今日の居住地に移動してきたのかをたどる。

たとえば，バジュータというエモジガは，かつては北部の地ゴロンゴロに居住していたが，19世紀初めから半ばに隣接する牧畜民マサイ人との戦闘に敗れる。彼らは小集団に分かれて別のエモジガのもとに身を寄せ，その後，

牧畜民スクマ人の土地で再結集する。だが，そこで再度マサイ人の攻撃対象となり，また19世紀末からは植民地政府による政策から影響を受けるなどして，現在の居住地域へたどりついた。もともとヴィクトリア湖周辺で漁労に依存した生活を送っていたエモジガであるイシミジェーガは，このバジューダに属する呪医の一族がもつ呪薬の力によって，ダトーガの一部になったとされる。これとは逆に，かつてダトーガの一部を構成していたいくつかのエモジガは，近隣の牧畜民スクマ人やバントゥー系農耕民の社会へ歴史的に同化されていった。

　この移動の歴史のなかで，各エモジガと他のエモジガや他の民族との間には頻繁な成員の出入りがなされた。富川が調査を実施した時期にも，ダトーガ人は家畜とともに他集団の土地へ移動したり，他集団のメンバーと結婚したり，治療を受けるために他集団の呪医のもとに出向いたりしていた。人々は，同じエモジガの成員と日々の生活をともにすることで，各エモジガに対して強い帰属意識を抱く。その意味で，各エモジガはダトーガという民族全体から分離していく傾向をもっている。ただし同時に，他のエモジガの成員とも交流することで，ダトーガ全体には一定の統合が保たれる。さらに人々は，ダトーガという枠組みをこえて近隣民族の成員とも多様な社会関係を形成する。各エモジガからダトーガ全体，他民族も含めた地域社会へと空間的な範囲が広がるにつれて，人々の訪問の頻度は低下するが，異なる集団の成員であっても生活圏はつねに部分的に重なっている。その重なりを通して様々な生活の要素が双方向的に伝達されていく。

　富川は民族社会にとって開放性と閉鎖性は「楯の両面」(富川 2005：24)だと表現する。つまり，民族を文化的統合の観点から捉えれば閉鎖的だが，民族間関係の観点から捉えれば開放的である。さらに富川は，文化的統合の要素となる儀礼なども，実は他民族との関係に規定されていると指摘する。たとえば，ダトーガの重要な儀礼である割礼儀礼の際には隣接する農牧民イラク人の男性が施術を行ったし，イラクはダトーガ人が行う雨乞い儀礼を社会に取り入れた。ある民族の独自性を構成しているかのように映る文化の骨格にまで，他民族との関係性が浸透しているというラディカルな理解が，こ

こで示されている。富川はこのような特徴をもつアフリカの地域社会を「多部族的共生社会」と呼んで，以下のように記すのである。

> 協同であれ対立であれ，また，支配であれ服従であれ，あるいは孤立ですらあっても，部族関係をぬきにした1箇の部族社会は，ありえない（中略）1箇の部族集団は，より大きな地域社会，多くの部族集団が共生する地域社会のなかで，1つの地域集団をなしている。すくなくともアフリカの現実は，そうである。
>
> （富川 2005：31）

(3) 部族をこえた世界

　富川がフィールドワークを行ったのは，アフリカ諸国が植民地支配から脱し，独立国としての道を歩み始めていく時代だった。その熱気をみずからの肌で感じたにちがいない富川は，地域社会が植民地期から独立期にかけて大きく変動していく姿も書き留めている。ここでは，「部族本位制社会」であったアフリカで，従来とは異なる「超部族的な」生活の場が形成されていることに注目した論考と，「部族をこえた世界」で生きる個人の姿を描いたエッセーを取り上げよう。

　第7章「タンザニアにおける開拓部落の成立と形成」（この章のみは富田浩造との共著）の対象となるのは，マンゴーラの開拓村であるゴドファーニ集落である。この地域には，もともと主に狩猟採集民ハッザ（ハツァピ）人が，その周辺には牧畜民ダトーガ人や農牧民イラク人が暮らしていたが，20世紀前半の植民地時代から開拓農民が集まり始める。特に1928年にドイツ人入植者が泉の湧出口を広げたために農業適地が拡大し，そこにイギリス人らが商業農場を開設すると，タンザニアの他地域やケニアから農場労働者が移住してきた。農場はまもなく閉鎖されたが，労働者の一部は自作農としてこの地に定着した。その大部分は，マンゴーラへの新参者であるイランバ人やイランギ人などバントゥー系の言語を話す農耕民であった。

　富川は出自を異にする開拓農民が，同じ集落でともに生活を営むことを可

能にする論理を解き明かす。まず，彼らの多くがイスラームを信仰していたことは，人々の共同意識を形成するのに貢献した。また，彼らの多くはマンゴーラで，もしくはマンゴーラに移動してくる過程で，他民族の女性と結婚していた。結婚後間もない世帯は子どもの数も少なく労働力が不足するため，畑の耕作や害獣を防ぐための見張り作業をともに行った。共同耕作の際に畑の所有世帯から参加者に地酒が提供されたり，灌漑水路の利用規則に違反した者から地酒が供出されたりすると，集落のメンバーはともに飲んだ。世帯間の労働交換や酒の提供は，個別の民族単位をこえてバントゥー系農耕民に共有された慣習であった。このような慣習を新たな地域文化の核としながら，超部族的に構成される開拓村は「共同体化」の過程をたどっていると富川はまとめる。

　独立期に社会が揺籃する姿を，女たちの活動に着目しながら示したのが，第9章「一まいのスカート」である。ダトーガの既婚女性が身に着ける小家畜の皮でつくったスカート，ダトーガ語でいうハナグウェンダは，多くの文化的な意味が込められたものである。女性は結婚時にスカートを夫の母親からもらいうける。それをまとうことは既婚者の証となる。女性の死後，スカートは彼女の「文化的半身」（富川 2005：353）として細かく切り刻まれる。その切片が子どもらの指にはめられると，彼女は永遠の眠りにつくことができる。独立後，政府はこのスカートをダトーガ人の後進性の現れとみなしてその着用を禁じる動きをみせた。章の前半部では，この動きに不安を感じた女性たちが討議を重ね，伝統の保持を求めて大規模な抗議活動を決行する姿が描かれる。

　章の後半では一転して，ハナグウェンダに代表される伝統文化のなかで生きることに窮屈さを感じ，マンゴーラを出奔していった一人の女性の姿が描かれる。彼女は，「部族をこえた世界」で出会ったケニア出身のトラック運転手と世帯を構え，ハナグウェンダではなくワンピースとハイヒールを身につけ，夫の仕事にあわせて国境をこえてザンビアへと去っていく。富川は，歴史を通して精緻に築きあげられてきた民族の文化が，必ずしも民族の構成員すべての個性と合致するものではないと述べ，「文化のふるいころもは，

ときには，個体の状況にとって，たいへんにおもいものである」（富川 2005：375）と記す。

　富川は，もともとは1971年に書かれた第1章「部族社会」において，民族と国家をつねに対立するものとみなす考えは不適切であり，両者の並存状況に注目する必要があることを指摘している。さらに彼は，「ひとは，よく，アフリカにおける部族の対立をいう。しかし，この反面，かなりの程度にうまく，お互いの存在を認め合ったうえで，多くの部族が，同一の国家を形成している事実に，目を向けることも必要であろう」（富川 2005：11）とも記す。第7章は，多様な出自を有する人々が互いの共通点に目を向けながらともに暮らしを営む姿を描くことで，新しい国家に新しい共同社会が形成される可能性を感じさせる内容となっている。一方，「一まいのスカート」をめぐる国家と民族や民族と個人の葛藤に焦点を当てた第9章では，新たに進むべき道を模索しながら，「ネーション［国家］もくるしんでいるが，トライブ［部族］もくるしんでいる」（富川 2005：354）社会の様子が照らしだされる。富川が写しとった独立期の一地域社会の姿は，希望と困難の間をいくたびも揺れ動くことになるその後の多くのアフリカ社会の姿を，先取りしていたかのようである。

3　移動性と連続性により特徴づけられる社会

(1)　民族を捉える視点の先駆性

　富川の議論のどこが画期的だったのだろうか。1940年から1960年ごろに，主にイギリスの人類学者により発表されたアフリカの農耕社会や牧畜社会を対象とした研究は，基本的な分析単位を一つの民族に置くことが多かった。そして，その内的な社会構造を詳細に明らかにすることで，民族を外部世界から孤立した非歴史的な単位として扱う傾向が強かった。このような分析単位の設定は，当時影響力が強かったフランスの社会学者エミール・デュルケムの理論的枠組みに沿うものであり，また各民族単位で完結した統治を目指す当時の植民地行政の方針に合致したものでもあった（Moore 1994）。

このような研究傾向に対して富川は，ある民族の編成原理を明らかにするためには，一つの民族の内的構造だけを検討しても不十分であり，民族を周囲の民族との関係性のなかで捉えなければならないことを早い段階で明確に指摘したのである。それと同時に『ダトーガ民族誌』では，民族よりも小さなスケールである地域集団の詳細や個人の微細な心理にも関心が払われている。民族を取りまく要素と民族のなかに含まれる要素の双方を視野に入れながら記述を進めることで，民族という枠組みが「部族本位制社会」を生きる人たちにとってもつ重層的な意味を解明し，さらにそれを読み手にいきいきと伝えることに，富川は成功したといえよう。

　また，民族を人々の移動や分散を通して形成されてきたものと捉えることは，歴史的な視点を研究に取り入れることにつながる。富川は，一つの民族の編成原理をつかむためには，空間的なスケールと時間的なスケールの双方を広げる必要があることを示したのである。もっとも，民族の起源譚や植民地化以前の移動史については，それまでにも多くの人類学者が言及してきた。富川の議論が出色なのは，直近の過去である植民地期や独立期の社会動態もしっかりと含みこんだうえで，「部族本位制社会」の持続と変容が検討されている点である。結果として彼の議論は，民族と国家の関係性や独立後の国民形成の過程を考察する際にも，多くの示唆を与えるものとなった。

　富川は英語でも論文を執筆したが，彼の著作が世界的に大きな影響を与えたわけではない。だが，民族を常に関係性と歴史性のなかで捉える彼の議論の骨格は，日本の後進の研究者に継承された。これらの研究者は，東・北東アフリカの民族間関係を主題とした編著書を英語で出版し，現在にいたるまで国外の研究者からも頻繁に参照されている（Fukui and Turton 1979; Kurimoto and Simonse 1998)。

(2)　フロンティア大陸としてのアフリカ

　富川は，東アフリカに位置し牧畜など移動性の高い生業に従事する集団を主要な調査対象とした。では彼が明らかにした集団編成の特徴は，この地域の住民や特定の生業に従事する人たちに限定されたものなのだろうか。サハ

ラ以南アフリカ全体の歴史において，移動性と柔軟な民族間関係に特徴づけられた社会のあり方こそが支配的だったと指摘したのが，アメリカの人類学者イゴール・コピトフである。彼は1987年に出版された『アフリカのフロンティア』という著作で，従来の研究がアフリカ社会を内的に完結した集団の集まりとして捉える「部族モデル」に依拠してきたことを批判し，アフリカを「フロンティア大陸」と呼びながら斬新なアフリカ社会論を提起した (Kopytoff 1987; 掛谷 1999)。

コピトフによれば，広大なアフリカ大陸は人口に対して土地が豊富にある社会だった。そのため，人々は自然災害のおそれが強まったときや既存の社会関係が悪化した際，人口が希薄な周辺のフロンティア地域へ移動した。人々は移動先で以前からの民族アイデンティティを保持する場合もあったし，新たな民族集団を形成したこともあった。

ここで興味深いのは，人々が移動する際にはもともとの生活から「文化的荷物」，つまり技術や社会制度，政治的なアイデアなどを携えていったという彼の指摘である。フロンティアへの移動というと，私たちは伝統から隔絶したまったく新しい生き方を始める運動を想像しがちだ。だがコピトフによれば，人々がフロンティアで形成した文化とは，かつての社会生活から持ちよった古い材料を組みあわせてできた産物なのだという。また，新たな土地へ移動した人々は，しばしばかつての居住地の住民と交流を続けた。そのため，移動を通して新たな民族集団が誕生したものの，民族間の差異は過度に大きなものとはならず，むしろ民族境界をこえて「共通した政治文化」が大陸全体に広がったのである。もちろん，民族間に対立が生じることはあったものの，両者はこの共通する文化的前提にもとづいて問題を処理することで，正面きっての衝突はしばしば避けられてきたのだという。

コピトフは，「部族モデル」がつくりだしてきたアフリカ社会像を一新した。つまり，定住性ではなく移動性により特徴づけられる生活，相互に孤立しているのではなく連続してある文化によって特徴づけられる社会である。このような特徴づけは富川の「部族本位制社会／多部族的共生社会」論を想起させるが，コピトフは主に中部アフリカの農耕社会を対象とした研究蓄積

に依拠してフロンティア論を展開した。異なる地域や生業を対象とした研究から，類似したアフリカ社会像が提出されたわけである。

(3) 植民地統治がつくる境界と移動

　もっとも，このようなアフリカ社会の伝統は，西洋列強により植民地化された19世紀以降，変化を余儀なくされた。誤解のないように指摘しておくと，大西洋奴隷貿易や植民地化が始まる前の時代に，サハラ以南アフリカが外の世界と没交渉であったわけではない。サハラ砂漠や地中海，インド洋を通した北アフリカやヨーロッパ，西アジア，南アジアとの交流は，アフリカ社会の動態に大きな影響をもたらした。以下では紙幅の関係から，植民地化に伴う固定的な境界線の導入がアフリカ社会に与えた変化についてのみ記す。

　植民地政府は，統治のために国境や国内の行政境界を設けて移動の管理を試みた。その結果，もともとは流動的だった民族間の空間的境界が固定化され，人々の往来が減り，従来の関係が大きく変質した地域もあった。そのため，本章冒頭で触れた「排他的な民族」は，伝統的なアフリカ社会には存在しなかったが，植民地統治の過程で実際にアフリカに生みだされたのだ，という議論がしばしばなされる。本章では，そのような指摘が一定の妥当性をもつことを認めたうえで，植民地統治が二つの点で人々の移動や交流を促進した側面もあったことを指摘しておこう。

　一つは，植民地政府や入植者が建設した都市や鉱山，開拓村などへの人口移動が生じたことである。政府が設けた行政境界をこえて，多様な社会文化的背景を有した人々がそれらの空間に集まり，ともに暮らすこととなった。人々は植民地の内外から移動してきた人たちと生活を営むなかで，ときに出身民族への帰属意識を改めて強く抱くようになり（「再部族化」については本書第3章を参照），ときにより混淆的な帰属意識を新たに生みだした。富川はこれらの空間において「超部族集団」が形成されたと述べていたのである。ただし，富川と同時期にマンゴーラ地域で調査を行った和崎洋一（1966）は，開拓村への移動や移動先での共同社会の形成を，植民地統治がもたらした新しい社会現象としてではなく，人々がもともと育んできた移動を重ねる

生活様式の延長線上で理解できると分析していることも指摘しておこう。

　もう一つは，境界線が引かれたことでその両側に異なる政治・経済圏が形成され，人々に移動を促す要因を提供した点である。たとえば国境付近では，境界線のこちら側とあちら側では種類や品質，価格が異なる物資が流通することになる。このちがいを利用して交易活動を行えば大きな利益を得ることができるため，境界をこえた往来や商業ネットワークの形成が活発になった。また国境をこえると統治する政府が変わり，一方の警察や軍隊は手出しがしにくくなる。そのため，納税や政治的抑圧から逃れたい人々は，国境付近で移動をくりかえすこともあった。境界線を引いて移動を規制するとはいっても，政府の中心部から遠い辺境地域では厳密な管理が困難であったため，このような移動が可能だったのである。

4　現代世界における民族と国家

(1)　国民意識の醸成

　富川が独立直後の時代に関心を寄せていた国家と民族の関係は，その後どのように展開したのだろうか。アフリカ諸国はその独立にあたって，宗主国が人々の生活空間を考慮せずに引いた国境を基本的にそのまま引きついだ。結果として，同じ民族の成員が別の国の国民となったり，数百キロ離れた地に暮らす名前も知らない民族と同じ国の国民になったりする事態が生じた。そのため，独立後の指導者にとって最重要課題の一つが国民意識をつくりだすことであった。その際のキーワードになったのが「脱部族化」である。つまり，国民としての「われわれ意識」が形成されるためには，民族へ抱く既存の帰属意識が国家への帰属意識に取ってかわられなければならないというのである。

　もっとも，多くの国で「脱部族化」は進まなかった。原因を一つだけ挙げれば，国民意識を醸成する必要性を感じていたはずのエリートが，民族というカテゴリーを権力や利益を獲得するための道具として利用したことだ。たとえば，他の民族の存在を貶めることで自身の出身民族からの政治的支持を

固める，自分と同じ民族のメンバーへ優先的に職を斡旋する，といったことである。

現在でもメディア報道では，ニュース価値が高い内戦などの事例が中心的に取り上げられ，それがアフリカにおける国民形成の失敗と関連づけて議論される。だが本節では，21世紀に入ってから，アフリカ諸国で国民意識が醸成されてきたことを示す報告が増えてきたことに注目したい（Robinson 2014）。たとえば，西アフリカのギニア共和国では1958から1984年の社会主義政権時代に，学校では子どもの服装や髪形が画一的に決められ，街中では国旗に敬意を表するよう指導され，農村部では定例の支部会合へ毎週出席するよう求められた。政府による厳しい社会統制は人々の暮らしに多大な犠牲を強いた。しかし，国内に対立要素を抱えたギニアが内戦に陥ることなく秩序を維持してこられたのは，これらの政策によって国民意識が培われてきたからだという（McGovern 2017）。

このような分析に依拠すれば，国民意識の広がりは政府による上からの働きかけが奏功した結果だと評価されよう。つまり，全国共通の文化・教育政策を実施し，マスメディアを通して国のあるべき姿を発信することで，「想像の共同体」（アンダーソン2007）が形成されたと考えるのである。

一方，富川やコピトフの議論を想起すれば，日々の生活でふつうの人々が重ねてきたコミュニケーションの蓄積が，新たな共同意識の醸成につながってきたと考える余地も残されている。つまり，もともと一定の連続性を有する文化を形成してきた異なる民族の成員が，国家という枠を外部から与えられることで，故地では出会うことのなかった他民族の成員と接触する機会が，都市や開拓村で増えた。彼らはともに生活を営む過程で共通の問題に直面し，その問題に「部族をこえた」論理で対処する過程で新たな「われわれ意識」を育み，またその意識を利用しながら問題を解決してきたと考えるのである。具体的な例をみてみよう。

(2) 地方町での共生

ここでは，私が調査を進めているエチオピア連邦民主共和国の西南端に位

置する人口2000人ほどの町の事例を取り上げる。オモラテという名のこの町は，1980年代半ばに形成された農牧民ダサネッチの行政中心地である。町にはダサネッチ人も暮らしているが，住民の多くは，行政機関や商業農場での仕事などを求めてエチオピアの他地域から移住してきた多様な出自を有した人々である。ダサネッチ以外の民族としては，ワライタ，コンソ，オロモ，アムハラ，ソマリなどが，宗教でいえばエチオピア正教，プロテスタント，イスラーム，ダサネッチ在来の神などを信仰する人たちが住む。日本で生まれ育った人には想像しにくい面もあるのだが，母語や民族，宗教が異なる人々が，当たり前のようにともに暮らしている。これはアフリカの町では特に珍しいことではない。

　町に住む住民の間にトラブルが発生した際，彼らは政府の司法機関に訴えるのではなく，住民自身がインフォーマルで小規模な会合を開き問題を処理することが多い。この会合の形式は特定の民族や宗教の伝統に依拠したものではなく，多民族・多宗教が混在する町で生活を営むなかで，次第に培われてきたものだという。会合の流れをみておこう。

　2015年3月8日，エチオピア中南部から移住してきたワライタ人の女性（20代）がダサネッチの村へ交易に行くと，町から友人の住む村を訪問していたダサネッチ人の女性二人（10代）と口論になり，後者が前者を殴打してその前歯を折った。ワライタ人の女性は町へ帰ると警察に通報した。一方，争いの内容を聞いたダサネッチ人の一人の兄は，妹が勾留されることを危惧して，すぐに町の「老人（アムハラ語でシマギレ）」を訪ねて会合の開催を依頼した。ここでいう「老人」とは単に年長の者ということではなく，経験が豊富で弁舌に長けた人物のことである。訪問した相手は，アムハラ人の司祭（宗教はエチオピア正教），ダサネッチ人の行政職者（エチオピア正教と在来神信仰），ワライタ人のミッション関係者二人（プロテスタント），オロモ人の商人（イスラーム）であった。いずれも中高年の男性であるが，民族や宗教の観点からは町の人口構成をバランスよく反映したメンバーである。

　彼らが開催に同意したため，3月14日の15時ごろから，被害者の母の家に「老人」，加害者とその兄，被害者，そして立会人となるワライタ人の警察官

が集まり，会合が始まった。進行役は司祭が務めた。まず被害者が事の次第を説明し，「老人」が細かい内容を尋ねる。次に加害者を呼び，被害者が語った内容に間違いがないかを尋ねる。加害者がこれを認めると「老人」は両者を一時退室させる。「老人」は事態の処理の仕方を相談し，加害者が歯の治療費と和解金を支払うこととした。呼び戻された被害者が決定に同意すると，加害者を呼んで被害者への謝罪を促す。謝罪が終わると立会人である警察官が一連のプロセスを記した書類を作成し，被害者と「老人」がサインする。この書類を警察署へ提出すると，警察は捜査を打ち切る。18時ごろに会合が終わると，加害者の兄は「老人」に「飲み物をおごらせてほしい」と呼びかけるが，多くの者は「自分は町に平安が保たれることを望んだだけだ」と言ってすぐに立ち去った。彼らに謝礼が支払われることはない。

(3) 並存する民族意識と国民意識

なぜこのような会合による調停が可能なのだろうか。まずは，コピトフがいう民族境界をこえて広がる「共通した政治文化」が作用している側面があるかもしれない。たとえば，年長の男性が強い権威をもつ社会であることや，長い時間をかけた対話を通して問題を解決することをよしとする価値観などがあげられよう。また，この会合に参加している人たちが，学校教育などを通して，現在のオモラテで共通語として用いられているアムハラ語を習得している点は，会合が成立する前提条件となっている。

だがここで注目したいのは，会合でなされる議論のはしばしで，「老人」が「私たちは同じエチオピア人なのだから」と述べていたことだ。特に加害者に被害者へ謝罪するよう求める際など，繊細な配慮が求められる場面でこの表現が用いられ，加害者には素直に謝るよう，被害者には相手を許すよう，促していた。加害者と被害者の帰属する民族や宗教は異なっている。またオモラテの町は住民の出入りが激しいため，「同じ町の住民だから」という言明も強い効果をもちにくい。同時に，町に住む人の多くは，オモラテにたどりつくまでに仕事を求めて国内各地の都市を移り渡ってきた経験をもつため，自分たちが特定の町をこえた生活空間を共有していることは，ある程

度認識している。加えて、オモラテはケニアとの国境近くに位置する町であり、一時的な居住であっても、ケニアに住む住民との食習慣や服装の違いを意識する機会は多い。そのような彼らにとって、「同じエチオピア人だから」という表現は一定のリアリティを有する社会範疇なのである。

　もう一点興味深いのは、町の住民がこの裁定に頼る理由である。近代国家エチオピアには、傷害事件が発生した際には警察が捜査し裁判所で判決が下されるというプロセスがもちろん存在している。しかしこの手続きをとった場合、裁判の基準が不透明に映ることもある。また有罪となれば加害者は重い罰を受ける一方で、被害者は金銭的な補償を得ることができない。そこで住民は、加害者と被害者の双方にとってより好ましい結果をもたらすインフォーマルな会合を選択するのである。つまり、政府の政策が国民に受容されることで「同じエチオピア人」という言明が効果をもちえているのではなく、政府が提供する司法制度に不満を抱いているからこそ、住民たちにより独自の会合が生みだされ、またそれを実施する過程で「われわれ意識」が育まれているのである。

　アメリカの政治学者クロフォード・ヤングは、政府の失政により困難な暮らしを強いられてきた国々の住民であっても、「〇〇国民」としての意識を抱いていることを指摘し、独立後のアフリカ諸国ではたしかに国民意識と呼びうるものが醸成されてきたのだと述べる。ただしその意識は、欧米諸国のように洗練された建国神話や巧みに脚色されたイデオロギーを共有することによってではなく、人々が主に都市部で生活をともにするなかでかたちを成してきた「平凡なナショナリズム (banal nationalism)」と呼ぶべき意識なのだという (Young 2004: 16)。上に取り上げた事例もこの指摘に沿って理解することができよう。近代国家の枠組みはアフリカの外部からもちこまれたものだが、多くの国でその導入から半世紀以上がたった今日、人々が国民という範疇に一定の帰属意識を抱くことは、むしろ当然なのかもしれない。

　ただし、「エチオピア人」というカテゴリーが人々の社会生活で役割を果たす場面があるからといって、彼らが「脱部族化」を果たしているわけではないことには注意しておこう。町民は、同じ民族のメンバーと話すときには

その民族の言語を使うし,故地との強いつながりも維持している。つまり,従来の民族意識は保持しながらも,新たな生活空間で「部族をこえた」原理にもとづいた帰属意識が付け加えられていると捉えた方が適切である。現代アフリカにおける民族と国家の関係をバランスよく理解するうえで,第2節で触れた富川の警句,つまり「お互いの存在を認め合ったうえで,多くの部族が,同一の国家を形成している事実に,目を向けることも必要であろう」(富川 2005：11) という警句は,まだその価値を失っていない。

5　民族,国民,アフリカ人

ここまで富川盛道の仕事を基点として,アフリカ社会における民族間関係や国民意識のあり方を考えてきた。最後に,現代アフリカに生きる人々が抱くもう一つの重要な帰属意識である「アフリカ人」としての意識に触れておこう。「アフリカ人」のあり方はかつても今も多様だが,「アフリカ人」という範疇は単なる虚構の上に成立しているわけではない (第8章も参照)。「アフリカ人」という自己意識は,主に西洋世界から搾取と否定的なまなざしの対象とされてきた経験を共有する存在として,アメリカ大陸に連れられていった奴隷とその子孫の間で歴史的に台頭した。そして,19世紀末から,知識人や政治家を中心としてアフリカの一体性と解放,そしてその歴史的復権を訴えたパン・アフリカニズムの運動が生じたのである。

1980年代後半から深刻な内戦に巻きこまれたウガンダ共和国北部のアチョリの人々は,日常会話のなかで自身に言及するとき,「アチョリ人」と「ウガンダ人」という語を文脈に応じて使いわけているが,特に若者は「アフリカ人」というカテゴリーを最も頻繁に使うという。将来が不確実な社会環境で生きざるをえない彼らに,パン・アフリカニストのアイデアは希望とインスピレーションを与えてくれるからである (Finnström 2008; Young 2012)。私も,エチオピアの都市部で住民と話をしていると,彼らが「われわれアフリカ人は」という表現をときに当たり前のようにするのを聞き,はっとすることがある。私自身が「われわれアジア人は」と日常会話で述べることな

ど，ほとんどないからである。

　私たちはしばしば，国民意識が形成されるためには民族に抱く愛着を捨てる必要があり，「アフリカ人」として自己言及するためには個別の国民としての帰属意識から脱却しておく必要がある，と考えてしまいがちだ。しかし，現代アフリカにおいては複数の帰属意識が互いに排除し合うことなく共存している点が印象的だ（Appiah 1993参照）。

　アフリカ社会の文化動態をめぐる研究では，人々が社会に導入された新しい要素で古い要素を置き換えてしまうのではなく，古い要素は維持しながら新たな要素を生活や認識のレパートリーに付け加えることで，文化の多様性を維持ないし増大させてきたという指摘がなされてきた。たとえば，農業実践においては昔からある作物や品種が新しい作物や品種とともに耕作され，信仰においては伝統的な世界観と外来の世界観は相互に影響を与え合いながら並存する（重田 1988；Ellis and Ter Haar 2007）。この「不寛容とか純粋さの追求といった志向とはおよそ無縁な，雑多なものの無造作な共存」（川田 1987：124）というアフリカ社会の特徴づけは，帰属をめぐる人びとの感覚や意識にも一定程度あてはまるといえそうだ。

　単一の基準に依拠して「われわれ」と「彼ら」を切りわける狭隘なナショナリズムが広がる現代世界において，アフリカの人々が培ってきた柔軟な関係性と付加型のアイデンティティから学べることは多いはずである。

参照文献

アンダーソン，B　2007『想像の共同体——ナショナリズムの起源と流行』白石隆・白石さや訳，書籍工房早山。

掛谷誠　1999「内的フロンティアとしての内陸アフリカ」高谷好一編『"地域間研究"の試み（上）』京都大学学術出版会，285-302頁。

川田順造　1987「文化領域」川田順造編『黒人アフリカの歴史世界』山川出版社，92-124頁。

栗本英世　2006「書評『ダトーガ民族誌——東アフリカ牧畜社会の地域人類学的研究』」『アフリカ研究』69：203-208。

重田眞義　1988「ヒト——植物関係の実相——エチオピア西南部オモ系農耕民アリのエンセーテ栽培と利用」『季刊人類学』19（1）：191-281。

富川盛道　2005『ダトーガ民族誌——東アフリカ牧畜社会の地域人類学的研究』弘文堂。

原口武彦　1996『部族と国家——その意味とコートジボワールの現実』アジア経済研究所。

和崎洋一　1966「東アフリカの地域社会における部族の問題——タンザニアのマンゴーラ村の場合」『アフリカ研究』3：65-85。

Appiah, K. A. 1993. *In My Father's House: Africa in the Philosophy of Culture*. Oxford University Press.

Ellis, S. and G. Ter Haar. 2007. Religion and Politics: Taking African Epistemologies Seriously. *Journal of Modern African Studies* 45(3): 385-401.

Finnström, S. 2008. *Living with Bad Surroundings: War, History and Everyday Moments in Northern Uganda*. Duke University Press.

Fukui, K. and D. Turton (eds.) 1979. *Warfare among East African Herders*. National Museum of Ethnology.

Kopytoff, I. 1987. The Internal African Frontier: The Making of African Political Culture. In I. Kopytoff (ed.), *The African Frontier*. Indiana University Press, pp. 3-84.

Kurimoto, E. and S. Simonse (eds.) 1998. *Conflict, Age and Power in North East Africa: Age Systems in Transition*. James Currey.

McGovern, M. 2017. *A Socialist Peace?: Explaining the Absence of War in an African Country*. The University of Chicago Press.

Moore, S. F. 1994. *Anthropology and Africa: Changing Perspectives on a Changing Scene*. University Press of Virginia.

Robinson, A. L. 2014. National versus Ethnic Identification in Africa: Modernization, Colonial Legacy, and the Origins of Territorial Nationalism. *World Politics* 66 (4): 709-746.

Young, C. 2004. *Revisiting Nationalism and Ethnicity in Africa*. Paper presented at the James S. Coleman memorial lecture at the University of California, Los Angeles, Dec. 7.

Young, C. 2012. *The Postcolonial State in Africa: Fifty Years of Independence, 1960-2010*. University of Wisconsin Press.

●読書案内●

『「エスニック」とは何か――エスニシティ基本論文選』
青柳まちこ編・監訳, 新泉社, 1996年
人類学者による民族集団の定義や生成をめぐる主要な論文を集めた論集。特に, 第1章に収録されているフレデリック・バルトの論文「エスニック集団の境界」(1969年)は,「民族とはなにか」をめぐるその後の研究に広範な影響を与えた記念碑的論文である。ほぼ同時期に書かれたバルトと富川の論考は, ある民族の編成原理や人々がその民族に対して抱く帰属意識を解明するためには, 他の民族との関係性において捉えることが不可欠である, という基本的な発想を共有している。

『スワヒリの世界にて』和崎洋一, NHKブックス, 1977年
『大旱魃――トゥルカナ日記』伊谷純一郎, 新潮選書, 1982年
富川が参加した京大学術調査隊のメンバーでもあった二人が, 一般の読者向けに書いた著作。医学を修めた富川は診療所を開き村人を診察しながら調査を行ったが, 和崎は私塾を開いて子どもたちに勉強を教えながら, 伊谷は旱魃に見舞われた牧畜民への私的な支援活動に奔走しながら, 人々の生活論理の根幹に接近していく。人類学的なフィールドワークのエッセンスと他者理解のあり方について, 今でも多くの学びを与えてくれる二冊。松田素二による1997年の論文「実践的文化相対主義考――初期アフリカニストの跳躍」(『民族學研究』62(2)所収)とあわせて読むと, 学びが深まる。

『人類史のなかの定住革命』西田正規, 講談社学術文庫, 2007年
一つの場所に一つの集団が先祖代々住みついてきた, という歴史の捉え方は, しばしば人間社会の理解を見誤らせる。遊動が当たり前だった時代／場所の視点から, 定住中心的な世界の見方を相対化してくれる著作。

『「日本」とは何か 日本の歴史00』網野善彦, 講談社学術文庫, 2008年
人々の頻繁な移動と分散により特徴づけられるのはアフリカ大陸の歴史だけではない。「日本社会」の歴史はどうだったのか。列島の東西と南北, 海岸部と平野部と山岳部, 様々な仕事に従事する人たち。それぞれの暮らしを眺めていくと, 連続性をもちながらも複数形としてある「日本諸社会」の姿が浮かび上がってくる。

第 7 章

神話と宗教
世界の秘密を解き明かす知と技法

橋本栄莉

ヌエル語で書かれた聖書を読む人々（2013年，筆者撮影）

1 アフリカ哲学の深淵をみる

　「我々はどこから来たのか 我々は何者か 我々はどこへ行くのか」は，フランスの画家ポール・ゴーギャンがタヒチでの素朴な暮らしのなかで描いた有名な絵画のタイトルである。人間の実存と関わるこの問いは，哲学者，科学者，宗教者，そして人間個人が，様々な方法で探究してきた。人間であるがゆえに抱える苦悩や快楽の原因と答えを，私たちは芸術作品や文学，哲学書，数式，宗教の経典，インターネット，そして太古の神話などあらゆる媒体のなかに求めてきた。

神話と聞くと，あなたは何を思い浮かべるだろう。おそらく，どこか完結した時代錯誤のおとぎ話のようなものではないだろうか。どれだけ神話学者が神話の面白さを熱弁したところで，あなたはおそらくこう思うだろう。「しょせん，それは『現実離れ』した『単なる』神話に『すぎない』のだ」と。

　では，私たちが「現実的」と考えるのは，どのような事柄であろうか。科学が発達した現代でも，私たちは，どの説明が「現実離れ」しておらず，どれが「正しい」説明なのか，実はよくわかっていない。ゴーギャンが提出した問いは，いまだに人類共通の内なる関心事であり，かつ秘密であり続けている。

　文化人類学では，ある人間集団が世界や人間に対して共有している想定を「世界観（コスモロジー）」と呼んできた。アフリカ社会の世界観を知ろうとする際の困難であると同時に面白さでもあるのは，それらが書物というかたちで広く共有される聖典をもたないことにある。文字にはあらわされない人間の心性，太鼓の音，口伝えの歌，儀礼と踊り，祈祷師や呪医，耕作や牧畜，衣服や土器，日々のおしゃべり，日常生活を構成するすべてのなかに，アフリカの哲学は息づいている。政治であれ，経済であれ，法，芸術，宗教，社会構造，人間関係のどの場面を論じるにしても，世界観は無視することができない要素であり，かつそれぞれは世界観を構成するものである。

　かつて，アフリカ人の世界観は「未開心性」と表現され，西洋の「文明人」のそれとは正反対のものであるかのように受け止められてきた。つまり，神話や精霊，妖術（第9章を参照）などの「神秘的」な考えにとらわれている人々は，そのために文明を発達させることができないのだというネガティヴなニュアンスがこの語には含まれている。この語を用いてきた学者の実際の意図はどうあれ，この語が喚起するイメージが痛烈な批判にさらされて以降，人類学者は他者の世界観を描き出すのに大いに慎重になってきた。

　アフリカ哲学の深淵，そして他者の世界観を取り扱うことの困難と魅力を私たちに教えてくれるのが，フランスの民族学者マルセル・グリオール著『水の神（*Dieu d'eau; Entretiens avec Ogotemmêli*）』（1948/1981）である。

本章の前半では，人類学の枠をこえて，哲学者や歴史学者，美術家にも多大な影響を与えた西アフリカ・ドゴン社会の壮大な神話的世界の一部を紹介する。後半では，『水の神』をはじめとする世界観を対象とした当時の人類学的研究の理論的・方法論的限界を提示し，現代アフリカで観察された神話や宗教と関わる事象を事例としながら，この作品が有する視点が，いかに他者理解や人間が有する意味の世界の理解をめぐる問題を考えるための哲学として不可欠なものであるのかを指摘する。

2　世界の成り立ち，人間のはじまりとおわり
　　　──M・グリオール『水の神』

(1)　老賢人オゴテメリの秘密の知識

　『水の神』は，ドゴンの盲目の老人オゴテメリとグリオールとの33日間にわたる対話をもとに書かれた，フランス民族学を代表する著作である。著作のなかで，グリオール本人は「白人」と表現され，対話は三人称で綴られていく。
　ドゴンは，西アフリカ，現在のマリ共和国とブルキナファソにまたがるニジェール川流域に居住する農耕民であり，グリオールが調査をしていた1930年代から50年代，フランス領西アフリカ総督府の統治下にあった。当時，ドゴンの人々は「野蛮な未開人のじつに見事な典型」（グリオール 1981：7）と認識されていた。農耕の季節である雨期，そして様々な儀礼が行われる乾期の循環が，ドゴンの生活のリズムをつくっている。
　オゴテメリが長らくドゴンの地に滞在していた「白人」にぽつぽつと語ったのは，複雑な宇宙や世界のなりたちと，人間の身体，居住空間，時間，衣服，農作業，道具，動物，祖先，数字，言語との間に隠された相互のつながりであった。「白人」はそれまでの調査で知りえたドゴンに関する知識と，自分自身の理解の枠組みをすり合わせながら，オゴテメリの話を一つ一つなぎ合わせてドゴンの壮大な宇宙の姿を把握しようと試みる。あるときは妨害され，あるときははぐらかされつつ徐々に開示されてゆく秘密の知識は，

「白人」の属する社会がこれまで見向きもしてこなかった，アフリカの宇宙哲学の重厚さを物語るものであった。

以下では，「白人」とオゴテメリが描き出した世界のごく一部を紹介しよう。登場するそれぞれの存在物——物質，動物，数，身体の部位など——はすべて意味を有しており，相互に関連している。さらなる理解を深めるために，原本およびジェルメーヌ・ディテルランとの共著で『水の神』の姉妹書である『青い狐』(1986) を手に取ることを強くおすすめしたい。

(2) 神，母なる大地，ジャッカルの過ち——受難の曙

オゴテメリの話は，唯一神であるアンマが，この世界をどのようにつくったのかというところから始まる。

複雑な技術を使って太陽と月を創り出したアンマは，虚空に向かって土の玉を投げ，星を創った。アンマが腸詰状の粘土を上の方と下の方に投げつけると，今，人間の生きている大地が誕生した。この大地は，子宮のなかの胎児のように手足がわかれ，女の身体のように広がってゆく。ひとりぼっちでこの様子を見守っていたアンマは，この被造物と交わりたいという欲望にかられた。アンマがその欲望を満たそうと大地に近づくと，大地の性器にあたる部分にあった白アリの塚が隆起し，アンマとの交わりを防ごうとした。白アリの塚は女である大地の性器のなかにある男性性，つまり陰核を意味する。しかし，アンマはこの白アリの塚をへし折り，陰核を切除された大地と交わることに成功した。

この交わりによって生まれたのが，1匹のジャッカルである。その後，アンマの子たちはつねに双子で生まれた。白アリの塚の邪魔が入った交わりのため単独で誕生したジャッカルは，大変不吉な存在である。これらの出来事は，世界にもたらされた最初の無秩序＝穢れであった。

ジャッカル誕生の後，アンマは水からノンモという精霊を創った。ノンモは，頭から腰が人間で，下半身が蛇のような姿をしている。ノンモは水の力によって様々なものに恵みをもたらした。「ノンモは，水であり熱気であって，飲む水によって体の中に入り，熱気を胆汁と肝臓に伝える。ことばをも

ち，ことばである生命力は，湯気になって口から出るが，それは水であり，かつことばなのだ」とオゴテメリは語る（グリオール 1981：191）。ノンモがしゃべるとき，〈ことば〉をもった生暖かい湯気が放たれる。〈ことば〉とは，アンマがノンモを仲立ちとして世界を再組織するための力である。ノンモによって，この世のあらゆるものに「湿り気」，つまり生命力がもたらされた。

　ノンモは，母である大地を空から見下ろしていた。母は，最初に起きた不吉な出来事のために〈ことば〉をもっておらず，裸，つまり無秩序な状態にあった。ノンモは，この無秩序を終わらせるため，天で創られた植物からとった繊維をもって大地に下り，それを腰蓑として母にまとわせた。腰蓑を着けた大地は，一つの〈ことば〉をもつようになった。それは，世界における最初の〈ことば〉で，最も粗雑なものであり，単語はほとんど分節されない息吹のようなものだった。しかし，このとき大地に与えられた繊維は，新たな無秩序を世界にもたらすことになる。

　この様子を見ていた不肖の息子ジャッカルは，自分も〈ことば〉を手に入れたくて，母の腰蓑に手をかけた。母はこれに抵抗して蟻に姿を変え，蟻塚にもぐっていったが，ジャッカルは彼女を追った。ここで，母と息子の近親相姦が起こったのだった。

　この過ちにより，大地の状態は不浄になった。アンマはこの穢れた妻に背を向けて，自分の手で生き物を生み出すことにした。アンマは湿った粘土で大地に子宮をかたどり，空から小さな玉を投げつけてその上にかぶせた。こうして土くれから一組の人間が生じ，二人のノンモが新たに誕生した。この後8人の始祖が生まれ，4人は男，4人は女であったが，彼らは二重の魂と二つの性器をもっていたため，一人で身ごもることがきた（グリオール 1981：26-43）。

　白アリの塚による大地とアンマとの交わりの妨害，ジャッカルの誕生，そしてジャッカルと大地の近親相姦によってもたらされた不浄は，のちに幸と不幸，秩序と無秩序という人間の生の両義的な側面を説明することになる。

(3) 誘惑する〈ことば〉，湿り気，織物——生命力の運動

　ドゴンの宇宙を理解するための一つの手がかりは，〈ことば〉である。オゴテメリは〈ことば〉について次の通り説明を加える。

　　ことばは，この世に生きる万人のためにある。ことばをやりとりして，ことばが行ったりきたりするようにしなくてはいけない。なぜなら，生命の力を与えたり，受け取ったりすることはよいことだからだ。

（グリオール 1981：190）

　世界ではじめにもたらされた秩序は，ノンモが大地に与えた，〈ことば〉を帯びた繊維であった。その後誕生した8人の始祖のうち，7番目の始祖は完全な〈ことば〉の知識と数に関わる知識を手に入れた。たとえば，彼のもつ7という数字は完全体である。7は，女である4（陰唇の数）と，男である3（睾丸と陰茎の数）を足してできあがる，男女の完全な結合を示すからである。完全体としての彼が手に入れた第二の〈ことば〉は，第一の〈ことば〉よりも，ずっとはっきりとしたものだった。

　7番目の始祖は，〈ことば〉と「数」が登場したことと関わる知識を直接人間には教えず，大地の化身である蟻に伝えた。さらに，彼は80本の綿糸を吐き出し，縦糸の奇数の糸の列と，偶数の糸の列をつくり，あごを開けたり閉じたりしながら，布を織りあげた。この布は，第二の〈ことば〉を含む息とともに彼の口から現れ，布地の隙間は〈ことば〉によって埋められた。織物とは，すなわち〈ことば〉なのである。

　のちに，8番目の始祖は，蟻塚の方が自分たちの家よりもうまくできていることを知り，蟻塚をまねて地下道を開いて蟻塚のような住居をつくった。蟻は人間の間を這いずりまわり，また精霊と同じように繊維をため込むことで，人間たちに〈ことば〉を伝えた。

　8番目の始祖は，象徴の大規模な装置とされる穀倉をたずさえて地上に降りてきたが，そのなかには，世界が機能するために必要な第三の〈ことば〉

が含まれていた。この穀倉は，様々な世界の存在を分類し，方向づけた世界のシステムであり，蟻塚の構成を理想的かつ最終的なかたちで実現したものである。第三の〈ことば〉は，耕作や，太鼓をたたくこと，機織りなど様々な実践を通して人間に提供された。こうして人間は，完全で多様な〈ことば〉を手に入れたのである（グリオール 1981：44-66）。

　この〈ことば〉を獲得するプロセスは，一方で穢された大地を浄める効果をもち，他方で人間に豊饒さ，生殖力をもたらす。オゴテメリは，男を魅了する〈ことば〉のもつ力について次のように語った。

> （女性の）腰巻がぴちっと締められているのは，性器が見えないようにするためだ。だがそのために，みんなその下に隠れているものを見たいと思うようになる。このことはノンモが織り目に置いたことばのせいだ。ことばは一人一人の女の秘密であって，それが男をひきつける。女は男の欲望をかきたてるために秘密の部分をもっていなくてはならない。裸で市場を歩いていたりしたら，どんなにきれいな女であってもその後を追いかける者は一人もいないだろう。腰に何もつけていなかったら，男の心はその女をほしがったりしないだろう。
> 　　　　　　　　　　　　　　　　　　　　　　　（グリオール 1981：114）

「湿り気がある」女は〈ことば〉のある女で，豊穣さをもつ。ノンモがもたらす水は，湿り気，つまり〈ことば〉として人間の間を循環し，人間同士をつなぎとめて生命を生み出すことを意味するのである。

　一方で，〈ことば〉は人間の終わりもまた導くことになる。世界各地の創世神話がそうであるように，それまで不死であった人間が「死」を手に入れるはめになったのは，祖先の犯した過ちによる。ドゴンの場合，その原因となったのは，水の精霊が大地のために創った腰蓑，つまり〈ことば〉を帯びた繊維であった。

　大地とジャッカルの穢れた交わりのあと，血に赤く染まった腰蓑は，蟻塚の上に干されていた。この腰蓑は，現在でも葬儀で使用される仮面の起源となる。繊維は輝くばかりに赤かったので，盗まれて人間の若い男たちの手に

わたった。男たちはこのことを年長者たちにも内緒にし，年長者に対する敬意と服従の伝統を破った。このときある老人は，人間としての寿命をまっとうし，ノンモに変身したが，天に昇らず大蛇の姿で生き続けていた。あるときその大蛇は，若者たちが洞窟に隠しておいた繊維を身に着けて出ていくところを見つけ，激しく非難した。このとき大蛇は，精霊の〈ことば〉である第一の〈ことば〉を人間たちに対して用いてしまい，禁忌を犯した。この瞬間，老人は精霊の世界では不浄な存在になってしまい，かといって人間界に戻ることもできなくなった。そのうちに，彼は死んでしまった。こうして，人間にとってはじめて「死」がもたらされたのである（グリオール 1981：230-243）。

　現在のドゴンにも存在する，割礼を経た男子が加入する仮面結社は，このはじめの死者を祀る任務を帯びた組織である。結社の成員は自分の好みの仮面を選んで彫り，葬儀の際に被って踊る（グリオール／ディテルラン 1986：41-42）。このとき，世界の創造について，結社の成員にしかわからない秘密の言語で語られる。

　これまでみてきたように，〈ことば〉は，人間の運命と関わるあらゆる場面で登場する。訳者の一人の坂井信三は，『青い狐』のあとがきにて，人間の身体の内部と外部を行き来する〈ことば〉の特性を，生命力の交換・交流であるとし，次の通り分析している。

　　それ（引用者補足：〈ことば〉）はまず存在の中にある内的生命である。それ
　　は次第に増幅して，種子の発芽を，言葉の発語を，そして子供の産出を促す
　　内的律動である。次にそれは（中略）芽，声としての言葉，そして子供であ
　　る。（中略）図式化していえば，身体の内的経験としての生命の律動，身体が
　　産出する物質，そして構造化された分類体系という三つの次元の秩序が，〈こ
　　とば〉というひとつの観念によって媒介されているといえよう。

　　　　　　　　　　　　　　　　　　　　　　　　（坂井 1986：560-561）

　つまり〈ことば〉は，存在のなかにあるのみならず，存在物の間を移動し

ながら新たな存在を生み，分類をつくりながら世界を動かしている。人間は〈ことば〉の「秘密」の部分に魅かれ，それを手に入れることによってよい生を得るが，同時にその不適切な使用によって，死や不妊に直面するのである。

(4) 大地の浄化と血の負債——過ちはどう償われるか

　太古に生じた祖先の過ちによって発生した大地の不浄は，ドゴンの人々の日々の営みや儀礼の執行により，少しずつ「浄化作業」が進んでいる。

　たとえば，耕作の技術や機織りの技術は，〈ことば〉が大地や機織りと関わっていることから，大地の浄化にとって良い作用をもたらすとされる。大地を耕し，作物が実る豊かなものにすることは，〈ことば〉を生み出す行為である。同様に，機織りにおいて縦糸に横糸を通すことは，耕されていない土地のなかで生命と水と清浄さを促進させることである。

　また，はじめの人間の夫婦は土くれから創られたので，すべての命ある人間は，大地に対して負債を負うていると考えられている。この負債は，血によって支払われる。月経や，割礼のときに流れる血は，大地に返却されるべき負債とされる。特に月経は「大地のための神の胎の水」と呼ばれ，大地は女が妊娠している間と授乳している間しかこの義務を免除しない。女の仕事である穀物の脱穀は，バラバラと穀物の種を大地に落とすことで，大地への負債を彼女らの身体から分離させるために行われる。そして女たちは，歌を歌いながらこの作業をすることで，よい〈ことば〉を身体に取り込むのである（グリオール 1981：209-211）。

　身体からの霊的要素の分離と同じ機能をもつものに，供犠や祈祷，それらが行われる祭壇がある。ドゴンの言語で，供犠は「生き返らせる」を意味する語根に由来する。これは，宇宙の秩序を維持し，生命力を再分配するためには極めて重要な行為である。生命力の再分配のために必要なのは，供犠者－犠牲獣－祭壇－供犠獣を食べる人間からなる回路のうちに，不断の力（フォルス）の運動を創出することである（グリオール 1981：181-182）。

　犠牲獣から血が流れ出る瞬間，供犠者はノンモのような力ある存在に加護

を求め，自分の行為を説明する祈祷を大声で唱える。供犠者は人間のタブーを免除された人物で，〈不浄の人〉，あるいは生きている死者とも表現される。供犠者の祈祷は，口から出る蒸気のうず，つまり〈ことば〉とともに力を放出する。この力は，一方でノンモの注意を喚起し，他方では犠牲獣の切り裂かれたのどから出て，祭壇へと力を導く。祭壇とは，力をため込むところであり，時に応じて力を引き出すための貯蔵庫である。こうして，供犠者の力は不可視の存在から祭壇，犠牲獣へと移動して可視化され，最後に供犠者にかえる（グリオール 1981：180-190）。

つまり供犠は，人間の穢れた血を，供犠獣の血を経由して大地に排出し，〈ことば〉とともに人間と大地の穢れを浄化して人間に再び取り込むという循環をもつ「浄化装置」としての役割を果たす。供犠者やその者の〈ことば〉は，力を送り出し，運動を生み出し続けるポンプのような役割を担っているといえる。

以上のように，『水の神』では太古の神話的時間と現在の時間，そして人間の営為の見事なシンクロニシティが描かれた。この作品の出版後に待っていたのは，賞賛と，痛烈な批判であった。次ではそのポイントと背景を取り上げよう。

3　単一の宇宙と重層的な現実

(1)　フランス民族学と『水の神』

『水の神』は民族学の専門的な研究書ではなく，フランスの一般読者向けに執筆された。彼は，専門家にだけ伝わるような民族誌ではなく，生身の人間同士の対話を軸とする読み物として『水の神』を書き上げた。15年にもわたって現地調査を続けてきたグリオールは，ドゴンの人々がいかに豊潤な宇宙哲学を有しているのかを知っていた。この本は，当時，複雑なものの考え方など何一つできず，偶然や気まぐれに身をゆだねて生きている粗雑な人間だと考えられていたアフリカ人像を大きく揺るがすことになる。三人称での記述法は，登場人物に読者自身を没入させる効果をもつ。オゴテメリに質問

を繰り返しては失笑される無知な「白人」は，当時のフランス社会の誰でもありえたのである。

　しかし，少し考えてみると次のような疑問が浮かんでくる。ドゴンの人々は，誰しもがオゴテメリのような精巧で複雑な知識の体系をもっているのだろうか。一人の「専門家」から得た情報は，どの程度「ドゴンの世界観」と呼べるのだろうか。『水の神』で提示された首尾一貫した知識は，果たして人々の現実と一致するのだろうか。出版当時のフランスの状況をみると，これらの疑問を喚起するこの作品の実像が浮かび上がってくる。

　『水の神』が出版された当初，第二次世界大戦下のドイツ軍の攻撃によって壊滅状態にあったフランスは，海外植民地によって救われていた。フランス本国は被植民国と協調路線をとることを企てており，これを推進するためには，植民地に暮らす「他者」は対等か，より高度な知的能力を備えていると国民に認識させる必要があった（竹沢 2001：268）。「対話」という形式は，過小評価されてきたアフリカの民族の「再発見」の流れのなかで選択された。実際，この形式は，のちに様々な批判にさらされることとなる。たとえば，すでにイスラーム化や近代化が始まっていたドゴン社会の歴史的変容が無視され，世界観が本質化され提示されていること，人々の日々の生活への関心の欠如，整いすぎた世界観への懐疑などがあげられている（Douglas 1967; Van Beek 1991）。また，グリオールのインフォーマント（情報提供者）がほとんど男性であったことが示唆するように，統治者に対する「忠誠心」や「適性」――「西洋化されていない」者――がインフォーマントを選ぶ際に慎重に吟味されていたことも指摘された（クリフォード 2003：95-97）。彼らの「対話」は，実は当時植民地支配が強いていた状況や，植民者－被植民者間の不平等な関係なくしては生まれなかったのである。

　さらに，1920年代から30年代にパリを中心として展開したシュールレアリスムと呼ばれる文化運動もグリオールの手法に影響を与えた（竹沢 2001：252-253）。シュールレアリスムの一つの軸は，西洋近代が生んだ現実（レアル）への反逆であり，それをアジアやアフリカの遠い「他者」の姿のなかに見出そうとしたプリミティヴィズムにあった。グリオールが隊長を務め，博

物館の展示物の収集を主目的として大西洋から紅海までを大横断したダカール・ジブチ調査隊は，まさにこの流れのなかで派遣され，アフリカの「発達した」文明を紹介することに寄与したのである。この背景を踏まえると，グリオールが独自の調査法と記述法，選択的な情報の提示によって，当時のフランス社会にとって「魅力的なドゴン人」をつくりあげようとしていた可能性は否定できない。もしかしたらオゴテメリは，当時の西洋社会の欲望を映し出すために，極度に理想化された「他者」だったのかもしれない。このことが物語るのは，民族誌とは，決して対象社会のみを記述するものではなく，複数の文化の狭間で制作される間文化的な作品であるという事実である。

　しかし，このなかで発展を遂げたフランス民族学の視点が文化人類学にもたらした影響は小さくはない。グリオールは，『贈与論』で知られ，人類学における理論的発展に大きく貢献した社会学者マルセル・モースの弟子であり，フランス初の民族学の教授となった人物である。モースをはじめ，シュールレアリスムに影響を受けた学者は，単に「他者」の姿を報告するだけでなく，それを通して自分自身のあり方や自社会の常識，そして自己と「他者」の関係を問い直そうとした（竹沢 2001：248）。「現地人自身による民族誌学」（坂井 1986：555）とも表現されるグリオールらの民族学は，社会制度やその実際の機能よりも，世界観・宗教観の探究に重きを置き，制度や慣習を現地人自身がどのように理解しているか，という認識の問題を探究した。そのための方法論の一つは，分析者の有する理論や概念をもちこんで対象を理解することを拒否する姿勢をとることであった。

　たとえば，家族共通の祖先であるビヌ（動植物や器物）に対するドゴンの信仰は，自然物と人間集団を同一視し，そのために発生する禁忌を含む慣習を示す「トーテミズム」と表現されうる信仰の形式である。作中の「白人」，つまりグリオールはそれを，「疑似トーテミズム」や「ビヌイズム」と呼ぶべきものであると指摘する（グリオール 1981：171-175）。ビヌへの祭祀においては，人間，つまり祖先の方が重要な役割をもっており，動植物・器物は副次的存在であり，人間と動物の関係も明確でない。これをみていた「白

人」は，それまで「トーテミズム」とひとくくりにされていた現象について違和感を提示する。そして「白人」は，自身が考える「トーテミズム」は，西洋の理論家が使用する諸概念と同様「取るに足らない」語（グリオール 1981：141）であり，禁忌を指す「タブー」という表現もまた，「西洋のわけのわからないことば」（グリオール 1981：174）であると自嘲的に語った。

　自分たちの知の枠組みを一度捨て，現地で生じている現象を「内側」から理解することを試みたフランス民族学は，結果としてそれまで人類学が有していた理論の展開——世界観，贈与，人格，身体技法など——に大きく貢献することになったのだった。

　先述の通り，グリオールの作品の問題点は，対象社会の人々をあたかも変化のない閉ざされた世界に生きる存在として過度に本質化して描いたことにあった。これに対する解決方法の一つは，「他者」を単一の宇宙を共有する人々として描くのではなく，フィールドで展開している時空間の複数性を回復し，重層的な現実を描き出すことだろう。では，フィールドにおける時空間の複数性とは何を指すのだろうか。

(2) 時空間と信仰の複数性

　世界観を捉えるための主軸の一つは，時間や空間の概念にある。様々な信仰や宗教実践は，特定の時間・空間概念を前提として存在し，時としてそれを再生・維持するために行われる。特に現代アフリカ社会の世界観と関わりうるものとして，特に4種類の時空間や信仰の様式をあげよう。

「在来」信仰

　一般に，アニミズム（精霊信仰），トーテミズム，呪術，妖術などと表現されることが多い。祭司，雨乞い師，予言者，呪医（ウィッチ・ドクター），呪術師などの専門的職能者が存在し，憑依や供犠，祈祷などの実践を伴う。「在来」とはいえ，それらの信仰は地域間・民族間の歴史的交渉の結果成立している場合が多く，必ずしもその地域・民族固有の信仰であるとは限らず，「在来」「土着」という表現は適切ではない。上述の信仰の形式や職能者

を表す名称は「西洋の理論家」のものであり，理論で提示される特性や概念と現地のそれは一致しない。「神」や「精霊」という概念一つとっても，当事者と観察者の間にそのつど理解のズレ，翻訳の妥当性の問題が発生する。大宗教が伝来した際，これらのローカルな概念は大宗教が有する概念に（時として都合よく）翻訳され，人々が改宗する際の理解の道筋となった。

大宗教が前提とする概念と時空間

アフリカにおけるキリスト教やイスラームの歴史は長く，各地で勢力を拡大し，「在来」宗教と接触するなかで対立と融合を繰り返してきた。このなかでいずれの大宗教も現地の信仰と融和し独自の発展を遂げた一方で，神や聖霊，悪魔といった概念やメシア思想・終末思想など，人々の歴史観にも新たな局面を加えた。また，教会やモスクという空間，聖書や祈りという媒体・行為によって喚起される共同性は，民族や国家をこえた同胞集団という意識を人々の間につくりだす。

ローカルな時間の概念

これは普段私たちが経験している時間とは異なり，苦労して「節約」したり，「浪費」したりするタイプのものではない。たとえば，『水の神』で描かれたような太古の神話に回帰しながら，現在の状況を語る神話的時間もその一つである。ほかにも，家畜の行動パターンや乾期と雨期の循環によって認識されたりする「生態学的時間」もあれば，年齢階梯制などの社会制度や人の一生，出来事の発生とともに記憶される「構造的時間」というのも存在する（エヴァンズ＝プリチャード 1978）。このタイプの時間は，抽象的なものとして「流れて」いるというより，具体的な人間の行為とともに「つくられ」たり，生活環境や空間とともに「待たれ」たりする。

一方向的・不可逆的時間

これは過去－現在－未来という順で流れ，循環も，反復も，回帰もしない，直線的かつ量的な時間のことである。これは賃金や労働と交換可能な点

で，「商品化」された時間，あるいは工業化とともに発達した「近代的時間」であるともいえる（ムビティ 1978：21）。この時間観は，近代と前近代を分断し，前者が「進んで」おり，後者が「遅れている」とする発展的・進化論的歴史観を形成する一つの要素である。植民地時代には，この前提が植民者と被植民者の間に支配と被支配の関係をつくりだしたといってもよいかもしれない。

　人々の日常において，先述の時空間のカテゴリーは独立して存在し，対立するものというよりも，相互に浸透し合い共存しうるものである。たとえば，つねに歴史が神話的過去に回帰する，つまり歴史が過去に向かって進むと考えるケニア・キクユの人々がキリスト教徒になった際，キリスト教の説く「永遠」は，「倍加された過去」と翻訳され，語られていたという（ムビティ 1978：23-25）。

　現代において，対象社会の人々は，ハイブリッドな時空間や信仰を生きていることが観察される。次節ではその具体例を，東アフリカのヌエル（ヌアー）の事例からみてみよう（ヌエルについては第4章も参照）。

4　神話的世界のゆくえ

(1)　「在来」信仰と大宗教——知と実践の相互交渉と接合

　南スーダン共和国のナイル川流域に居住するヌエルには，一神教でもあり，多神教のようでもある神性クウォスに対する信仰が存在する。クウォスは存在としては一つであるが，この世界のあらゆる場所——空，風，大地，モノ，生きもの，出来事——に遍在し，命をもたらしている存在である。この点でクウォスは，ドゴンの〈ことば〉に似ているかもしれない。クウォスはときおり，人間の身体に入りその意思を伝える。その媒介となる人物は「クウォスの詰まった皮袋」という意味の「ゴック」と呼ばれる。私たちにとってわかりやすいことばに翻訳すれば，未来やクウォスの意思を語り伝える「予言者」である。

　19世紀に始まったイギリスによる植民地統治期から，ヌエル社会ではキリ

スト教のミッショナリーにより布教活動が行われてきた。布教当初，ヌエル人の改宗はなかなか進まなかった。改宗者を大幅に増やしたのは，1972年から2005年まで続いた第二次スーダン内戦中のことである。長引く内戦に対して，人々は自分たちの神であるクウォスとその下位にいる精霊を信じることに限界を感じ，徐々に新しい神であるキリスト教へと改宗していった。

　キリスト教の浸透とともにクウォスや予言者に対する信仰が消え去るかと思われたが，むしろ信仰は，キリスト教とともにその姿かたちを変えてゆく。キリスト教に改宗した者たちの一部は，人間の原罪に言及するキリスト教の教えのなかに予言者の教えとの類似を見出した。ヌエルの予言者は，かつてヌエル人の祖先の過ちによって現在のヌエル人が直面する苦しみ——内戦や飢餓，HIVをはじめとする数々の病気——が引き起こされていることを伝えている。これを発見した人々は，それまで自分たちが信じていたクウォスが，キリスト教のような教義や礼拝の方法をもっていないだけで，根本的な教えにおいて大宗教と大きな相違はないということに気が付いたのだった。こうして人々は，キリスト教教会を模し，予言者を祀った「教会」を設立した。さらに，口頭伝承によって伝えられていた予言者の残した予言の歌を，讃美歌風に作詞・作曲し直した。これらは書き起こされて印刷され，ヌエルの予言者の「聖書」となった。「教会」における祈祷も，かつての予言者のふるまいのように憑依を伴うものではなく，キリスト教風の説教に似せられた。キリスト教は，ヌエルのクウォスや予言者に対する信仰を排除するのではなく，より「説得的」なものにしたのである（本章扉の写真参照）。

　加えて，現代ではインターネットや携帯電話の普及により，予言の歌は世界中に発信され，内戦中に国外に避難し，移住したヌエルのコミュニティにまで一挙に知れ渡るところとなった（橋本 2018：173-208）。こうして「土着」の信仰は，新たな装いをもって再生を遂げたのである。

(2) 現実を揺るがす神話たち

　このように再生を遂げたヌエルの神話的・宗教的世界は，今や南スーダン

の政治軍事情勢と緊密に関わっている。2011年の新国家の独立や，過去の内戦，そしてアメリカのアフリカ系大統領の誕生までもが，すでに「予言されていたもの」として語られ，時として人々はその予言を「成就」させるべく行動することがある。南スーダン共和国の誕生を決定した国民投票の際，一部のヌエル人は様々な出来事のなかに過去の予言者の言動を見出し，「国家の独立は予言されていた」と投票場へと向かっていったのである（橋本2018：253-286）。

　興味深いのは，「在来」信仰を時代遅れのものと考える傾向にある高等教育を受けたエリート層が，むしろ積極的に予言について語っていたことである。彼らは敬虔なクリスチャンである場合が多いのだが，彼らが近代教育とキリスト教への信仰，近代技術と触れた先に見出したのは，ヌエルの予言的・神話的世界の「正しさ」だった。エリートが語る予言の「合理的解釈」は，近代教育の重要性を認識する多くのヌエル人に真剣に受け止められた。

　このような例を報告すると，おそらくあなたはこう考えるだろう。「アフリカでは，民主政治と名乗られているものですら，まだこのような神秘的な考えのもとに行われている」と。しかしすでにみたように，信仰の「在来」性は歴史的に形成されてきたものである。予言信仰を支えているのは，土着の神観念はもとより，キリスト教的世界観，発展的歴史観，科学技術の発達，近代国家の形成を目指す政治であり，それは私たちが生きている世界とそのままつながっている。

　翻って私たちの行動をみてみると，私たちは往々にして，「世間様」などといい，自分の意思や合理的判断ではなく，人の噂やインターネット上の評判などの「世間」なるものに行動や判断の基準をゆだねることがある。「世間」は，特定の社会集団が共有するであろう価値基準に対するイメージの総体であり，何ら実体的存在ではないが，しかし行動の指針となりうる点で神的なもの，あるいは神話的なものである。周囲の人が「真実」であると想定するであろうことを私たちが「真実」と呼び，それにしたがって日々行動しているとしたら，その点で私たちは神話に沿って生きるドゴンや予言を解釈するヌエルと変わらない。このような「神話」が人々の行動を決定し，現実

を揺るがし，規定しているとしたら，それらは「単なる」神話に「すぎない」といえるのだろうか。

5　神話でない現実はあるか——真実のバリエーション

　ゴーギャンが見出した人間の実存に関わる問いは，「他者」との出会いによって「発見」されたものであった。ゴーギャンの描いた他者の像は，グリオールと同じく，植民地状況といういびつな関係のもとで見出された，「ゆがんだ」姿であったのかもしれない。しかし，私たちは，「ゆがんでいない他者」の姿をみることなどできない。ここで想定されている「私たち」とは，そして「他者」とはいったい誰のことなのだろうか。プラトンやアリストテレスの思想は真正な哲学となりうるのに，オゴテメリが植民地状況のために真正な「他者」でなく，そのために彼の語りに真正な哲学の地位が与えられないのはなぜか。「他者」との出会いに感動するという素朴な経験は，果たして批判されるべきなのか。これらの問いにうまく答えられない人類学は，グリオールへの批判が示唆する他者表象の袋小路からまだ脱却してはいない。

　では改めて，私たちが「神話」ではなく「現実的」だと考えているのは，いったいどのような事柄なのか。ゴーギャンの問いに対して，私たちの「現実」の側からはこう答えることもできる。「我々は受精卵から来た。我々は遺伝子に書かれている情報が体現されたモノである。細胞がすべて死にバクテリアに分解されると我々は土に還る」。

　オゴテメリが語った世界と，上の説明のどちらをよりオカルティックと感じるかは，私たちが偶然生まれついた環境による。私たちの多くが「現実的」だと考える科学的思考は，万能ではない。確かに科学的知識によって人類の寿命は延びたかもしれないが，それによって新たに登場した「生ける苦しみ」を解決するのは，科学的合理性とは限らない何かである。

　人間は「土くれ」から創られているという説明と，「遺伝子」から創られているという説明は，「土くれ」か「遺伝子」かという表現が異なるだけ

で，それらが太古の昔から継承され，人間の身体や集団を形づくってきたと主張している点で同じである。そして「土くれ」や「遺伝子」は，私たちの行動原理や複雑な思考，社会の編成を，それらの概念によってすぐさま説明してくれるわけではない。いずれにせよ，「人間とは何か」という問いと，人間の構成物とされる「土くれ」や「遺伝子」の間を，私たちは想像で埋めるしかない。にもかかわらず，どちらかの説明が優れていて／正しくて，どちらか劣っている／誤っていると誰かが考えるとしたら，その主張こそがまさに合理的でない「神秘的」なものだとはいえないだろうか。

「人間はこうあるべき」「世界とはこうなっている」という説明は，知らず知らずのうちに私たちの現実に介入してくる。神話は，決して自ら「神話である」とは語らない。素知らぬ顔で，私たちの現実に根をはり，そして現実自体をつくりあげている。私たちには，実に様々な種類の真実が与えられるが，どの真実が適切と判断されるかは文脈によって異なっている。むしろ，状況に応じてそれらは相互に交渉し，私たちは適宜「もっともらしい」ものを選択し，接合しながら複数の神話的世界や時空間を行き来している。

オゴテメリとグリオールが語り合った世界の秘密は，確かに，単なる神話にすぎないのかもしれない。しかし，その神話は，私たちの現実に対して問いをひらき，身のまわりのあらゆる「神話」を疑い，その上に築き上げられた現実と向き合う知と技法を与えてくれる。世界の不条理や人間の受難と向き合うにあたって，真実のバリエーションをより多く備えておくことは，きっとよいことである。

参照文献

エヴァンズ＝プリチャード，E・E　1978『ヌアー族――ナイル系一民族の生業形態と政治制度の調査記録』向井元子訳，岩波書店。

グリオール，M　1981『水の神――ドゴン族の神話的世界』竹沢尚一郎・坂井信三訳，せりか書房。

グリオール，M／J・ディテルラン　1986『青い狐――ドゴンの宇宙哲学』坂井信三訳，せりか書房。

クリフォード，J　2003『文化の窮状――20世紀の民族誌，文学，芸術』太田好信他

訳, 人文書院。
坂井信三　1986「訳者あとがき」M・グリオール／J・ディテルラン『青い狐——ドゴンの宇宙哲学』坂井信三訳, せりか書房, 551-571頁。
竹沢尚一郎　2001『表象の植民地帝国——近代フランスと人文諸科学』世界思想社。
橋本栄莉　2018『エ・クウォス——南スーダン, ヌエル社会における予言と受難の民族誌』九州大学出版会。
ムビティ, J　1978『アフリカの宗教と哲学』大森元吉訳, 法政大学出版局。
Douglas, M. 1967. If the Dogon…. *Cahiers D'études Africaines* 7 (28): 659-672.
Van Beek, W. 1991. Dogon Restudied: A Field Evaluation of the Work of Marcel Griaule. *Current Anthropology* 32 (2): 139-167.

●読書案内●

『アフリカ神話との対話』阿部年晴, 三恵社, 2018年
　「人類はなぜ神話を必要とするのか。」アフリカ各地の神話を横断しながら, 文明の転換期を生きぬくための, あるいは人間が人間であるための「思想の方法」としての神話のあり方を説く。

『神性と経験——ディンカ人の宗教』G・リーンハート, 出口顯監訳, 坂井信三・佐々木重洋訳, 法政大学出版局, 2019年
　ナイル川流域に暮らすディンカの人々が語る神性は, どのように人間の経験を形づくるのか。エヴァンズ゠プリチャード著『ヌアー族の宗教』(向井元子訳, 岩波書店, 1982年) と比較しながら読むことで, ナイル系諸民族の日常を構成する神的経験の味わい深さを知ることができる。

『精霊たちのフロンティア——ガーナ南部の開拓移民社会における〈超常現象〉の民族誌』石井美保, 世界思想社, 2008年
　〈超常現象〉はいかにしてリアリティを獲得するのか。呪術を生み出す日常の実践的論理とは。1980年代以降, 多くの人類学者を魅了した呪術とモダニティをめぐる議論を批判的に検討しつつ, ガーナの農耕民が生きる精霊や小人たちの世界が鮮やかに描かれる。

【コラム❺】

アート
がっかりからも始まる

緒方しらべ

　アートと聞いて，まず何を思い浮かべるだろうか。芸術，美術館，絵画や彫刻，お洒落なデザイン，よくわからないけど面白そうな現代美術，といったところだろうか。アートということばが今でいう美術や芸術という限定した意味で一般化したのは19世紀のイギリスである。それ以前は，数学，医学，天文学，釣りなど，技術を伴う様々な事柄や学問を指していた。日本では，限定した意味のアートに相当するドイツ語の翻訳として「美術」が19世紀後期に造語され，次第に普及していった。20世紀後半にはカタカナのアートということばも一般化し，それはおおむね冒頭であげたようなものを指している。2000年代初め，大学でアフリカ美術史を専攻していた私も漠然とそのようなイメージを持っていた。

　当時，私はアフリカ美術について卒業論文を書こうと，ナイジェリア連邦共和国のヨルバランドの地方都市イレ・イフェでフィールドワークをすることにした。想定していたのは，講義で見てきたスライドや課題で読んできた研究書・展覧会の図録にあったエキゾチックな仮面や布，絵画などだった。ところが，イレ・イフェで遭遇したアートは期待とはかなり違っていた。下宿先の近所の人たちに紹介してもらったアーティストがつくっていたのは，ずいぶん保守的だなと感じる写実的な肖像画，アフリカの農村をテーマにしたどこにでもありそうな風景画，文字からペンキがはみ出た看板や横断幕，まっすぐに裁断されていない板や厚紙でつくられたメッセージカードだった。大学の美術学科の教員には，伝統宗教の祠の土壁に天然顔料で抽象的な模様を描く女性を紹介してもらった。シュライン・ペインティング（shrine painting）といって，欧米でも注目されてきたヨルバ美術の一つだ。しかし，調査をするにも金銭の支払いが必要だと女性から言われて，がっかりした。アフリカ美術の現実はこんなものか，と。

　2か月半のフィールドワークをなんとか終え，私は失意のままナイジェリアを後にした。これといって「素敵」なアートに出会えたわけではなかったし，初めてのアフ

リカ生活もとてもきつかった。卒業論文には，それが面白くなかったとしても，自分が見てきたものについて書くしかなかった。アフリカやヨルバの伝統を主題にする人もいれば，民族間の対立と共存など時事問題を主題にする人もいる。正規の美術教育を受けた人もいれば，徒弟制や独学で技術を身に付けた人もいる。街で暮らす人たちは大学の美術学科で開催中の絵画や彫刻の展覧会を知らないが，近所の「アート王国(店名)」で看板や肖像画を注文している。アフリカ美術についての私の先入観は通用せず，イレ・イフェの人々の生活とアートに関する様々な特殊性が混沌としている状況に困惑した，と。

　卒業論文を書きながら，「これを聞き忘れたな」「あれはどうなったんだろう」とたびたび思った私は，その後，ナイジェリアに通い続けるようになった。フィールドワークを重ねていくうちに，それまで漠然と使っていたアートということばが，より具体的なものとしてみえるようになっていった。イレ・イフェでアートと呼ばれるものは，つくり手や売り手にとっては現金収入を得る手段であり，地域の需要にも国内外の需要にも応えうるものである。買い手にとっては仕事や社交・冠婚葬祭などに必要な道具であったり，記念品や贈り物であったりする。それらは国際的な美術市場・教育・批評の影響を多分に受けつつも，地域の慣習や人々の生活と密接に関わりながら存在している。

　アフリカ的かどうか，高いか安いかを私が判断するのではない。良き作品を選ぶのでもなく，アートを新たに定義するのでもない。アートを人類学的に思考していくことは，先入観や既存の概念を再考することで，アートをより開かれたものにしていくことである。冒頭であげたアートの意味やイメージも，つねに変容の可能性に開かれている。

参照文献
ウィリアムズ，R　2011「ART／芸術・美術・技術」『[完訳] キーワード辞典』椎名美智・武田ちあき・越智博美・松井優子訳，平凡社，60-64頁。

第 8 章

歴史と同時代性
口頭伝承研究と歴史叙述のフロンティア

中尾世治

1968年5月，テンコドゴの王宮前での川田順造（左）とティグレ王（中央）の写真（川田 1992：24）。川田とティグレ王は当時，34歳であった。

1　アフリカ史研究の可能性

　『無文字社会の歴史』はアフリカの歴史を学ぼうとする者にとって必読書である。ただし，実際にはアフリカ大陸には文字言語の長い伝統があり，アフリカの歴史をこの本の表題にあるような「無文字社会の歴史」と捉えるのは誤りである。しかし，アフリカの歴史を学ぶ者にとって，文字史料と非文字資料との関係はどのようなものなのか，そもそも，歴史とは何か，といった基本的なことは何度も立ち返って考えることであり，そうしたことを整理して考えていくうえで，『無文字社会の歴史』は最も良い導き手となるだろう。

『無文字社会の歴史』は，フランス語圏西アフリカを研究対象とする人類学者として世界的に著名な川田順造によって書かれた。川田は1960年代後半にパリ大学に留学し，西アフリカのブルキナファソ（当時はオート・ヴォルタ）の南部モシ王国の歴史についての博士論文をフランス語で書いていた。川田はこの博士論文の執筆中と執筆後の二つの時期に，博士論文では展開しきれなかったテーマを日本語で断章として書き，雑誌『思想』に連載した。これをまとめて1976年に刊行されたものが，『無文字社会の歴史』である。

　口頭伝承の資料的性格とは何か，歴史とは何かなどといった理論的な問題を扱う章があれば，王統譜などの具体的な事例の分析に踏み込んだ章もある。議論が章をまたいで連続的に展開されることもある。したがって，まずは一通り読むことをおすすめする。そして，その後，気になる章をピックアップして読みなおすのが良いだろう。何度も読みなおすことで，読みとれる内容が増え，味わい深くなっていくだろう。本書は，長いつきあいに適している。私自身も，本書とは長いつきあいである。

　高校2年生のときに，私は本書と出会った。自宅の部屋で読むなり，文字通り，手が震えた。本を読んで，身体が揺さぶられるというのは，後にも先にもないことだろう。そして，私はアフリカの歴史を研究しようと決意し，たまたま手に取った西アフリカ・イスラーム史の本をきっかけとして，進学先の大学を決めた。紆余曲折はあったが，私は，『無文字社会の歴史』の対象とするブルキナファソの歴史を研究するようになった。

　高校生の私にとって，衝撃であったことは，文字には残らない歴史の大きさであった。本書の冒頭には，こうある。

　　言語は人類に普遍的に用いられているが，文字は少しも普遍的ではない。文
　　字を実際に使う人の数ということも考慮にいれれば，大部分の人が文字を用
　　いなかった社会の方が，人類の歴史の中でははるかに多かったにちがいない。
　　（中略）筆者の立場は，旧来の東洋史・西洋史の枠の中でつくられてきた概念
　　や方法を，文字社会の『辺境』としての無文字社会に拡大してあてはめよう
　　としたり，あるいは文献史学の単なる補助資料として，無文字社会の伝承を

ひろいあげるということにはなく,むしろ,少しずつでも,無文字社会の歴史の性格をあきらかにすることによって,逆に,文字を用いる社会を,人類史の中での特殊な発展形態として,位置づける視点を築いてみようとするところにある。
(川田 2001a:3-4)

 思えば,日本の高校で「世界史」「日本史」として学んできたもののほとんどは,書かれたものをベースにしていた。しかし,人類の長い歴史のなかで,文字を読み書きできる人たちが時間的にも空間的にもマジョリティとなったのは,ごく最近のことではないか。文字で書かれたものだけに依拠して歴史が書かれてきたのであるならば,ほとんどの歴史は書きかえられてしかるべきであり,そのほとんどの歴史にアプローチするための方法論が必要となるだろう。アフリカでは,たしかに,文字史料が少ない。しかし,それがゆえに,ユーラシア大陸の歴史を念頭につくられてきた,歴史を捉えるための概念や方法論をのりこえていく可能性が,アフリカの歴史にはあるのではないか。アフリカの歴史を研究することは,人類の長い歴史の「ほとんどの歴史」を解明していくことにつながっていく。その試行錯誤が本書には書かれている——。
 高校2年生の私が,本書から受け取ったメッセージは,このようなものであった。アフリカの歴史の新たな可能性というところに痺れたのだ。今の私が読めば,『無文字社会の歴史』はより慎重に書いてあると思う。高校2年生の私が一方的に読みとったメッセージは,まったくの誤読とまではいえないが,一面的ではあった。
 しかし,アフリカの歴史研究の可能性の一つは,非文字資料を駆使する方法論の精緻化と過去の出来事の整理・分析とを行き来して考えていくことにある,と私は現在でも考えている。いいかえれば,特定の社会の歴史についての研究と歴史とは何かといった理論的課題の研究とを結びつけて考える,このことが面白いのだ。『無文字社会の歴史』はまさにそれを体現している。

2 口頭伝承からみる歴史——川田順造『無文字社会の歴史』

(1) 現在の解釈としての口頭伝承

　過去について口伝えに語り継がれた口頭伝承は，文字史料などと，どのように異なるのか。

　川田順造は，まず，非文字資料を二つにわける。考古資料のような道具・人骨などの遺物，住居祉などの遺構といった具体的にかたちとして残るものと，口頭伝承，楽器の音，儀礼などのかたちとして残らないものである。たとえば，遺跡から発掘された土器のかけらは，その遺跡の時代に土器が使われていたことの証拠となるだろう。しかし，こういうことが過去にあったという語りは，その語りのなされた現在の時点での語り手によって解釈されたものである。いいかえれば，この語りから，こういうことが過去にあった，とはいえず，「こういうことが過去にあった」と語ったと，語りの内容に「　」を付す必要がある。口頭伝承はまず，あくまでも語り手の解釈として，考えなければならない。

　このような口頭伝承をどのように分析していくのか。川田は，考古資料との対比で，次のように述べている。

> 考古学研究では，研究者は過去の遺物の断片を前にして，それに意味を与え，資料相互の関係を解釈しようとするが，口頭伝承のばあいには，研究者はまずいきなり，解釈しつくされたものの前に立たされる。彼は，破片をつぎあわせて壺を復元する代りに，すっかり出来上っている『解釈』の壺を一旦壊し，そのあとあらためて過去の破片をひとつひとつよりわけるのである。

(川田 2001a：5)

　「『解釈』の壺を一旦壊し」，「あらためて過去の破片をひとつひとつよりわける」とは，どういうことか。川田が本書で実際にどのようにこうしたことを行っているのかを，南部モシ（テンコドゴ）の王の系譜についての分析の

一部から詳しくみていこう。

(2) 王の系譜の分析

　モシとは，西アフリカの内陸国ブルキナファソの東半分に広く分布する民族であり，そのほとんどが農耕民である。モシ王朝は，ブルキナファソの南に接するガーナ北部のマンプルシ，ダゴンバを起源地として，フランスによる植民地統治が始まる19世紀末よりはるか昔から，伝説上の始祖を同じくする大小様々な諸王国にわかれて成立していた。モシ諸王国のなかでも，北部のヤテンガ，中部のワガドゥグ，南部のテンコドゴが代表的である。ヤテンガ，ワガドゥグは，比較的規模が大きく，ワガドゥグは現在のブルキナファソの首都となっている。川田が対象としたのは，これらに比すとやや小規模のテンコドゴであった。

　モシ諸王国の実態を明らかにする考古学的成果はなく，アラビア語史料による記述があるものの，限定的である。ヨーロッパ人がモシ諸王国を直接訪れたのは，19世紀後半からである。つまり，19世紀以前の歴史を再構成するための史資料は，口頭伝承を除いては，ほとんどない（川田 2001a：20-28）。なお，この状況は基本的に現在も変わっていない。

　表8-1は，南部モシのテンコドゴ王朝について，3人の研究者によって，異なる時代に採録された歴代の王の名の一覧である。ドイツの民族学者であるレオ・フロベニウス（Leo Frobenius）は1908年，フランス人のカトリック宣教団のプロ神父（Prost）は1953年，そして，川田順造は1966年に，それぞれ王の系譜を聞き取っている。さらに川田は，歴代の王のなかで，口頭伝承で伝えられている限りでの血縁関係と，各王の在位中の居地も聞き取り，表8-1と対応させて図8-1のようにまとめている。

　表8-1をみると，まず，川田によるリストが最も詳細なものであることがわかる。次に，プロ神父と川田のリストはほぼ重なっていることに気づく。他方で，プロ神父のリストでは初期の王が抜けている。プロ神父のリストでは，川田のリストにある初代のウェドラオゴ（フロベニウスのリストではウィディ・ロゴ）がワガドゥグ王朝の始祖であるために，他の王朝と重なる

表8-1 南部モシのテンコドゴ王朝の王統譜

フロベニウス 1908	プロ神父 1953	川田 1966
Uidi Rogo		Wedraogo [1]
Djungulana		Zungrana [2]
Ubri		Ubri (Zambarga)
Sorroba		Sorba [3]
Bondogo		Bondaogo (Lalgaye)
Mallaka		
Tjemmogo	Kiumgo	Kiumgo [4]
Rabuile		Vire [5]
	Nabugba	Nabugba [6]
	Vire	
	Dibgoanga	Dibgwalanga [7]
	Zore	Zore [8]
	Gigemkudre	Gigemkudre [9]
	Katwenyuda	Patwenyuda [10]
	Poangha	Poaga [11]
	Bendba	Bendba [12]
Bugu (?)	Bugum	Bugum [13]
	Piga	Piga [14]
	Kugri	Kugri [15]
	Abgha	Abga [16]
Sigilli	Sigri	Sigri [17]
Djigimpolle	Gigempolle	Gigumpolle [18]
	Zende	Zinde [19]
Jemde	Yemde	Yemde [20]
	Wobgho	Wobgo [21]
Bongo	Baogo	Baogo [22]
Sallugo	Saluka	Saluka [23]
Djigimde		Gigumde/Nyambre [24]
Sapellema	Sapilem	Sapilem [25]
	Nyambre	
Sannam Saare	Salma	Salma [26]
Korongo	Karogo	Karongo [27]
Kom	Kom	Kom [28]
—	Kiba	Kiba [29]
—	—	Tingre [30]

(川田 2001a: 35, 一部改変)

最初期の王が抜け落ちている。しかし全体としてみると,フロベニウスの採録が最も欠落が多く,不十分なものであるようにみえる。実際に,川田がこの研究を行っていた1960年代後半には,フロベニウスの研究は専門家の検討の対象とならなくなったという(川田 2001a:36)。

しかし,フロベニウスのリストと川田のリストとの間には隠された対応関係があった。それは表8-1と図8-1をじっくりと見比べることでみえてく

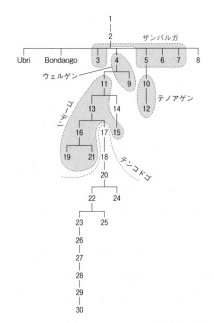

図8-1　南部モシのテンコドゴ王朝の系譜図（川田 2001a：36）

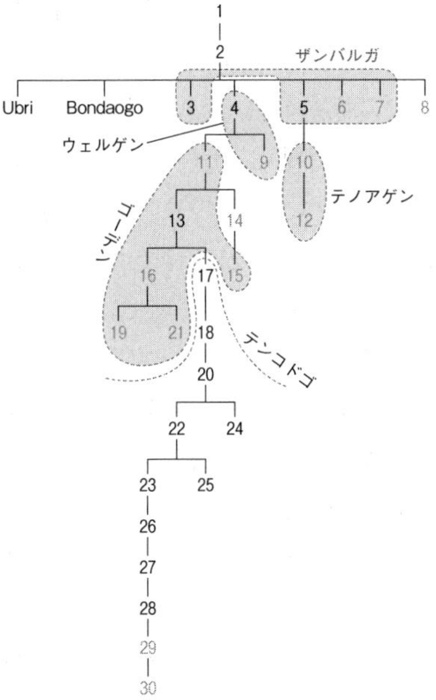

図8-2　フロベニウスのリストの欠落を明示した系譜図（筆者作成）

る。まず，図8-1をみていこう。

　表8-1の川田のリストに付されている数字は王位継承順を示している。この数字を親族関係図に落とし込んだのが図8-1である。これによると，たとえば，1代目は2代目の父であり，2代目は3代目から8代目までの父である。そして，点線で囲んだグループにそれぞれザンバルガ，ウェルゲン，テノアゲン，ゴーデン，テンコドゴという名前が書かれているが，これらは王の住んでいたところの地名である。川田によると，南部モシ王朝においてテンコドゴに居を構えたのは初代ウェドラオゴから数えて17代目のシグリ王のときで，初代のウェドラオゴにさかのぼるモシ王朝の長い歴史からみれば比較的最近の出来事であった（川田 2001a：34, 49）。

　さらに，図8-1を詳しくみると，19代目，21代目，24代目，25代目を除けば，17代目以降は直系で（親から子へと）王位が継承されていることがわ

第8章　歴史と同時代性　175

かる。しかし，17代目よりも前の世代では，兄弟間，あるいは従兄弟などの傍系での継承がなされていた。つまり，17代目以前では傍系の継承，17代以降では直系の継承という特徴がみられるのである（川田 2001a：37-44）。

　ここで，表8-1のフロベニウスのリストと図8-1をじっくりと見比べよう。フロベニウスのリストで欠落しているのは，13代目を除く6代目から16代目，19代目と21代目である。わかりやすいように，フロベニウスのリストにある王を図8-1に当てはめて，新たにつくったのが図8-2である。これをみると，フロベニウスのリストに欠落している王の名が，図8-1の傍系の王の名に，ほとんど対応する（川田 2001a：44）。つまり，フロベニウスが聞き取った王の系譜とは，テンコドゴ王朝の直系の王の系譜であったと考えられるのである。

　川田が執筆を行っていた1970年代初頭当時，すでに，専門家の間では不十分なものと思われていたフロベニウスによる王のリストが，にわかに重要な意味を帯びてみえてきた。それでは，なぜフロベニウスのリストと，プロ神父と川田のリストとの間に違いが生じたのだろうか。

　川田は，これを語り手の違いにもとめている。

　　フロベニウスが現地でこれを採録したのは，1908年だから，コム王［28（引用者註：図8-1の王位継承の番号。以下，同様）］（1904～1933年在位）の時代で，1953年のプロは，キバ王［29］（1933～1957年在位）の，筆者は現王［30］（1957年即位）の時代である。ところで，プロと筆者の採録の，主な資料提供者は，二王の治世を通じてのベン・ナバ（語り部・楽師の長）で，長寿を全うして1967年に世を去っている。彼が長命を保ったことからさかのぼって考えても，フロベニウスの時代のベン・ナバと，1967年に他界したこのベン・ナバとの間に，他にもう一人ベン・ナバがいたとは思えない。ところで，このベン・ナバは，近来にないすぐれた歴史伝承の記憶の持ち主として，名声の高かった人である。

　　筆者の推理では，フロベニウスが採録したコム王の時代には，傍系の，あるいは没落した王朝の王名として朗誦されなかったものが，この大ベン・ナ

バの博聞強記のおかげで，テンコドゴ年代記に編入されたのではないかと思う。王の庇護を受けているベン・ナバが，その王朝の系譜をできるかぎりにぎやかに，長くしようと努めることは当然であるから。(中略) 筆者の推理を裏書きするかのように，フロベニウスのリストに欠けていて，先代の大ベン・ナバのときおそらく併合された名については，ベン・ナバも名をあげるだけで，事績は何も語っていない。

(川田 2001a：45)

ここにきて，ようやく，「『解釈』の壺を一旦壊し」，「あらためて過去の破片をひとつひとつよりわける」とは，どういうことか理解できるだろう。川田やプロ神父が聞き取った口頭伝承による王の系譜は，彼らの時代のベン・ナバの「解釈」が入り込んだものであったのである。もちろん，フロベニウスの聞き取ったものもまた，「正解」ではない。それはそれで，その時代のベン・ナバの——直系の系譜のみを認めるという——「解釈」が入り込んでいる。王朝がどのように成立し，変遷していったのかは，語られた王の系譜をそのままたどるだけでは明らかにならないのである。

王の系譜を聞き取り，それぞれの王についての伝承を集め，親族関係を再構成し，居所を明らかにする。そして，その居所とされた各々の地域に赴いて，また口頭伝承を収集し，それらを比較検討する。その比較検討の作業のなかで，口頭伝承は要素ごとにわけられ，そうした要素，すなわち「過去の破片」一つひとつをつなげなおす。こうした「過去の破片」のつなげあわせによって，歴史が浮かび上がってくるのである。

(3) 歴史とフィクショナルなもの

テンコドゴ王朝の王の系譜の分析でみたように，口頭伝承の研究は複数の語りの比較を基本とする。一般的には，一つの語りだけで歴史を再構成することはできない。

もっとも，このことは文字史料においても基本的に同様である。歴史学の場合，新たな文字史料が発見されれば，まず，徹底的な史料批判が行われる。史料批判とは，誰が，いつ，どこで，何を目的として書いたものなの

か，その文字史料が後世に改竄されたものではないかどうか，すでに真正と認められる史料群との間に明白な矛盾はないか等々の史料の妥当性・信憑性を検討することである。そして，こうした史料批判を経た様々な史料群の相互比較によって，歴史を再構成していく。

このような意味においては，口頭伝承の研究は，文字史料の研究とそれほど異なっているわけではない。しかし，口頭伝承の研究では，語り手と研究者が同時代を共有しているという点で，文字史料のみの研究とは異なっている。文字史料を基礎におく歴史研究は，基本的には過去の——ほとんどの場合，すでに亡くなった——書き手の残したものを扱っているからである。

はたして，研究者の口頭伝承に対する解釈が口頭伝承の語り手の解釈よりも正しいと，どうしていえるのか。いいかえると，口頭伝承にもとづく研究は「客観的」といえるのか。こうした問いが，口頭伝承の研究をすすめるなかで生じてくる（第7章をあわせて参照）。

川田はこの問いに，こう応えている。まず，外部の観察者が，対象社会の内部の人間よりも「客観的」に物事を認識できるということは，ありえない（川田 2001a：119-122）。単に視点が異なるだけである。そのうえで「外来者として，モシ族の様々な王朝や異なる階層や，モシ族と類縁関係をもつ諸族の人たちにもどして考えてもらうという作業を気ながにつづけながら，かれらの歴史を顕在化する触媒の役割をはたすことができたら，と思う」（川田 2001a：125）という。そのうえで，川田の内省はもう一歩進む。「だが，こうした作業を通じてあきらかにされた歴史は，『客観的』歴史とよぶことができるだろうか」（川田 2001a：125）。

川田はあくまでも，外来者としての研究者と対象社会の人々との対話は，「最終的で絶対的な客観性を獲得するのではなく，より高次の相互的作業によって，ふたたび変わりうる可能性をもった，暫定的総合」（川田 2001a：127）であるとしている。そのうえで重要視していることは，研究者も人々も歴史認識を変容させるという点である（川田 2001a：126-127）。つまり，歴史とは同時代に生きる人々の変化に合わせて変容するものなのだ。

歴史が変容する？　それでいいのか？　と思う人もいるかもしれない。し

かし，日進月歩，研究を積み重ねる歴史学こそ，こうした歴史の変容を体現している。新たな史料の発見，以前から知られていた史料の新しい読解，これらによって，歴史学はそれ以前とは異なる歴史を提示し，歴史の語りを変容させてきた。

　口頭伝承による歴史研究は語り手の解釈の相対性をわかりやすく浮かび上がらせる。歴史とは，過去の固まったものではなく，つねに同時代のなかにあって変容していく。歴史学も，例外ではない。むしろ，歴史学者の解釈もまた，それぞれの同時代性のなかで再解釈される余地をつねに残しているのである。

　こうした1970年代初頭の川田による議論は，歴史とフィクションとの差異と連続性をめぐる1980年代以降の論争を先取りしている。『メタヒストリー』（ホワイト 2017）は，歴史家による歴史叙述には，小説と同様に，プロットとレトリックに一定の形式があることを示した。歴史が語り手・書き手のバイアスのかかった解釈としてしか表象されないとすれば，歴史はフィクションとどのように違うのか，という問題提起は，歴史学を中心に大きな論争をまきおこした。歴史叙述がフィクションであるならば，ナチズムによるユダヤ人虐殺，あるいは日本軍による南京大虐殺を否定する歴史修正主義を擁護することになりかねない。こうした論争への歴史学者の応答には，様々なものがあるが，ここでは『歴史を逆なでに読む』（ギンズブルグ 2003）を取り上げておこう。

　『歴史を逆なでに読む』の著者であるイタリアの歴史学者のギンズブルグは，過去の出来事を再構成するための「証拠」と，「証拠」から想定しうる過去の「可能性」とが，互いに関連している一方で，「証拠」と「可能性」が峻別されることを指摘している（ギンズブルグ 2003：11-12, 25, 40-41, 51, 125-126）。歴史修正主義者は，「証拠」と「可能性」を同一視している。そこでは，「証拠」のバイアスを指摘することだけで，「証拠」から導き出しうる過去の「可能性」が，歴史修正主義者にとって都合の良い主張のみに収斂されている。実際には，証人の証言や関連文書という「証拠」から導き出される「可能性」はいくつかありうる。しかし，歴史修正主義者は自らの主

張に適合する「可能性」だけを「証拠」から導き出す。たしかに，歴史叙述は，「証拠」と「可能性」の選択において，書き手のバイアスを排除することはできない。しかし，「証拠」と「可能性」の吟味の有無が，「歴史の語り」と「フィクションの語り」とを区別するのである（ギンズブルグ 2003：11）。

　とはいえ，歴史とフィクションが明確に区別しうるという考えは，文字史料の存在を前提としている。ある種の口頭伝承は，メタファーによって語られるために，「証拠」と「可能性」が不可分に結びつき，「『史』と『詩』の交錯が著しい」（川田 2001b：122-123）。

　たとえば，先に紹介したテンコドゴ王朝の王統譜は，祭儀の際に，太鼓の演奏とともに楽師による朗誦として現王に呼びかけるかたちで語られる（川田 2001a：7-8）。王の名には，一人の王に対して三つから五つくらいのよく朗誦される即位名がある。その即位名とは，「巨象が市で倒れた。肉屋が皿をもって走り寄った。だが象が起き上がったのをみて，肉屋は象の友だちになった」などといったものである。即位名は，語レベルではなく，句全体レベルで，寓意によって様式化された表現であり，「巨象」「肉屋」などによる行為からなる具象的なイメージである（川田 2001b：136-137, 319）。

　川田は具象的なイメージを図像的コミュニケーション（イコノグラフィック）といいかえ，即位名を，過去の王などを表象する図や彫像などとの連続性のなかに位置づけていく（川田 2001b：319, 321-341）。図像的コミュニケーションは，特定の人物の固有名をそれ自体として言及できない。たとえば，巨象と肉屋の出来事だけでは特定の王を指しているかどうかは不明である。人物の彫像も，その人物を知らなければ，外形的な特徴だけでは特定の個人を指しているのかわからない。したがって図像的コミュニケーションを可能にするには他の知識が必要となる。即位名における巨象と肉屋の出来事，人物像における外形的な特徴といった要素が，他の知識と結びついたとき，図像的コミュニケーションは歴史叙述の一つとなる。

　フィクションという語には，虚構という意味合いが強い。しかし，フィクションの語源となったラテン語のフィクティオ（*fictio*）には，かたどる，つ

くりあげるという意味と，よそおう，特定のものであるように想定して捉えるという意味があった (Schaeffer 2014)。つくりあげられ，何ものかであるように表現されたものをフィクショナルなものと捉えれば，歴史叙述という点で，口頭伝承を図や彫像などのフィクショナルなもののなかに位置づける，川田の立論の幅広い射程をみてとることができるだろう。

3 「国家をもたない社会」における口頭伝承

(1) 村の起源伝承と先着原理

『無文字社会の歴史』が対象としているブルキナファソで私も歴史研究を行っている。これまで主として調査したのは，川田が調査を行ったテンコドゴから直線距離で北西におよそ250kmのダフィンという民族の住む地域である。

『無文字社会の歴史』で取り上げられたテンコドゴ王国とは異なり，ダフィンという民族は植民地統治以前，基本的には「国家をもたない社会」を構成していた。この地域の「国家をもたない社会」では，村ごとに自律的な政治単位を形成し，基本的には他の村の干渉をうけないというあり方が一般的であった。ただし，その一方で，村をこえた親族関係などの村同士のゆるやかな同盟関係が複数あり，これらの同盟関係自体が一部の村の台頭を抑制するようになっていた。モシの諸王国では，王国の起源伝承が存在したが，こうした「国家をもたない社会」においては，そうしたものはない。個別の村ごとに村の起源伝承と，その村に住む親族ごとに一族の起源伝承が存在している。

村の起源伝承は必ずあるが，必ずしも長い語りをもつものではない。親族の伝承も長いものは例外的である。このことについては『無文字社会の歴史』のなかでも論じられている。川田によれば，モシの侵略をうけた被支配民のニョニョンシの一般の人々では，3代先まで系譜を遡ることができたのはまれであった（川田 2001a：99）。

> 南部モシ族でも，事情は同様である。元来は王族とともにこの地方に移住してきた者の子孫で，テンコドゴ王の重臣の一人である老カム・ナバは，よい記憶の持ち主として知られ，テンコドゴ王朝の歴史やしきたりに関しては豊富な知識をもっているが，自分自身の系譜となると，父の父の名さえ知らない。
>
> (川田 2001a: 99)

　つまり，王族でなければ，系譜はほとんど記憶されず，それは個人の記憶の能力とは関連していない。

　歴史が語られ残ることには，様々な要因があるが，多くの場合は，歴史が必要とされることによる。わかりやすい例は，私の調査していたブルキナファソの村々における村の起源伝承である。先に述べたように，村には短いものであっても，起源伝承がほぼ必ず存在する。これは，その土地に最初にやってきた人物が「土地の主」となり，のちにやってきた人々に対して土地の用益権を与えるという，西アフリカ内陸で広範にみられる先着原理に依拠している。誰の祖先が最初に村にやってきたのかという歴史は，村の土地の用益権と絡んでいるからこそ，不可欠なものである。さらにいえば，村の起源伝承が複数ある場合も珍しくない。「あいつは，ああいったことを言っているが，本当は……」という語りは，「土地の主」の地位をめぐる争議，あるいは潜在的な対立関係と関連してなされるのである。

(2) 社会的な約束事としてのフィクショナルなもの

　私の調査したダフィンのある村の起源伝承をみてみよう。

> セレはマンデからやってきた。(中略) 最初にこの土地にやってきたセレは，目印として日干しレンガを置いて，この土地に住み着いた。その後に，イエダがやってきて，やはり目印として小石を置いて，この土地に住み着いた。雨季が過ぎた後，二人は出会い，口論となった。「最初に来たのは私だ。」「いや，最初に来たのは私だ。」「私は印を置いている。」「私も置いている。見に行こう。」そうして，印のある場所にいくと小石だけが残されていた。イエダ

はいった。「この小石が私の置いた印だ。」セレはいった。「いや，私は日干しレンガを置いたのだ。日干しレンガは雨で流されてしまったのだ。だから，その印がわからなくなってしまったのだ。私が最初に来たのだから，私が土地の主になる。」こうしてセレがこの村の土地の主となった。

　先着の証拠として目印を置いた二者がその目印の妥当性をめぐって口論するという村の起源伝承は，調査のなかで，しばしば出くわした。様々なバリエーションがあり，小石を置いた方が土地の主になる場合もある。
　こうした村の起源伝承は，フランスからの独立以後，村長選挙の際に行政によって記録されている。そうした史料のなかに，住み始めた日数を競って口論するという起源伝承があった。この史料によれば，入植の順序をめぐって口論した両者の対立関係は現在でも継続しているという。これはやや極端な事例であるが，村落の起源とその語りは非常に政治的なものとなりうるのだ。ブルキナファソ南部とガーナ北部にまたがって居住するダガリという民族の村の起源伝承を研究したドイツの人類学者カローラ・レンツも同様の指摘を行っている（Lentz 2013: 19）。
　さらにレンツは，遊動性(モビリティ)のイデオロギーをダガリの村の起源伝承から読み取っている。村の起源伝承では，狩猟地をめぐる兄弟の諍い，飢えや食料の希求，故郷の村の人口増加といったことが語られる。これらの語りから，レンツは，狩場や耕地などの生きていくために必要な空間をもち，既存の親族関係にとらわれない自律的な生き方を理想とする文化的な規定を読み取っている（Lentz 2013: 34）。先に触れた先着原理は，土地の用益権の独占という点で先着者にとって優位に働くため，自律的であろうとすると，村を出て新たに村落を切り拓く必要がある。私の調査でもしばしば語られた，狩人が新たな土地を求めて冒険を行った末に村を拓くという起源伝承には，一定のリアリティがあるのだ（Lentz 2013: 35）。
　つまり，起源伝承のなかには，そのまま過去の事実として読み取れることも含まれるのではないか，というのがレンツの議論である。もちろん，すべてがそのままそのように解釈できるわけではない。しかし，短い語りの村の

起源伝承でも，数多く集めれば，その地域における社会の考え方の一定の傾向が明らかになる。そして，類似した口頭伝承が多くの村に残されていること自体が，その考え方の一定の広がりを証明している。

ここで明らかになったことは，先着原理による村の起源の政治的重要性と，それがゆえに村を飛び出して新たに村を拓いていくという分散の志向性である。そして，分散の志向性は，「国家をもたない社会」における権力を集中させないあり方と対応している。このように，村の起源伝承の研究は，「国家をもたない社会」とその歴史への理解を深めるかたちで展開している。

ここで取り上げた村の起源伝承と結びついた先着原理は，村の起源と成立根拠を，土地への先着という「事実」に求める，という社会的に認められた約束事である。そして，村の起源伝承と先着原理は，そのような「事実」があったものと想定し，その「事実」にもとづいて先着者に土地の用益権の分配の正当性を与えるという意味において，フィクショナルなものである。ところで，近代国家の起源と成立根拠を国民と国家の間での契約とみなす社会契約説もまた同様に，フィクショナルなものである。実際には，契約を交わしたという歴史的事実はなく，契約を結んだかのように想定することで，国家の統治に正当性が与えられている。近代国家においても，社会契約説という起源の語りがあり，それは国家の正当性を担保するものとして語られている。起源の語りが正当性を担保しているという点で，国家の社会契約説と村の起源伝承は同じ構造を有している。

社会契約説と村の起源伝承は，起源よりも前の「事実」を含むかどうかで異なっている。たとえば，レンツを引用しつつ，先に触れたように，村の起源伝承では，もといた村から出てきた経緯として，諍いや飢え，人口増加などが語られている。正当性を担保する先着の事実だけではなく，もといた村を出た経緯の「事実」についても語られている。いいかえれば，村の起源伝承は本質的にイデオロギー的なものである一方で，過去の出来事についての「証拠」を内包しているのである。

4 『無文字社会の歴史』の同時代性

(1) 独立, 学生運動, ポストコロニアル

　口頭伝承の研究は，口頭伝承を記録した文書の研究を不可避的に含んでいる。先に示した川田による王統譜の分析は，フロベニウスの再読ともいえる。そこから進んで，民族誌もまた同時代性のなかに位置づけ，研究することができる。『無文字社会の歴史』も例外ではない。この書がどのような同時代のなかで生まれたのか，このこともまた歴史研究の対象である。

　1960年は「アフリカの年」と呼ばれている。この年に，オート・ヴォルタを含むアフリカの多くの国々が独立を果たした。川田が初めてオート・ヴォルタを訪れたのは，1962年のことである（川田 2016：19）。彼はガーナのアクラで開かれた第1回国際アフリカニスト会議に，日本の外務省からオブザーバーとして派遣され，その後，オート・ヴォルタ出身の歴史家としてすでに名を馳せていたジョゼフ・キゼルボに会うためにオート・ヴォルタの土を踏んだ（川田 2016：19-20）。キゼルボはのちに政治家にもなるが，この当時，フランス領植民地であった西アフリカやカリブ海の西インド諸島の黒人留学生を中心に黒人性にもとづく連帯と文化の創造を行ったネグリチュード運動の牙城『プレザンス・アフリケーヌ（アフリカの存在）』誌の常連の寄稿者でもあった。この時代において，アフリカ史をいかに書くかということは，黒人の歴史を隷属の歴史からいかに解き放つかという問題意識と結びついていた。さらにいえば，アフリカの歴史のなかから，黒人という共通項での連帯をいかにつくりあげるのかという，フィクショナルなものをたちあげる運動であったともいえるだろう（第6章もあわせて参照）。

　こうした独立後の熱気のなかで，川田はパリで学び，アフリカを飛びまわり，博士論文を書き，民族誌をものしたのである。パリにおけるアフリカ出身の学生たちの思想や生き様，植民地統治の遺制を色濃く残すオート・ヴォルタの当時の状況は，同時代に書かれたエッセイ集の『曠野から』（川田 1976，原著は1973年）や，1960年代後半の留学当時の記事を含む川田自身の

回想をまとめた『人類学者への道』（川田 2016）に描かれている。その生々しい記述を一部紹介する。

　1965年，フランス人学生や各国留学生の宿舎が集まるパリの街区でフランス政府の「コオペラシオン（協力）」担当大臣レーモン・トリプーレを迎えて「非植民地化からコオペラシオンへ」というテーマの講演・討論会が行われた（川田 2016：270）。フランスの旧植民地への経済援助とその成果を数値で示すトリプーレに対して，黒人留学生から厳しい質問が飛ぶ。

> 聴衆の黒人青年の中から，「アフリカの統一を妨げているのはフランスだぞ！」というヤジがとんだ。ヤジに興奮した大臣は，テーブルをたたいて，「アフリカの政治上の困難は信じられないほどひどいものだ，とてつもないものだ」。（中略）ガボンの青年が，「大臣はさきほど『協力』で豊かになっているのはほんの一部の者だけであり，その富の国民への分配は正しくなされてはいない」といい，「大臣は，いまのガボン政府が，真にガボン国民を代表していると思うか」と訊ねた。その時から1年余り前，つまり1963年2月に，ガボンのレオン・ムバ政権に対するクーデタが，フランスの軍事介入によって鎮圧された事件が，まだ誰の記憶にもなまなましかっただけに，この質問で会場の空気はさらに緊張した。（中略）黒人学生は騒然となり，ヤジがはげしくなった。白人学生の何人かは，まゆをしかめて，黒人学生に向かって「出てゆけ！　出てゆけ！」とどなった。
> 　　　　　　　　　　　　　　　　　　　　　（川田 2016：273-274）

　独立後も，旧宗主国との間に政治経済的な従属関係があることをまざまざと浮き彫りにした講演・討論会であった。そして黒人学生たちが，独立を主導してきたアフリカ諸国の政府に対しても不信感をもっていることがわかる。この講演・討論会から3年後の1968年5月，フランスの学生運動による5月革命に代表されるように世界で同時並行的に生じた学生運動は，セネガルの首都ダカールでも起きた。

　前年のセネガル政府による，ダカール大学の貧困学生への政府奨学金の減額の決定に反発して，学生組織がパリの5月革命への連帯を呼びかけ，全学

ストライキに入り、労働組合もこれに呼応して無期限ストライキを打った。しかし、警察と軍隊の介入によって鎮圧された（川田 2016：298-300）。

　川田はこの学生運動に遭遇していないが、かつて、ネグリチュード運動を牽引し、その後セネガルの初代大統領となって保守化したサンゴールに反発する学生たちの反応を記している（川田 2016：302）。現在では、1960年代はすでに歴史研究の対象となっている（Blum et al. 2017）。川田がパリに留学し、ブルキナファソで調査を行っていた独立後の時代は、植民地統治の遺制と格闘するポストコロニアル（植民地以後）の時代であった。

　『無文字社会の歴史』でも、パリ大学に留学してきた「故国の歴史を学ぶために、旧宗主国のフランスまで来て、フランス語の本を読み、フランス人の教師から教えてもらわなければならないアフリカの学友たち」について語っている（川田 2001a：122）。彼らも「アフリカの故国にかえれば、まちうけていた『要職』に就いて、いつかその生活のなかに埋没してしまい、初志をつらぬいて祖国の歴史研究をつづけることは、きわめてまれなのである」（川田 2001a：122）。こうしたポストコロニアル状況においてアフリカ諸国内でアフリカの歴史がいかに書かれてきたのか、このことも研究の対象である。アフリカ研究の学説史も、アフリカの歴史のなかに位置づけられる必要がある。

(2) 史料としての民族誌

　アフリカ研究の学説史をアフリカの歴史に組み込もうとするとき、民族誌を史料として読む視点がうまれるだろう。口頭伝承で語られる内容は、必ずしも社会のあらゆる側面に言及するわけではない。また、植民地行政官による行政文書などの文字史料の増える植民地統治以降であっても、歴史の再構成にはとても不十分である。そのような状況のなかで、過去のある一時点の社会のありようを描き、当地の人々の語りが内包されている民族誌は、歴史を再構成するための貴重な史料となる。特に注目に値することは、その民族誌の主題からやや外れた周辺的な事象についての記述である。調査当時に同時代人として人類学者が特段の意識を払わず、ごくふつうに見聞きしたこと

の記述は，時代を経ると，非常に貴重な証言となる可能性を秘めている。ここでも民族誌としてまとめられている「解釈」の壺をいったん壊して，その断片を拾い上げることが必要となる。

　たとえば，テンコドゴの歴史的儀礼をめぐる川田の民族誌では，テンコドゴのティグレ王が植民地統治期に行政による給与を資本として大型トラックを用いたウシの交易（他地域におけるウシの交易については第2章，第3章を参照）を大々的に展開していたことが記されている（川田 1992：16）。民族誌のなかにさりげなく書かれているこうした事象は，同時代の行政文書のなかにあらわれない。ウシの輸出入量は言及されても，実際にどのように交易が行われていたのかは行政文書には書かれていないのである。この記述は，商人のみによって行われていたと想定されていたウシの交易にモシの王が参入していたことを示す貴重な証言となっている。

　民族誌を史料として扱うという方法論は，西アフリカで研究を進めた代表的な人類学者であるマイヤー・フォーテスと彼の調査対象の民族であるタレンシについての近年の研究にみてとることができる（Allman and Parker 2005）。この研究では，フォーテスの民族誌とフィールドノートを歴史史料として扱い，植民地統治期の行政文書と，部分的に口頭伝承も駆使することで，フォーテスが焦点化しなかったものの，断片的に記述を残している，タレンシの巡礼地の歴史が主題とされた。ここでは，西アフリカ内陸における諸民族の相互交流としてのタレンシの歴史とともに，「冷静な民族誌的観察者というよりもむしろ，歴史的なアクターとしてのフォーテス」の双方が焦点化されている（Allman and Parker 2005: 14）。

　実際，史料として民族誌を読むと，細部の断片的な記述が際立って重要性を帯びてくることがある。史資料のまばらなローカルな歴史を再構成しようとすると，地域の社会組織や経済状況だけでなく，民族誌に書きとめられた一つひとつの村の名前や叙述のほんの隅に書きつけられた個人名が見逃せないものとなる。地名や人名が，フィールド調査で見聞きした，あるいは行政文書に登場する地名や人名と交錯するとき，民族誌で展開されている人類学上の議論やその叙述全体のテクストの構成をこえて，民族誌に時折あらわれ

る固有名と，その固有名の周囲にある細部の記述が歴史の再構成に必要なものとなる。このように民族誌は，史料として捉えることで，新たな読解の対象となる。ここであらためて，今手に取っているこの本の目次を見てもらいたい。そこには民族誌の名前が列挙されているだろう。これらの民族誌もまた，アフリカのそれぞれの土地の歴史を再構成するための史料としても捉えられるのである。

かつて人類学のなかで一世を風靡した『文化を書く』は，民族誌を小説と連続したフィクションとして捉えることで，民族誌のレトリックとその政治性を分析した（クリフォード 1996：10-11）。しかし，民族誌と比較検討されうるのは，小説だけではない。たしかに民族誌は，フィールドでの経験について事後的に書かれ，つくりあげられるという点で，フィクショナルなものである。しかし同様に，歴史叙述も，出来事の後に，事後的に語られる。本章2節で述べたように，出来事についてのあらゆる語りは「証拠」と「可能性」が混じり合ったものである。歴史とフィクションは明確に区別しうるものではない。したがって，むしろ民族誌は，出来事を事後的に語る，行政文書や自伝などの文書や口頭伝承などのフィクショナルなものと同じ地平で捉える必要がある。アフリカを舞台にした民族誌は，アフリカについての同時代の歴史叙述でもあるのだ。

5　「道は遠い，だがまだ日は暮れていない」

歴史とは何かという問いは，いまだ議論が尽くされていない。この問いを深めた『メタヒストリー』などによる論争は，基本的に，書かれたものを中心になされてきた。しかし，本章で取り上げたように，図や彫像などの非言語表現や社会契約説などといった国家の正当性を担保する言説などといったフィクショナルなものと，歴史がいかに関連しているのか，その総体がどのようなものであるのかは，ほとんど探究されていない。

西アフリカの歴史も，いまだ多くが手つかずのまま，研究されていない。そして，歴史は刻々と積み重なり，1960年代や1970年代がもはや歴史研究の

対象となっている。現在，生み出されている民族誌も，やがて歴史研究の対象となるだろう。さらに，本章では取り上げなかったが，アラビア語やアラビア文字を用いたアフリカ諸語（ウォロフ語，フルベ語，ハウサ語など）によって書かれた文書（末尾の読書案内を参照）も，基礎的な研究がまったく足りていない。

　川田は，パリ大学に提出した博士論文の公開審査での弁論を，『史記』の「日暮れて道遠し」をもじって，「道は遠い，だがまだ日は暮れていない」ということばで結んだ（川田 2001a: 316）。2016年の著作もまた，同じことばで閉じられている（川田 2016: 334）。40年以上にわたる思索の先でも，いまだ道は遠い。西アフリカの歴史研究全体をみわたしても状況は変わらない。西アフリカの歴史研究にはまだまだ未整理の領域が多く残されている。来たれ，若人！

参照文献
川田順造　1976『曠野から――アフリカで考える』中央公論社。
川田順造　1992『サバンナの王国――ある「作られた伝統」のドキュメント』リブロポート。
川田順造　2001a『無文字社会の歴史――西アフリカ・モシ族の事例を中心に』岩波書店。
川田順造　2001b『口頭伝承論 下』平凡社。
川田順造　2016『人類学者への道』青土社。
ギンズブルグ，C　2003『歴史を逆なでに読む』上村忠男訳，みすず書房。
クリフォード，J　1996「序論――部分的真実」J・クリフォード／G・マーカス編『文化を書く』春日直樹・和邇悦子・足羽與志子・橋本和也・多和田裕司・西川麦子訳，紀伊國屋書店，1-50頁。
ホワイト，H　2017『メタヒストリー――19世紀ヨーロッパにおける歴史的想像力』岩崎稔監訳，以文社。
Allman, J. and J. Parker 2005. *Tongnaab: The History of a West African God*. Indiana University Press.
Blum, F. et P. Guidi, O. Rillon (eds.) 2017. *Étudiants Africains en Mouvements: contribution à une histoire des années 1968*. Éditions de la Sorbonne.
Lentz, C. 2013. *Land, Mobility, and Belonging in West Africa: Natives and Strangers,*

Bloomington. Indiana University Press.

Schaeffer, J.-M. 2014 Fictional vs. Factual Narration. In P. Hühn et al. (eds.), *The Handbook of Narratology*, 2nd edition. De Gruyter, pp.179-196.

●読書案内●

『サバンナの王国——ある「作られた伝統」のドキュメント』
　川田順造，リブロポート，1992年
　　南部モシ王国の国王が口頭伝承にもとづいて王朝の起源地とされるガンバガで儀礼を行うことになった。しかし，この儀礼がかつてどのように行われたのか知る者は誰もなく，そもそも川田が明らかにしたように，ガンバガはおそらく起源地ではない……。歴史がどのように必要とされ，新たに生じるのかを，まざまざと書き記した第一級の民族誌。

『イスラームと商業の歴史人類学——西アフリカの交易と知識のネットワーク』
　坂井信三，世界思想社，2003年
『イスラームの宗教的・知的連関網——アラビア語著作から読み解く西アフリカ』
　苅谷康太，東京大学出版会，2012年
　　西アフリカには，イスラームに内在するアラビア語の文字言語の伝統が少なくとも数百年ほど前から存在しており，社会的・文化的にも大きなインパクトを残している。坂井は歴史人類学の立場から，苅谷は歴史学の立場から，西アフリカにおけるイスラームの歴史を論じている。

『第一次大戦と西アフリカ——フランスに命を捧げた黒人部隊「セネガル歩兵」』
　小川了，刀水書房，2015年
　　西アフリカの現在，そして歴史は，植民地統治を抜きに考えることができない。セネガルを中心に調査を行ってきた人類学者の小川によるこの著作は，第一次世界大戦に従軍した西アフリカ出身者を取り上げ，植民地運営のあり方のいびつさを浮き彫りにしている。

【コラム❻】

植民地主義——学生たちが照らす南アフリカのレガシーと未来

山本めゆ

　2015年，南アフリカ共和国ケープタウン大学発の運動に世界中が釘付けになった。その発端は，キャンパス内にあるセシル・ローズの銅像の撤去を求める声だった。

　ローズはイギリス帝国を代表する帝国主義者であり，政治家としてはケープ植民地首相，実業家としては世界のダイヤモンド産業に君臨するデビアス社の創業者という顔をもつ。現在ケープタウン大学のキャンパスがある一帯はかつてローズの所有地であり，作家ラドヤード・キプリングに譲られたのち，大学に提供された。テーブルマウンテンを借景に広がる美しいキャンパスの中央にローズの銅像が据えられたのは1934年のことで，以来この像は長年にわたって——1990年代に南アフリカが民主化を遂げてからもずっと——この国の若者を高所から見下ろしてきた。それは，たとえるなら韓国ソウル大学の中心に伊藤博文像が鎮座しているようなものだが，これまで学生や教職員の大半は特別な関心を払ってこなかったようだ。そもそもケープタウンの街には，オランダ東インド会社監督官でケープ植民地の建設者ヤン・ファン・リーベックや，ヨーロッパ人として初めて喜望峰に到達したポルトガルの航海者バーソロミュー・ディアスといったヨーロッパ人男性の像がそこここにたてられているので，こうした銅像に目が慣れてしまうのかもしれない。

　2015年3月上旬，ローズ像に異議を申し立てる運動が発生した際，私はちょうど大学内のゲストハウスに宿泊していた。当初は一部の目立ちたがり屋による騒動という程度にしか受けとめられていなかったが，SNS上で「#RhodesMustFall」というタグが生まれると，大学の内外を巻き込んだ大論争となり，大学側との対話集会も開催された。学生側の要求はローズ像の撤去にとどまらず，アフリカ系教員の増員，ヨーロッパ中心主義的なカリキュラムの改善，アフリカ系学生の受け入れ拡大と支援の強化，学費の値下げ，学内で働く労働者の待遇改善も含まれていた（牧野 2016）。近年，ケープタウン大学では教育や雇用面における「アフリカ化」の後退を指摘する声が上がっており，それがこの運動の底流をなしていることがみてとれる。早期の幕引きを図った大学の評議会は，あっさりと撤去を決め，4月9日にローズ像はクレーン

で吊るされて大学から姿を消した。

　勢いを得た学生運動は南アフリカ各地に拡大し，多くの大学で学費値下げなどの改革を求めるキャンペーンが火を吹いた。さらには海外にも飛び火し，オックスフォード大学やハーバード大学においても奴隷制を含むコロニアルなシンボルをめぐる抗議が展開された。当のケープタウン大学の学生運動は紆余曲折を経て2019年現在は収束しているが，長年の課題だったカリキュラムは見直しが進められているという。

　近年研究が蓄積されている入植者植民地主義論（Cavanagh and Veracini 2017参照）においては，少数の植民地行政官らによって統治された植民地と，先住者の社会が入植者の社会によっておきかえられた植民地とが峻別される。そのうえで，前者の多くが宗主国からの独立というかたちで政治的に脱植民地化を遂げた後も，入植者によって国家が建設された後者では依然としてコロニアルな状況が継続していると考えられる（たとえばオーストラリアやアメリカなど）。南アフリカは，前者と後者両方の顔をもっている。

　日本の読者にとって，南アフリカはアパルトヘイト（人種隔離）体制を克服した国という印象が強いだろう。確かに1994年に初の全人種参加の選挙が実施されたことで，この国は大きく生まれ変わった。しかし同時に，現在もなお極端な経済的不平等や土地返還問題などの深刻な課題を抱えており，それらは入植者による植民地化という過去に由来する宿命的困難といってもよい。ローズはかつてケープタウンを手中に収めようとした人物であり，そのお膝元で発生した抗議運動はこうした歴史とも密接に結びついている。

　ローズ像撤去の要求は南アフリカの脱植民地化がまだ途上にあることを示すとともに，自分の大学は自分の手で変えていくという南アフリカの学生たちの強い信念とエネルギーを世界に印象づけることになった。

参照文献

牧野久美子　2016「『Must Fall』運動を振り返る——2015年の南アフリカにおけるプロテストの軌跡」『アフリカレポート』54：44-49（http://hdl.handle.net/2344/1545　最終閲覧2019年3月31日）。

Cavanagh, E. and L. Veracini (eds.) 2017. *The Routledge Handbook of the History of Settler Colonialism*, Routledge.

第9章

呪術と科学

科学が進歩しても，呪術はなくならない？

梅屋　潔

『死と病いの民族誌』の著者，長島信弘は，今も現役のフィールドワーカーである（2016年8月27日，平野智佳子撮影）

1　呪術，科学，宗教……

　世の中には科学が進歩したら，いわゆる伝統医療や呪術がなくなる，と根拠もなく信じている者も少なくないらしい。しかし，これは現実の世界に起きていることとはいささか異なっている。世界各地で，西洋の医療が十分に普及した地域でも，伝統的治療が「生きている」実態があちこちで報告されている。呪術についてはなおのことである。一つの説明によると，西洋の医療と，伝統医療は，そして，呪術は，領分の異なる別々のカテゴリーに属しているものなのだ。

呪術は偽の科学であり，科学の進歩によって呪術は消滅すると無邪気に信じられていた時代もある。それが根拠に乏しい「信念」であると気づいたところに，また，科学が提示する近代的世界観も，ありえる世界観の一つである（つまりそれ以外の世界観もありうる）と相対化したところに近代人類学と民族誌の展開がある。その礎を築いたのは，エドワード・エヴァンズ＝プリチャードの，『アザンデ人の世界——妖術・託宣・呪術』であり，『ヌアー』三部作（うち『ヌアー族の親族と結婚』については第4章を参照）だった。『アザンデ人の世界』は，未開と呼ばれていた民族にも「宗教」があること，ヌエルを扱った一連の民族誌は，未開と呼ばれた無政府の社会にも「政治」があることを宣言した。このことは，これまでの進化論的な段階説の頂点にある西洋近代社会の特権を少なくとも弱体化するものでもあった。
　特定の民族の特に宗教的エージェントのうち，何が支配的モチーフであるかは，危険や病気やその他の不幸に際して人々がそれらの原因を何に求め，それから逃れたりそれらを排除したりするためにとっている手段を調べることによってわかるという。このエヴァンズ＝プリチャードの立場は，長島信弘によって「災因論」と名づけられ，広く知られるようになった。この枠組みの根底にあるのは，西洋社会とは少しは様式は異なるかもしれないが同じレベルでの「論理」があり，「哲学」がありうる，という立場である（あわせて第7章も参照）。しかもそれは，民族誌によって社会的事実として翻訳可能，理解可能である。妖術，託宣，呪術などのアザンデの諸観念は，それらを別個に陳列品のようにならべたときには矛盾してみえるかもしれない。しかし，個人がそれらを活用しているところをわれわれがみるとき，神秘的ではあるかもしれないが，それらの活用が非論理的であるとかいうことはできない。エヴァンズ＝プリチャードは，アザンデ人と同じようにそれらを使ってなんの不都合もなかったという（エヴァンズ＝プリチャード 2001：307）。
　エヴァンズ＝プリチャードは，これらの神秘的観念を，哲学者レヴィ＝ブリュールなどのような「前＝論理」や，「未開心性」といった語彙を用いることなく，日常の論理として了解可能なものとして捉えようとした。この立場は，「文化の翻訳」とか「思考様式」といったような，エヴァンズ＝プリ

チャードの退職記念論文集のタイトルにもあらわれている彼の人類学の特徴で、戦後におけるイギリス「社会人類学」の一般的態度といってよい。それは、少なくとも資料操作や調査のレベルでは、依然としてこの分野を考える際の基本的な立場であり続けている。

その後、この問題は、「妖術・邪術研究」と名づけられ、人類学研究の花形となった。広義の宗教の問題として宗教人類学というジャンルに回収されそうになったり、意図せずして危害を加えるウィッチクラフト（witchcraft）と、意識的作為的に危害を加えるソーサリー（sorcery）、そしてその両者を包摂するウィザードリー（wizardry）という、用語やラベルの問題に矮小化されそうになったりしたが、ことはそう単純ではない（梅屋 2017：96）。妖術の告発などは、社会の対立のあらわれであることは自明であるから、社会的葛藤の観点から妖術が注目を集めていたこともある。

80年代以降は、近代の世界システムにおける勝ち組と負け組のうち、負け組がその世界の不条理を表現したり、近代という現実と向き合い、なんとかやっていくためのツールであるという説明が、〈妖術のモダニティ論〉学派として成立し、現在でも世界規模で大きな影響を与えている（阿部他 2007）。

こうした大きな構図の背後で、現地のカテゴリーについてのリアリティを伴った検証がなおざりになる傾向があり、それらの復権を望む声も大きい。

『死と病いの民族誌』は、本邦では屈指の、現地概念と経験に根差した民族誌として、不滅の一冊である。

2　「災因論」の民族誌——長島信弘『死と病いの民族誌』

(1)　『テソ民族誌』

テソ人（アルファベット表記では Iteso が一般的となっているが、ここでは接頭辞をすべて外しテソと表記する）の言語は、中央パラナイル語群（最近では東ナイル系と総称されることが多い）に属するとされる。テソ人の原集団は、エチオピア南西部を起源とし、南下してはじめにトゥルカナ、続いてカリモジョンやジエの祖先と別れた。これらの民族は現在でも語彙を共有し、「エ

ムルオン」などの占い師，「アテケレ」というクランに類する社会組織の類似性も保持している。テソ人がさらに西進してウガンダ東部に定着したのは18世紀から19世紀のことである（これを北テソという）。さらに南下してトロロ付近に定着したグループもある。彼らは19世紀の中ごろ，バントゥー系のギスに攻撃を受け，北テソと分断された。19世紀中ごろにマラバ川を渡り，ケニアのブシアとブンゴマに定着している（これを南テソという）。

　北テソの人々は，カリモジョンの牧畜社会特有のウシ略奪に恒常的に悩まされてきた。テソは定住して農耕を主としており，武装もしていないため，レイディングをやりかえすすべはなく，一方的な被害者となる傾向にある。この問題は現在まで，程度の差はあれ続いている。エコシステム上，カラモジャ平原は，雨季には放牧ができても，乾季には，水と牧草が足りなくなる。そこで乾季になると，友好ムードを前面に出してテソの居住地でキャンプを張り，居候を決め込む。雨季になってカラモジャに戻る際に，テソのウシを略奪して去っていくのである。

　ウガンダでの1968年から1970年までの現地調査にもとづき，1972年に出版されたのが長島信弘による『テソ民族誌』である。調査の初めの９か月のフィールドデータを中心に書かれた『テソ民族誌』は，日本語で書かれたアフリカ民族誌の名著であり，ある意味奇書である。初版のまま絶版，商業的には成功しなかったが，個人の経験を日記風に書き綴るなかで社会人類学的なテーマとの出会いとそれに対する考察を盛り込んでいく記述方法は斬新で，多くの読者を惹きつけ，後進に強い影響を与えた（松田 2007：355）。

　わかったことよりわからなかったことのほうが多い（長島 2004b：199）と書く度胸は，なみの学者にはないだろう。「知らないことを知らない」ということができる『テソ民族誌』に登場する調査助手オジイロット（2019年８月25日没）の姿は，テソという未知の文化と社会に巻き込まれていく著者自身の目指す姿と重なる。

　80年代に民族誌批判や民族誌論などの流れで登場する「一人称民族誌」ということばもない時代に，先取りして一人称で語っていたのである。

(2) 『死と病いの民族誌』成立の背景

　1971年，ウガンダでは，軍事クーデターにより，オボテ政権（Apolo Milton Opeto Obote 1924-2005）にかわり，イディ・アミンによる独裁政権が始まった。ウガンダでの社会調査は事実上不可能になる。1977年から，「環ヴィクトリア湖地域のエスノヒストリー手法による総合社会調査」を行うべく，同じくウガンダのソガを調査していた中林伸浩（金沢大学）と一橋大学学術調査団を組織した長島は，自身はケニアの南テソに狙いをつけ，比較研究を標榜する研究プロジェクトを立ち上げた。このグループは，アフリカを舞台とした今西錦司らに由来する京都大学の霊長類学および社会人類学の研究グループの向こうを張るように，活発に活動し，その成果を発表していったが，そのテーマの一つこそが，「災因論」であった。この間の東の個人調査，西の集団調査については，松田素二の的確な紹介に当たるのがよい（松田 2014）。

　この調査団の調査は1982年まで3回行われた。松園万亀雄，阿部年晴など当時のアフリカ研究を支えた碩学が名を連ねるこの調査団は長期的短期的に様々な刺激を日本のアフリカ研究に与えた。

　『死と病いの民族誌』は，多岐にわたるこの調査団の成果のうち，単独の民族誌として物理的に最も「厚い」ものとなった。

　本書『死と病いの民族誌』によって，著者である長島信弘は東京大学から博士の学位を授与されている。

(3) 三つの軸と災因論の変化

　『死と病いの民族誌』は，1977年から4回，延べ22か月の調査で得られた資料をもとにしている。調査地は西ケニア，北テソロケーションと周辺地域である。

　本書には，三つの軸がある。

　主な軸は，「災因論」という観点からケニアのテソという民族が「さまざまな個人的不運や災いをどのように説明し，またどのように対処しているか

という実態」（長島 1987：1）を描くことにある。この部分は，本書の「災因論の民族誌」としての特徴をあらわすものである。章立ての「災因」の登場順，「呪詛」「邪術」「死霊」は，古い順に災因をならべたものである。それ以外の災因としては，巫霊，双子，タブー侵犯，「エタレ儀礼」（嫁と子どもに対して行われる一連の通過儀礼と，嫁の生殖能力不調や子どもの発育不全に対して行われる治療儀礼）の不履行，病名をもつ病気，体内損傷などがある。

　第二の軸は，1930年代からテソ文化の災因論に起きた変化を描くことである。それまでは持っていなかった「死霊」の概念がテソに定着しはじめ，それに対応するために死霊を払う独自の儀礼がつくられていった。この部分は，テソの災因論の変化に関する歴史研究であり，近隣バントゥー系諸民族の影響関係の研究でもある。

　第三の軸は，比較である。ケニアの南テソの文化と，1968年から1970年に調査したウガンダの北テソの文化との比較と，広域にわたるナイル語系の諸文化を参照した比較，という二つの側面がある（長島 2004a：535）。前者は北テソと南テソとの比較（両者の間には，第二の軸で見た変化が横たわる），さらには，南下の過程でいくつかの民族集団の形成を見た西ナイル系民族と，エチオピア高原由来ともいわれる東ナイルとの比較である（語根を共有する言語を複数の民族誌を参照して比較する仕方は，オコト・ビテックなどの少数の例外を除いて類例はさほど多いとはいえないが，大変刺激的なものである）。

　この三つの軸すべての軸が重要だが，なかでも特に重要なのは，第二の軸である。

　『テソ民族誌』の対象となったウガンダの北テソでは，従来は，以下のように考えられていた。

① テソ人は本来死なないはずであると考えられていた。実際にテソ人が死ぬのは，殺されるからであるとされた。
② 個人は死で終わり，死後の世界はない。
③ 個人に霊魂はない。キリスト教の影響で，霊魂の存在を唱える者はいた。
④ 死は忘れるべきものである。
⑤ 死体は野原に捨て，骨は拾わなかった。埋葬は比較的新しい慣習である。

⑥ 「涙」(アキヨ)と呼ばれる葬儀は行われた。人々はこの儀礼で嘆き悲しむ。

⑦ 死後約1か月で行われる「喪明けのアプニャ」において死は忘れられ，と同時に儀礼のなかで人々は歓喜する。

ケニアの南テソでは，②が変化し，⑥と⑦の間に，一連の死霊を排除する儀礼がつくられていったのである。

南テソは19世紀に北から移住してきた際に，ギス，ブクス，ハヨ，サミアなどのバントゥー系民族のなかに進出し，ギス，ブクスを武力で圧倒したとされている。これらのバントゥー系近隣民族は，精緻な「死霊文化」を持っており，テソに災因としての死霊という概念を次第に浸透させていったのである。その理論の媒介をしたのは，主に，それらの民族出身の占い師や治療師だった（長島 2004a：536）。

ただし，テソの死霊概念は，バントゥー系のものとは異なっている。テソのイパラ（死霊）のイメージは，人の死とともに発生する「モノ」（イボロ）であって，人格は伴っていない。気まぐれで強欲な，情け容赦なく生者に危害を加えるものである。生前の人格と連続性がある，近隣バントゥーの間で信仰されるムジムやオムサンブワとは，性格がまったく異なるのである。生前は最も優しい母のイパラが最も恐ろしいとされている（長島 2004a：536）。

ウガンダの北テソでは，葬儀から死を忘れるアプニャ儀礼までほぼ1か月であったが，南テソでは類似のアプニャシ儀礼（北テソのアプニャと同語）までの間の期間が10年間，ときには30年間に伸びた。この間が理論的に死霊が祟る期間であり，この二つの儀礼の間に死霊をなだめる最低六つの通過儀礼が想定された。つまり，現在の葬式の構成は，①葬式（具体的な埋葬），②初穂儀礼（「生き返る」の意味。死者の家族と嫁に課されたシコクビエを食べることを禁止する禁忌を解くための儀礼），③弔慰儀礼（遺族を慰めるために妻の姉妹がビールを持って訪問する），④記念儀礼（聖公会系キリスト教徒の儀礼），⑤脱穀儀礼（シコクビエの脱穀をモチーフとした，3日間で完了する共食・共飲儀礼），⑥洗手儀礼（死者を忘れるための儀礼，5日間の共食・共飲），⑦家屋破壊儀礼（死者の祟りを鎮めるための死者の家屋破壊），⑧遷骨儀礼（エクテテ）

といった流れである（長島 1987：286-311）。

 1920年代の終わりにはまったくなかったようだから，50年足らずの間にこれらの儀礼体系が形成されたと想像される。また，これらの諸儀礼は，初穂関係や，脱穀関係など，農業に関わるモチーフが多い。すでにあった双子儀礼を模したものだろうという推測が提示されている。

 一連の死霊排除の儀礼のうち，論理的帰結からいって，最初にできたのはエクテテ（遷骨）儀礼であったと考えられる。死者の墓を掘り，二人の老女が骨を拾って箕に乗せ，行列を組んで野原に出て石や灌木の間に安置するのである。遷骨の由来について，老人は語る。

> むかしテソ人は死体を埋葬せず，老女たちが草に包んで叢林に運び，ハイエナやハゲタカに処理をまかせた（獣葬とも鳥葬ともいえようが，野葬とよんでおく）。現在墓を意味するアテスというテソ語は，元来死体を意味していた。人々はそのあとでアプニャシ（北テソ語のアプニャと同語）という死者を忘れる儀礼を行った。
>
> ところが，いつのころからか，死体を敷地内の小屋の近くに埋葬するようになった。これはバントゥ諸族にならったという説と，白人が来て強制されたという説とがあるが（白人が来たのは19世紀末），どちらとも定めがたい。いずれにしても埋葬の風が一般化するにつれて，地中の死者たちはその狭苦しさに不満をもつようになった。祖先たちとおなじように自分たちも広びろとした叢林に横たわりたいと望むようになったのである。そこで死者たちは子孫たちに病気をもたらし，自分たちの不満を伝えた。
>
> 病気の原因がこうした死霊のたたりであることがわかると，かれらの根本的な不満をとりのぞくために，墓を発掘して白骨をとりだし，叢林にうつすようになった。
>
> （長島 1978：30-31）

 なぜか『死と病いの民族誌』には収録されなかったこの貴重な語りによると，要するに，本来ならば，大地を住居とし，死後も自由だった死者が，埋葬の習慣とともに，死後「閉じ込められる」ような不満をもった。祟りが起

こるのはこのためで，その祟りを鎮めるために生者は死者の骨を掘り起こして遷骨し，安置するわけである。

類似の論理で遷骨や，二重葬（葬式の手順が複数に及ぶことを複葬などという）が誕生したと考えられている事例は多い。卑近な事例では，わが国で，かつては「風葬」を行っていた地域に埋葬を義務付けたために出現した「洗骨」の慣習と経緯がそっくりである。

エクテテ儀礼に続いて行われるアプニャシ儀礼については，北テソ，南テソとも共通の要素をもつ。行列は帰路自分たちの住居に近づくと一斉に歓声を上げて住居に走り込み，待機していたグループと小屋の周りを3度走りまわり，小屋の前で垂直飛びの歓喜の踊りを踊る。「死を忘れる」ためという説明は，北テソとも共通している（長島 2004a：536）。

(4) 呪詛（イラミ）

「呪詛」は，イラミというテソ語の訳語である。このイラミという語は日本語の「呪詛」ないし「のろい」とは異なり，はっきりと社会的正当性をもつ点で英語の curse に近い。エジプトのファラオの例をとるとわかりやすい。ファラオが，「わが墓を暴くものは死すべし」との呪詛をかけ，特にその墓の発掘にかかわった関係者に連続死が起こったとされる。悪いのは，墓を暴いた側であって危害を加えたファラオではない。ファラオには社会的正当性があるのである。

テソの「呪詛」には，長島の分類によると，以下の種類がある。

① イカマリニャン・クラン（後述）が依頼を受けて行うもの。連続死をもたらす。
② 不当な仕打ち，あるいは盗みなどの被害を受けた個人が，個人的に行うもの。これも連続死をもたらす。
③ 死んだ親族，特に親の死霊が，自分のための儀礼が行われないことを怒ってかけるもの。病気や死をもたらすと考えられている。
④ 妻方姻族が，その妻の結婚によって与えられるべき贈与を得ていないときに，その妻あるいは子どもにかけるもので，病気をもたらすと考え

られている。死後、死霊となってからかける場合もある。
⑤　親、長老など上の世代の者が、その権威を侵害されたと考えたときに、子や下の世代の者に面と向かってことばと動作で公然とかけるもの。かけられた者は直ちに謝罪の意を表し、贈り物と供犠をして呪詛を解いてもらわないと不幸になると考えられている。④、⑤は、死霊の祟りと同様の性格をもつものの、正当性があるので呪詛と考えられている。(長島 1987：73-76)

テソには、「呪詛」を専門とするイカマリニャンという呪詛クランがある。まだ、ウガンダのソロティ近辺に北テソとともに暮らしていたころ、イクルク・クランのオロネという者を初代呪詛司祭の始祖として別れたものとされる。2代目のンゴシラのころ、ウガンダのトロロ付近に南下して定着していたといい、ここでイカマリニャンは三つに分かれた。本書で検討されるのは、オロネから数えて4代目のオチェモキトゥクの系統のものである（当時のイポティカイ氏は9代目）。呪詛司祭は世襲もあるが、長老たちの話し合いの結果、人物重視で決められる。

呪詛の方法は、以下のようなものである。呪詛司祭によって指定された日の早朝にクランの既婚男子が訴人の家に集まる。訴人の小屋の前の草地に火が焚かれ、司祭と助祭は生きたままの黒い牡ヤギの頭と後ろ脚を持って火の上でゆっくりあぶりながら呪言を唱える。

　　もしお前が偽りの告発をしているのなら、お前が死ぬのだ（中略）お前の物を盗んだ者がいるならば、オロネよンゴシラよ。……盗んだ者の家を破滅させよう、……発狂させよう。山羊は火の上でうめいている。

(長島 1987：82-83)

呪言には、偽りの告発をしていたら訴人が破滅することを宣言する呪言や、盗みなどの呪詛の原因となる悪事を働いた人間の破滅を描写する呪言がある。ヤギが死ぬと、黒い牡鶏を同じようにあぶり殺しながら、同様の呪言を唱えたのちに、クラン一同が全裸となって輪になり、膝を地につけ、顔を地に

寄せて肛門がみえるように尻を高くあげて, 容疑者一族の破滅を宣言する呪言を唱える。一同地に伏して泣き, 呪詛の対象となった者の家に死が訪れたことをあらわす。

その後, クランの成員は叢林に分け入って何種類かの植物を集め, 訴人の小屋の前に植え, 呪言を唱える。

> オロネよ, ンゴシラよ。もしこの家族から物を盗んだ者がいるならば, その者の家族を破滅させよ。　　　　　　　　　　　　　　　　（長島 1987：86）

植物の一部は束にして, 加害者のところから集めてきた「物」と一緒に新しいヒョウタンに封じ込めるのだという。このヒョウタンもイラミ（呪詛）と呼ぶ。

呪いを解く場合, イカマリニャン・クランに対して黒い牡ウシ, 黒いヤギ, 黒い牡鶏, 現金とともに, 訴人に対して賠償に当たるウシ（7〜12頭）を支払う。この賠償額は, 結婚の際の花嫁代償に相当する額である。解呪の儀礼はウシ, ヤギ, ニワトリの共食のほか, ウシの胃の内容物を依頼人の顔, 胸, 手足に塗るほか, 呪詛と呼ばれるヒョウタンを川に捨てるという。胃の内容物を塗ることも, 川にヒョウタンを流すことも呪詛によって「熱く」なった危険な状態を,「冷やす」ことだと説明される。

(5) 邪術（アキスブ）

同じ神秘的攻撃でも, 正当性をもたない者が妬みや逆恨みで行うものは南テソではアキスブと総称され, 本書では「邪術」と訳されている。そういった邪悪なことをするのはエカチュダンだ, とテソ人は口をそろえる。エカチュダンは, ①夜裸で走り, 他人の小屋の戸を背中で叩いたり, 糞を投げ込んだりする者, ②夜墓を暴いて死肉を食らう者, ③性関係を禁じられている異性と性関係をもつ者を指す。この認識は北テソと南テソで違いはないが, 北テソでは, 毒を盛ることを意味するアキチュドゥが拡大されて邪術を指し, アキスブはその意味を持たない。一方, 南テソでは, アキスブは「何か

つくる」という意味で転じて「邪術を行う」ことを広く指す。派生語のアスバキンは「供犠する」という意味である。

邪術は，正当な理由なしに神秘的な手段によって他者を意図的に攻撃することで，それは「物」（エケヤ）と「行為」によって行われ，発話を必ずしも伴わない。

アキスブは，8種類ある。すなわち，

① エケヤを盛る。「与える」と表現される。酒食に毒を入れることだが，薬学的毒に限らない。ここで手に入る最も強力な猛毒はジャッカルの頭蓋骨の粉だという。

② エケヤを埋める，「穴を掘る」「罠にかける」と表現する。道や畑などにエケヤを埋め，その上をターゲットが通ると危害を加えることができるという。

③ 相手の住居や家の屋根などにエケヤを「置く」。あるいは「隠す」。

④ 相手に気づかれないように，エケヤを「投げつける」「振りかける」。

⑤ エケヤを持った手で相手に触れる。「打つ」と表現される。愛の呪術に多い。

⑥ 相手の身につけた衣服や毛髪，唾液，糞尿，爪，経血，顔や身体を洗った水など身体の分離物などに何らかの処置を施す。「取る」「集める」「摘む」などと表現する。

⑦ 胎盤や臍の緒などの対象の人物の身体の分離物などを，「曲げる」「たたむ」「結ぶ」。

⑧ エケヤを用いながら，相手の名前を「呼ぶ」。

これらは，占いによって明らかにされるが，エケヤを探すことを得意とする「探し屋」（ロカスポニ）という専門家もいる。実際に物証が出てくるので，確信は深まるわけである（長島 1987：145-149）。

邪術は，もともとあった毒殺（アキチュドゥ）に近隣のバントゥーなどから外来文化複合が付け加わって，100年前くらいには確立していただろうと考えられる（長島 1987：421-430）。

3 戦後イギリス人類学のファースト・プロダクト

(1) テキストという方法

　『死と病いの民族誌』の真骨頂はエスノグラフィーとしてのそれである。著者は，「日本を代表するフィールドワーカー」（本書カバー袖）である。長い時間をかけた継続的な関係とそれにもとづくフィールドワークは，世界でも稀なものである。

　『死と病いの民族誌』の資料の多くは，テープレコーダーに録音したテキストにもとづく。この点で，『テソ民族誌』と『死と病いの民族誌』には，資料論について方法論上の大きな違いがある。そのあたりの事情については，長島自身による「マイクロ・コーダー追悼記」と題する随想にくわしい。

　ウガンダでのフィールドワークでは，資金不足と留学先のイギリスから直行したこともあって，機材類は乏しかった。リール式のポータブルは2か月で壊れ，借りたカセット式ポータブルは3か月足らずで盗まれたため，カセット5本分の録音があるのみで，その後の調査はすべて手書きで行わざるをえなかったのである（長島 1983：3）。一方，『死と病いの民族誌』は，観察よりも言語情報から得られた記述が多く，語られたものを逐語的に書き起こしたテキストにより，資料自らが語る部分が多くなった。

　アミン政権成立で急遽ケニアに転じたので，予備知識が少ないフィールドで，短い調査期間のうちに必要な情報を得るためにも録音は重要だった。

　ケニアでの調査では，ソニーの当時の新型マイクロ・カセットコーダー（ソニー M101）をプロジェクトで6台購入し，そのうち3台を用いて調査が進められた。

　「二つの机に5人がひしめき合って，カセットを書き起すもの，翻訳をする者，タイプを叩く者（主として私）といった有様で，私は自分が町はずれの小工場のオヤジになった気分を味わったものである」（長島 1983：5）という。第一次調査の終わり，1月下旬にテソを出るときには72本のカセットが録音済みで，その4分の3の書き起こしができていた。第二次以降の調査

では，マイクロ・コーダーは1台にして，占いの調査に用い，自分用には通常サイズのカセットテープレコーダーを用いるようになったのである（長島 1983：6）。録音資料を書き起した現地語テキストを作成することに，かなりの情熱が注がれていたことがうかがわれる。「フィールドワークの成否はいかにして良いテキストを得るかにかかわっているところが大きい」（長島 1983：3）のだ。

私もウガンダのアチョワという村で，長島の私設調査助手を約3か月間つとめていたことがあるので，この作業を間近で見たことがある。調査助手が作成した訳について執拗に現地の調査助手に説明を求める長島の姿には，鬼気迫るものが感じられた。長島の調査現場に居合わせた人類学者の松田素二が，以下に目撃談を語るとおりである。

> とにかく「いいかげん」なところがなかった。毎夜，わからなかったこと，わかりにくいこと，あとで疑問におもったこと，などを厳密に言葉を確認しながら整理していくのである。ほとんど不自由しないテソ語であっても，必ず，調査助手をつけテープレコーダーにとり，テソ語と英語で一語一語中身を確認する。長島さんはとくに会話分析に関心をもっていたわけではない。日常の雑談や儀礼の説明にいたるまであらゆるデータは，厳密にテキスト化され，それを幾重にも重ねて最低限見えてくるものを，レトリック抜きにして愛想なく記述するスタイルが，長島さんの基本だった。　（松田 2007：356-357）

(2) イギリス社会人類学のレガシー

この執念のルーツの一つは，いうまでもなくイギリス社会人類学の伝統である。1970年代まで版を重ねた『人類学の覚え書きと質疑』第6版には，以下の記載を認めることができる。

> テキストの作成は，言語学的資料を得るのに有益なだけではなく，重要な資料や文化的事実を得るのに役立つ。一人のインフォーマントの日々の生活に

おけるちょっとした出来事や，関心がある成り行き，物語，神話，あるいは家族や部族の歴史における事件などについて口述をしてテキストを完成させるのである。(中略) さらに，日常の会話，子どもたちや親族同士，あるいは共同で仕事をする仲間たちのおしゃべりなどについてのテキストを作成するべきである。調査者が当該言語によほど深い知識を持っているのでない限り，すべてのテキストはただちに翻訳してもらうべきだ。(A Committee of the Royal Anthropological Institution of Great Britain and Ireland 1971: 49-50)

ただし，マリノフスキーの教えを受けた人類学者たちは，現地語を学ぶこと，そして事実を現地語で記録することの重要性は強調したが，現地語の記録を出版したものはほとんどいなかった。現地語は分析対象というより，調査に「使われる」だけとなった。その意味では，『死と病いの民族誌』は，ある時代のイギリス人類学の良質な部分を引き受けているといえる。

4　粉飾決算のない会計報告

(1) 楽観的コスモロジーと災因論の変化

　テソのコスモロジーは，「運命論」を欠き，論理的には無責任論であり，楽天主義と平等主義と結びついている。いっぽうで安全とされる社会関係もごく狭いもので，いつ攻撃されるかはわからない。男性にとっても，女性にとっても実の親，姉妹は，安全とされる。兄弟は女にとっては安全だが男にとっては同母兄弟でも油断できない存在である。母方のオジ，オバ，母の姉妹の子どもたち，姉妹の子どもたちは安全の部類に入る。妻の兄弟，姉妹，両親，姉妹の夫とその兄弟姉妹もよほどのことがない限り信頼できる（長島1987：139）。したがって平均的なテソ人の世界観は，人生は様々な危険に満ちていて，いつひどい目にあうかもしれないから，注意深く周囲を観察して危険を事前に察知するとともに自分を守る「薬」や「お守り」を手に入れなければならない，ということになる（長島1987：411-412）。
　楽観的であろうとしても，20世紀のケニアを取り巻く状況は楽観を許さない。

> 少数のエリートたちと一般農民との経済格差は拡大する一方で,「いつかは自分だって」と夢見ることのできた伝統的な貧富の差をはるかに超えてしまい,追いつくことも,ふつうの手段で相手をひきずり降ろすこともほとんど不可能になってしまっている。そのためもあるのだろうか,自分の身にふりかかる不幸を自分の身近な他者のせいにする傾向が強くなっているように見える。
>
> （長島 1987：419-420）

　この部分を敷衍すると,80年代から隆盛を極めたゲシーレ（阿部他 2007）やニャムンジョ（ニャムンジョ 2017；梅屋 2017）の論じる,ウィッチクラフトと近代との関係を語ることもできそうに思われる。たとえば,以下のようなニャムンジョの論考とほとんど紙一重のところまで来ているのだ。

> 現代のアフリカでは,開発は具体的かつ目にみえる結果を約束する救済の有効な手段として提示されている。しかし追求すればするほど,大きなまぼろしのように見えてくるのである。多少いい結果が出ても期待値が高いから満足度は低く,うまくいかないと落胆は著しいものとなる。(中略) 開発は多くの人々に将来を約束するが,少数しか報われず,見返りも少ないので,当惑と失望という結果を生んでいる。
>
> （ニャムンジョ 2017：105）

　長島は世代的にも下部構造論には,なじみがあったはずだ。しかし,本書ではそれは意識して採用されない。

> 邪術理論そのものは社会・経済状況で直接説明できるものではない。両者の関係は下部構造と上部構造の関係ではないからである。社会・経済的要因が間接的に大きな影響を与えるのは,どの災因がより頻繁に災いの説明として採用されるかという,理論選択の過程であって,理論の内容ではない。
>
> （長島 1987：432）

　このような,レトリックをつかわないで,これでもかという「データ」が

厳密に精査されたうえで提示され，大向こうをうならせる美文も社会理論も意識的に排除される粉飾決算のない「会計報告」こそは，実証主義人類学の最良の資産だったのである（松田 2007：357）。

　こうして，本書では，20世紀に入ってからの災因論の変化について一見地味な見取り図を描くことになる。一方ではイカマリニャン・クランや老人たちによって維持されている伝統文化としての「呪詛」や「エタレ儀礼」があり，他方では外来の「死霊文化」がある。「邪術」に関する文化複合は（毒など）伝統的文化複合に外来の観念や技術が絶えず付け加えられてきたと考えられる。キリスト教や西洋医学は，理論としては大きな影響を与えていない。この理論の変化に重要な役割を果たしたのは，バントゥー系文化からその手法を学んだ占い師たちであった，というものである。災因論という理論の変化については，理論に人々が納得することによって行動に移されるだけの新鮮な魅力と限りなく説明を求める人間の心理を満足させるような複雑さと奥行きがあり，目に見える行動で追認できるような儀礼体系を伴っていなければならない（長島 1987：431），と，叙述はあくまで素っ気ない。

　重大なのは，キリスト教や西洋医学がテソの災因論に大きな影響を与えていない，という点だ。近代科学が進歩すれば，病は克服され，前近代の治療儀礼は殲滅されると信じる，俗流近代化論者からすれば驚くべき結論である。

(2) 災因論と理論

　『死と病いの民族誌』によれば，テソ人は，西洋医学を，伝統的な医療と対立するものだとは捉えていない。西洋医学の浸透は，「病名を持つ病気」というカテゴリーの範囲が拡大したにすぎない。「病院にいってもなおらない病気」はいぜんとしてあるのである（長島 1987：423-424）。同様のテーマを追求して浜本は，ケニアのドゥルマ社会のある病気の症状について，「病院が打ち負かされる」という印象的なエピソードについて検討している（浜本 1990）。

　私たちはむしろ，西洋医学と伝統医療を対峙させ，医学が進歩したら，伝統医療，あるいは呪術がなくなる，という俗流進化論，俗流啓蒙思想を，い

つ仕込まれたのか，ということを問題にするべきなのかもしれないのである。
　「『災因論』は，理論ではなく，資料収集・編集のための視点である」（長島 2004a: 535）とされる。
　しかし，理論をもたないことは不可能である。『死と病いの民族誌』の背後には，どのような理論があったのか。1995年の論考から，いくつかのヒントを得ることができる。長島は，ヒトの動物としての特徴として，以下の三つを指摘する。まず第一に，ヒトはその行動にあたって遺伝子によるプログラミングに多くをよっていない。それを初期化だけされてソフトが入っていない状態にたとえる。たとえば，「人間性」という普遍的ソフトは存在せず，そこでヒトは，個別世界，個別文化，個別社会において個体の外に形成し集積していったソフト，つまり文化を学習によって身につけるのである。
　第二に，ヒトは，知的混沌状態には長くは耐えられないために，文化的「説明体系」に依存する。その体系には，「AとBは関連する」とする「相関論」，「AはBの原因である」「こうしたらこうなる」という「因果論」，「AはBに始まった」とする「起源論」，「AはBになるだろう」という「未来論」という論理構成があげられる。これらの論理構成とは別に，「善悪」「生」「死」「楽園」「地獄」「前世」「来世」「神霊」「運命」「運勢」「正義」「邪悪」といった観念が歴史的に独自にあるいは相互影響のもとに形成されてきた。基本的論理と重なり合ってこれらがつくりだす体系をコスモロジー，あるいは，「文化的説明体系」と呼ぶ。
　第三に，ヒトは生活において絶えず何かを決めなければならない。その決定には相当の自由度があり，そこに社会にストックされていた文化的説明体系が対応する。この説明体系は，個人の体験にあてはめられてそれに解釈を与える。その説明体系は，発明され，伝えられ，修正され，組み合わさって，それに対応する行動様式も複雑化してくる（長島 1995：51-52）。
　このように，特に有機物によって構成される有機界には，無機界のような法則性を見出すことができる一般的で普遍的な「説明体系」はない，というのが基本的な考え方である。この考え方は，科学も一つの文化的説明体系とみなす立場の延長線上にみることができる。近年の著者の発言をみる限り，

どのような大理論が流行したときも，この基本的態度はほとんど影響を受けなかったようである（長島 2018）。

現在では，多方面で「災因論」の語が用いられて分析の枠組みとなっている。もはや長島の造語であることに言及されることも稀である。

参照文献

阿部年晴・小田亮・近藤英俊編　2007『呪術化するモダニティ——現代アフリカの宗教的実践から』風響社。

梅屋潔　2017「『見えない世界』と交渉する作法——アフリカのウィッチクラフトと，フランシス・B・ニャムンジョの思想」『思想』1120：86-98。

エヴァンズ＝プリチャード，E・E　2001『アザンデ人の世界——妖術・託宣・呪術』向井元子訳，みすず書房。

長島信弘　1972『テソ民族誌——その世界観の探求』中公新書。

長島信弘　1978「エムセベにつかれた少女——ケニア，テソ族の死霊をはらう儀礼」『季刊民族学』6：30-38。

長島信弘　1983「マイクロ・コーダー追悼記——西ケニアの調査に倒れたマシーンたち」『民博通信』22：2-7。

長島信弘　1987『死と病いの民族誌——ケニア・テソ族の災因論』岩波書店。

長島信弘　1995「オウム事件と現代社会」『へるめす』56：50-58。

長島信弘　2004a「長島信弘（1937-）『死と病いの民族誌——ケニア・テソ族の災因論』岩波書店，1987」小松和彦・田中雅一・谷泰・原毅彦・渡辺公三編『文化人類学文献事典』弘文堂，535-536頁。

長島信弘　2004b「自著を語る『テソ民族誌——その世界観の探求』」『アリーナ』創刊号，中部大学国際人間学研究所編：197-199。

長島信弘　2018「反理論のすすめ——人類社会のより深い理解を求めて」神戸人類学研究会・神戸大学国際文化学研究推進センター，https://www.youtube.com/watch?v=Xd1iKSEF_1s&t（2019年8月29日最終閲覧）。

ニャムンジョ，F・B　2017「開発というまぼろしが，ウィッチクラフトの噂を広げているのだ——カメルーンの事例を中心として」梅屋潔訳『思想』1120：99-127。

浜本満　1990「キマコとしての症状——ケニヤ・ドゥルマにおける病気経験の階層性について」波平恵美子編『病むことの文化——医療人類学のフロンティア』海鳴社：36-66。

松田素二　2007「Once We Were Together」中部大学国際人間学研究所編『アリー

ナ』4：355-360。
松田素二 2014「総説文化人類学」日本アフリカ学会編『アフリカ学事典』昭和堂, 162-173頁。
A Committee of the Royal Anthropological Institution of Great Britain and Ireland 1971. *Notes and Queries on Anthropology*, 6th edition. Revised and Rewritten, pp.49-50.

●読書案内●

『テソ民族誌──その世界観の探求』長島信弘，中公新書，1972年
　調査体験を時系列的に記述し，エピソード的体験に学問的考察を加えていく独特のスタイル。調査初期における資料収集と分析モデル形成過程を，記録にとどめた。トピックは，儀礼，呪術，ウィッチクラフト，呪占師，神，手紙など世界観，出自集団，家族・親族関係・結婚，年齢組織など多岐にわたる。

『アザンデ人の世界──妖術・託宣・呪術』E・E・エヴァンズ＝プリチャード，向井元子訳，みすず書房，2001年
　呪術や託宣や妖術が見出される儀礼行為や相互関係を考察し，一つの観念体系を構成していることを明らかにし，社会的行動においてどのように表現されているかを探求するエヴァンズ＝プリチャード畢竟の民族誌。「妖術」＝マング，「託宣」＝ソロカ，「呪術」＝ングワという三つの概念が相互に依存して形成される「災因論」の体系が成立していることを描き出す。

『信念の呪縛──ケニア海岸地方ドゥルマ社会における妖術の民族誌』浜本満，九州大学出版会，2014年
　妖術などの信念は，一群の世界についての想定である。信念にもとづいて展開した実践が，それを裏づける現実をもたらすとき，物語は筋に沿ったものとして完成する。物語の筋に沿って生きること，つまりは妖術信仰を生きることを，当該の言説空間のなかでビビッドに描き出した。

『福音を説くウィッチ──ウガンダ・パドラにおける災因論の民族誌』梅屋潔，風響社，2018年
　暴政として知られるウガンダ・アミン政権における，犠牲者の一人を中心に，アドラ社会の「災因論」を読み解く。アミンに殺された，ポストコロニアル・エリートをとりまく呪詛，死霊，祟りの噂を丁寧に描写しようとする。当該社会の概念を整理し，具体的な事件との関係で描く「災因論」の民族誌。

【コラム❼】

病
エボラ出血熱の流行をめぐって

中川千草

　2013年12月から約2年半にわたり，西アフリカにおいてエボラ出血熱が流行した。その期間の長さや感染者数が疑い例を含め2万8000人をこえたという点で，流行の範囲は過去に例を見ないものだった。こうした大流行の主な原因は，不安定な社会情勢や医療システムの不十分さ，さらに世界保健機関（WHO）や流行地の各政府が事態を甘く見積もったことにあるとされた。その一方で，現地の人々はエボラ出血熱に対する危機感が薄く，病人のケアや葬儀に関する「不適切」な習慣が流行を後押ししているという見解がしばしば示された。流行地の一つであるギニア共和国の場合，「無知と恐怖」（Anoko et al. 2014: 28）などによる影響を指摘する声もあった。

　2014年夏，WHOは「国際的に懸念される公衆衛生上の緊急事態」を宣言したが，ギニアに暮らす友人たちや日本，パリに暮らすギニア出身者たちはそろって「報道が大げさなだけ」「問題はない」と楽観的な口ぶりだった。話題に出すと鬱陶しがられたり，「迷惑だ」とはっきり言われたりすることもあった。出身地が社会的な危機に見舞われていることをめぐり，このような態度をとるのはなぜか。「無知」だからなのか。

　流行中，私は，現地の人々のエボラ出血熱をめぐる実際の反応を知り，その心情に少しでも近づきたいと考え，電話やSNSなどで話題にし，慎重にやり取りを試みた。当初私からの質問をいぶかしんでいた人たちも，私が彼らの考えや習慣を非難しようとしているわけではないことを理解すると，心の内を話してくれるようになった。同時に，治療・予防策への不信感や協力拒否の理由を，「無知」と一蹴してしまうことの危うさに気づかされた。

　ギニアの首都近郊では近代医療への信頼度が非常に高い。多くの人が，費用さえあれば，医師に診てもらい，処方薬を飲み，病を治したいと考えている。同時に，薬草などを用いた伝統医療を頼ったり，呪いが原因と疑えば，それを跳ね返すまじないや厄除けを実践したりすることで，病に対応する（中川 2015）。こうしてみると，身体

の不調への対応のしかたは、日本に暮らす私たちより、はるかに充実している。しかし、そのいずれもエボラ出血熱には効かなかった。感染が疑われる者は治療センターへ連れて行かれるが、生きて帰ることはほぼなかった。患者と接した伝統医やまじない師も死んでしまう。人々は誰を信じたらよいかさえ、わからなくなった。また、当時、「白い煙を吹きかけられた（消毒された）家の者は亡くなるらしい」という噂は「その白い煙のせいで死ぬ」という解釈を生み、それが住民の間で共有・流布されていた。病や死の理由が不明なままでは不安が掻き立てられるばかりだが、これだと思える理由があれば対応しやすい。白い煙が原因ならば、それを避ければよいというシンプルな答えは人々に受け入れられやすかった。

このように八方ふさがりとなり、途方にくれるなかで、理由を考えたり対応しようとしたりしているというのに、赤の他人から無知を前提とするような態度を示されることにより、人々は嫌悪感を覚え、拒否するようになった。しかし、こうした態度は、治療や予防対策を急ぐ支援団体にとっては障害にすぎず、「無知」にもとづく改められるべきものとして繰り返し主張された。こうして、現地の人々を「エボラ出血熱について何も知らない人たち」として扱う傾向はいっそう強まった。

病や死は、デリケートな領域であり、時に他人には想像できないような論理や感覚が複雑に絡み合っている。現地の人々の心情を無視していては、今回のように支援活動への反発を引き起こしかねない。多くの犠牲者を出している猶予のない状況ほど、現地の人々の語りにじっくりと耳を傾け、彼らとのコミュニケーションを重ねることが重要なのではないだろうか。

参照文献

中川千草　2015「日常に埋め込まれたエボラ出血熱——流行地ギニアに生きる人びとのリアリティ」SYNODOS（https://synodos.jp/international/15509 最終閲覧2019年3月28日）。

Anoko, J. N. et al. 2014. Humanisation de la réponse à la fièvre hémorragique Ebola en Guinée: approche anthoropologique. Le Centre Régional de Recherche et de Formation à la Prise en Charge Clinique de Fann（www.crcf.sn/wp-content/uploads/2014/08/RapportAnokoEpelboinGuineeJuinJuillet2014Ebola.pdf　最終閲覧2019年3月28日）

第10章

難民と日常性

異郷の地で生きるための想像／創造力

内藤直樹・佐川徹

ニャルグス難民キャンプの市場で干魚を売る難民女性（2018年，内藤撮影）

1　難民として生きる経験とは

　あなたは難民として生きる経験と聞くと，何を思い浮かべるだろうか。地平線の先まで白いテントが続く難民キャンプの光景だろうか。配給された食料に依存せざるをえない苦しい生活だろうか。それとも，故郷に戻ることができる日までの仮の暮らしだろうか。1951年に国際連合全権委員会議で採択された「難民の地位に関する条約」によれば，難民とは「人種，宗教，国籍もしくは特定の社会的集団の構成員であることまたは政治的意見を理由に迫害を受けるおそれがあるという十分に理由のある恐怖を有するために，国籍

国の外にいる者であって，その国籍国の保護を受けることができない者または
そのような恐怖を有するためにその国籍国の保護を受けることを望まない
者」とされている。すなわち難民とは，国籍国で「迫害のおそれ」があることを理由に，国籍国の外に「国民ではない者」として滞在する人々である。

　この条約をもとに庇護国による難民認定を受けた人々は，「条約難民」として国際的な支援を受けることができる。さらに庇護国による難民認定を受けなかった人々に対しても，国連難民高等弁務官事務所（UNHCR: The Office of the United Nations High Commissioner for Refugees）が独自に「マンデート難民」として認定し，支援を行うことがある。2017年末には，全世界で2850万人が国籍国からの避難を余儀なくされている（UNHCR 2018）。これは，故地を追われたものの国籍国の領域内にとどまっている国内避難民約4000万人を除いた数値であり，過去20年間で最大の数値である。この2850万人のうち，UNHCRの庇護下にある難民は1990万人であり，サハラ以南アフリカにはその約3分の1にあたる626万人が生活している。これほど膨大な数の難民がアフリカに生きているにもかかわらず，彼らが何を思い，いかなる暮らしを営んでいるのかについての具体的な情報に出会うことは少ない。

　そもそも彼らはどこで暮らしているのだろうか。まず思いつくのが，庇護国が提供する難民キャンプで暮らす難民だろう。だが，すべての難民がキャンプで暮らしているわけではない。一部の難民は，親族や知人の家がある村落で暮らしている。また，町でお金を払って借りた部屋に居住する難民もいるが，後述するように，都市の難民のなかには「難民」であることを隠して生活している人もいる。本章では，彼らのように公的機関からは「難民」と認定されていない人々も議論の対象に含めよう。

　難民の存在は，もちろん現代世界が直面している大きな「問題」である。だがこの章では拙速に「問題」への解決策を提示することを目指すのではなく，難民が日常的にいかなる意識を抱き，どのような人間関係を築きながら生活を送っているのかを探ってみよう。難民が生きる現場を無視したままに実施される政策はうまく進まないことが多いし，下手をすると人々の生活に悪影響を与えてしまうことすらあるからだ。以下では，まず難民をめぐる人

類学的研究の古典といってもよい著作の内容を紹介する。出版されてからそれほど長い時間を経ていないこの著作が，後の研究に大きな影響力を有してきたのは，難民の暮らしを詳細に明らかにしたことに加えて，難民が現代世界においてどのような存在であるのかを原理的に考察したからである。

2 難民のアイデンティティと歴史意識
―― L・H・マルッキ『純粋さと亡命』

(1) 難民とはいかなる存在なのか

　1995年に出版されたリーサ・マルッキによる『純粋さと亡命――タンザニアのフトゥ人難民における暴力，記憶，ナショナルな世界観』は，ブルンジ共和国からタンザニア連合共和国に逃れたフトゥ人難民のアイデンティティと歴史意識に焦点を当てた著作である（Malkki 1995a）。

　マルッキは，まず本の序論で難民の現代世界における位置づけを検討する。その際に彼女が依拠するのが，文化人類学において古典的な研究テーマの一つである諸社会の分類体系に関する研究である。これらの研究によれば，世界とはもともと境界のない連続体である。人間はその連続体へ恣意的に境界を設けることで世界に秩序をつくりだす。たとえば，ヒトは生まれてから死ぬまで身体能力や外見が変化するが，その変化は切れ目のない推移でしかない。だが，どの人間社会においても，ヒトは成長の過程に応じて複数の範疇に分類され，さらに各範疇にはそれぞれ担うべき役割などが規定されている。「子ども」は遊ぶ存在，「大人」は働く存在，「老人」は教え諭す存在，といった具合にである。この分類と役割規定によって，人間関係やその連なりから構成される社会には特定の秩序が形成される。

　連続体のどこにいかなる基準で境界を設けるのかは，社会ごとに多様であり，同じ社会でも時代を通じて変化する。たとえば，成人となる年齢は2019年現在の日本では20歳だが，プエルトリコでは14歳だという。また，日本で成年年齢が20歳と定められたのは1876年（明治9年）だが，2022年からは18歳に引き下げられることが決定している。多くの伝統的な社会ではそもそも

年齢を数えておらず,それとは別の基準,たとえばその人が割礼を受けたか否かによって,大人か子どもかが判断される。

　だが,どんなに世界の分類を進めても,単一の範疇には分類しきれない存在が残る。そのような存在は,分類によりつくられた秩序を乱したり破壊したりする危険なものとみなされ,時に社会から排除される(ダグラス 2009)。伝統的な社会では,しばしば数日に及ぶ盛大な成人儀礼が営まれる。この儀礼を経ることで,人々は「子ども」の地位から「大人」の地位へ移行するが,儀礼の期間中,人々は「すでに子どもではないがまだ大人でもない」どっちつかずの状態に置かれる。このような「もはや分類されておらずいまだ分類されていない」状態を,人類学者ヴィクター・ターナーは「境界域(リミナリティ)」と呼んだ(ターナー 1996)。「子ども」と「大人」の境界域にある人たちは,既存の純粋な人間範疇に混乱をもたらす危うい存在とみなされる。そのため彼らは,儀礼が始まってから終わるまで,社会の他の成員から空間的にも社会的にも隔離された状態で生活を送らなければならない。一連の儀礼を終えると,彼らは新たな「大人」として社会に再統合される。

　マルッキは,難民とは現代世界の国際秩序においてこの境界域に置かれた存在なのだと述べる。今日,基本的に南極大陸を除く地球上のすべての陸地は特定の国家の領域に,すべての住民は特定の国家の国民に分類される。各国家は国境での人の出入りと国籍の付与や剥奪を管理することで,この分類を維持し強化する。マルッキは,この分類とそれを再生産する営みにより形成された秩序を「事物の国家的秩序(national order of things)」と呼ぶ。国家と国家の狭間に位置する難民は,この秩序を乱し危険にさらす。彼らの存在は,国家が国内の統治や国境の管理を適切に実施できていないことを示すとともに,「国民」と「外国人」の境界をあいまいなものにすることで,「国民」という範疇の純粋性を損ねてしまうからだ。そのため国家や国際組織は,難民状態をあくまでも「一時的な状態」と位置づけ,彼らを既存の分類体系のなかに再統合して従来の秩序を維持しようとする。つまり,難民自身がどのような考えを抱いているのかを検討しないままに,彼らを「国籍国に

戻るべき存在」として位置づけ，その「帰還」を難民政策の最終目的に設定するのである。

　マルッキは，このような国家と国境の枠組みを前提とする分類の歴史的・政治的文脈に注意を払う必要があると主張する。つまり，事物の国家的秩序がいかなる歴史と権力の作用のもとに「自然な」ものとして感じられるようになっているのかを，問う必要があるというのだ。彼女が注意を喚起するのは私たちが抱く「定住中心的な偏見」である。私たちは，特に意識することがないままに「土着の文化」「地元に根差したアイデンティティ」「国民意識が芽生える」といった表現を用いる。マルッキ（Malkki 1992）が別の論文で「樹木的概念」と呼ぶこれらの表現には，文化はつねに特定の領域に根付くことを通して形成されるものであり，その領域から離れて根なし草になった人々は，アイデンティティを喪失して心理的な問題を抱えこむことになる，という考えが内包されている。だが，このような思考は決して普遍的なものではない。たとえば移動を常態とする生活をしてきた人たちには，異なるアイデンティティや文化のあり方が存在しているはずだ（第6章を参照）。

　マルッキが定住中心的な偏見を相対化する必要性を強調するのは，この思考に依拠して人間集団を特定の土地に縛りつけ純化しようとする試みこそが，難民を生む原因をつくりだしてきたからである。『純粋さと亡命』で調査対象となった難民は，ブルンジから逃れてきた人々である。ブルンジやその隣国ルワンダ共和国には，主にフトゥ人，トゥチ人，トゥワ人という集団が暮らしている。植民地化以前の時期，人々の各集団に対するアイデンティティは流動的なものだった。しかし，20世紀前半からこの地を統治したベルギー政府は，集団間の境界を固定し，トゥチ人がフトゥ人とトゥワ人を支配するピラミッド型の政治構造をつくりあげた。この階層的な固定化により生じた集団間の対立が，後の紛争の火種となり，膨大な数の難民を発生させてきたのである。同様の対立関係は，ルワンダにおいても内戦や虐殺の悲劇を生んだ（コラム⑧を参照）。

　人類学的な難民研究とは，難民の具体的な生活や思考を明らかにすることを通して，難民を「異常」で「無力」な存在とみなす私たちのまなざしを，

そしてそのまなざしをつくる私たちの恣意的な分類体系を問いなおすことに他ならない。『純粋さと亡命』の序論からは，このようなマルッキの強い意気込みが伝わってくる。

(2) キャンプの難民，町の難民

マルッキが調査対象としたのは，ブルンジからタンザニア西部に逃れてきたフトゥ人の難民である。ブルンジでは1962年の独立後，政権の中枢を握ったトゥチ人と従属的立場に置かれたフトゥ人との間で何度か衝突が発生した。特に多くの難民を生んだのが，1972年4月に国軍が中心となって教育を受けたフトゥ人らを殺戮した出来事である。正確な犠牲者数は不明だが，一説では1973年の春までに15万人から25万人のフトゥ人が犠牲になった。また，攻撃をおそれた10万人以上のフトゥ人が近隣諸国に逃れた。マルッキは，タンザニアに逃れた難民を対象に1985年10月からの約1年間，調査を行った。彼らが難民化してから10年以上が経過していた時期である。

マルッキの研究で特徴的なのは，対照的な性格をもつ二つの場所に暮らす難民のもとで調査を行ったことだ。一つ目の調査地は1978年から1979年に難民キャンプが設置されたミシャモである。設置主体は，タンザニア政府，UNHCR，タンガニーカ・キリスト教徒難民サービス（TCRS: Tanganyika Christian Refugee Service）であった。住民は支援関係者を除けば難民だけであり，2050km^{2}の土地に16の村が置かれ，1985年の人口は3万5千人であった。ミシャモは周辺地域からは厚い森で隔てられた場所に位置し，近隣の町や村まで車で数時間かかった。キャンプの外に出るためには，14日間限定の許可証をキャンプ当局から発行してもらう必要があった。マルッキの調査時に，難民は作物を自給し，また余剰生産物を販売して現金収入も得ていたものの，多くの局面でタンザニア人のキャンプ関係者に依存した生活を送らざるをえなかった。

もう一つの調査地はタンガニーカ湖畔の町キゴマである。この町は歴史的にアラブ人交易の中心地であり，古くから多様な出自を有した人々が集まるところだった。マルッキの調査時にも，町にはタンザニア各地からの移住者

や訪問者に加えて，ザイール（現コンゴ民主共和国）からの難民も暮らしていた。キゴマのフトゥ人難民は，政府や援助機関との関わりはわずかで，UNHCRのオフィスが町のどこにあるかを知らない難民もいた。彼らは小売商をはじめとした多様な生計活動に従事しており，新たな経済的機会への参入にも積極的であった。また，町の外へも頻繁に移動をして，異なる民族や国籍の人たちと親密な社会関係を形成していた。

　二つの異なる社会環境下に暮らす難民は，その帰属意識において際立ったちがいを示す。ミシャモの難民は，外部からの訪問者に「私はブルンジから来たフトゥ人難民です。私の名前は……」と自己紹介するのだという。個人の名前より先に，フトゥ人としての，そして難民としての集合的アイデンティティを提示するわけである。彼らの集団への強固な帰属意識と深く関係しているのが，人々の歴史意識だ。マルッキは，難民が「われわれフトゥ人」の歴史を日常的に語り，また彼らの語りに明確な起承転結と道徳的含意があることに気づく。彼女は，キャンプの難民による語りを「神話的歴史」と名づける。「神話的」というのは，語りの内容が完全な創作物だという意味ではない。人々は現実に起きた出来事について語ることもあるし，そうでないこともある。それを「神話的」と呼ぶのは，人々が定型的な語りの反復を通して善なる自己，つまりフトゥ人と，邪悪なる他者，つまりトゥチ人やタンザニア人とを明確に区分することで，自身が生きる世界の道徳的秩序をつくりだしているからだ。

　神話的歴史の主な内容をまとめれば以下のようになる。ブルンジはもともとトゥチ人とフトゥ人が暮らす平等主義的で調和した世界だったが，外来者であり人口的には少数派のトゥチ人が悪賢い知識を用いて，人口的には多数派のフトゥ人を支配した。トゥチ人は怠け者であり，強靱な身体を有したフトゥ人が営む農業にその生活を依存してきた。フトゥ人の男性は美しいトゥチ人の女性に魅せられて結婚してきたが，この女性を通してフトゥ人側の情報がトゥチ人側に伝わり，1972年の殺戮につながった。殺戮時に，トゥチ人は妊娠中のフトゥ人女性の子宮を竹棒で貫くなど非人間的な行為を行った。この殺戮によって，トゥチ人がフトゥ人を消滅させようという野望を抱いて

いることが明らかになった。ミシャモの難民はこのような神話的歴史を通して，歴史的な経緯からも道徳的な観点からも，トゥチ人ではなくフトゥ人こそがブルンジを統治する正統性を有した存在であること，ブルンジの政権を奪還するためには他民族との通婚はせずにフトゥ人としての範疇の純粋性を保つ必要があることなどを，共有している。

　難民キャンプでの暮らしはこの神話的歴史のなかに位置づけられ，また日々の生活で起きる出来事は標準化されながら神話的歴史に取り込まれていく。難民は，キャンプの管理を担当するタンザニア人をトゥチ人同様に自分たちと敵対する存在として捉える。キャンプのタンザニア人は，人口的には少数派でありながらも悪賢い知識を用いてフトゥ人を統治・抑圧する相手として，ブルンジのトゥチ人と似通った存在なのである。難民は，タンザニア人が優秀な農耕民であるフトゥ人をタンザニア国民として統合しようと目論み，様々な政策を通してフトゥ人がブルンジに帰還することを妨げようとしている，と考えている。この試みに抗して，フトゥ人難民は自分たちの純粋な「フトゥ人性」と「難民性」を保持し続けなければならない。現在の状態はあくまでも「一時的な状態」であり，時が来れば「われわれフトゥ人」がブルンジで真の国家を打ち立てるからだ。ミシャモの難民は，タンザニアに根付くことを意図的に拒否しているのである。

　改めて強調しておけば，マルッキは神話的歴史が「事実」にもとづいたものなのか否かは問題にしていない。キャンプの難民が，神話的歴史を認識と行動の参照枠としながら，現在の暮らしをいかに捉え，また未来の可能性をどのように想像するのかを，分析しているのである。ミシャモのフトゥ人は，難民状態が10年以上続いているにもかかわらず，純粋な「われわれフトゥ人」がブルンジへ帰ることに確信を抱いている。マルッキはそこにあるアイロニーを読み取っている。つまり，事物の国家的秩序から境界域へと排除され，苦しい生活を送る難民自身が，その国家的秩序へ再参入するために範疇の純粋性をつくり保つことに没頭しているからである。マルッキが自著のタイトルを『純粋さと亡命』とした理由の一つは，このアイロニーが彼女にとって印象的だったからであろう。

彼らと対照的なのがキゴマの難民である。キゴマでは，マルッキが歴史の話を聞こうとすると「そんなことに関心をもつ者がいるのか」としばしば問い返された。キゴマの難民が過去について言及する際には，「われわれフトゥ人」の定型化された集合的歴史ではなく，各個人がいかなる人生をたどり現在の状況にいたったのかが語られる。彼らの生活の基本は，できる限り目立たないように行動することである。「難民」として同定されることで，政府によってキャンプやブルンジへ送還されるのを恐れているためである。彼らは自ら「難民」と名乗ることはないし，「フトゥ人」としてより「ブルンジ人」として自己言及することを好む。また，植民地期ないしそれ以前の時代にブルンジからタンザニアへ移動してきた「移民」，キゴマ周辺にもともと暮らしていたフトゥ人に近縁の民族である「ムハ人」，ブルンジにはいないがタンザニアには多くいる「ムスリム」など，その場の状況に応じて個人単位で複数の集団ラベルを使い分けている。一つの集団範疇につよい帰属意識を表明することは，その範疇が含意する内容に縛られることでもある。町での流動的な生活には，そのような強い帰属意識はそぐわないのである。
　目立たなく生きるためには，帰化や通婚を通して地域の住民に「同化」する必要がある。このように記すと，人々は自分の「正体」がばれないようにびくびくしながら生きているように感じられるかもしれないが，キゴマのフトゥ人は自分たちが個人的な自由を享受していると考えている。比較対象として彼らの念頭にあるのはミシャモの難民である。キゴマのフトゥ人にとって，ミシャモでの暮らしは刑務所にいるようなもの，つまり政府の管理や難民自身が抱く窮屈な道徳意識により自由を喪失した暮らしである。
　一方，ミシャモの住民にとっては，自分たちの「真の」起源を隠蔽するかのようなキゴマのフトゥ人の生活は，容認しがたいものだ。彼らが他の民族集団の成員と結婚したり，タンザニア国籍を取得したり，町で商業に従事することは，フトゥ人や難民という範疇の純粋さを損ねてしまう。そして，純粋な「フトゥ人性」や「難民性」を喪失することは，ブルンジに帰還して真の国家を創設するという彼らの未来構想を破たんさせてしまう。
　だが，キゴマのフトゥ人は，神話的歴史や単一の純粋な集合的アイデン

ティティの構築には関心をもたない。彼らは，純粋な意味では「フトゥ人」でも「難民」でも「ブルンジ人」でも「タンザニア人」でもあるとは自認しておらず，根なし草的なアイデンティティ，あるいはコスモポリタンなアイデンティティを有しているといえる。キゴマとミシャモは車道で200km程度の距離にあるが，住民間の社会的距離はそれよりもずっと大きいのである。キゴマのフトゥ人に，「本当のホームはどこだと思うか」「ブルンジに将来帰るのか」と尋ねても，明確な答えは返ってこない。彼らにとっては，ブルンジもキゴマも，さらにはその間を移動し続けることも，ホームにいる感覚だといえる。マルッキはこのキゴマの人たちの流動的な帰属意識を，ただひとつの純粋な集合的範疇に固定化されることを拒み，国家の事物的秩序だけを「自然な」ものとみなす同一性の論理を揺さぶり攪乱するものとして特徴づけるのである。

(3) 均質化された難民像をこえて

　マルッキが対照的な難民の姿を示したのはなぜだろうか。それは事物の国家的秩序にどっぷりつかった観点から，難民を均質的な存在へ還元しようとする二つの立場をのりこえるためである。一つ目の立場は，難民に特有の「社会-心理学的タイプ」や「難民文化」「難民的アイデンティティ」を一般化した形態で同定しようとする研究者の立場である（Malkki 1995b）。マルッキによれば，特に1980年代から体系化が進んだ「難民研究（refugee studies）」の分野において，すべての難民が共有する本質的な要素を探り出そうとする研究が盛んになされてきたという。

　もう一つの立場は，難民はただ無力で援助を待つ受動的な存在だとみなす人道主義的な立場である。マルッキは，難民支援機関らによる難民の写真表象を検討しながら，普遍的な人道主義が行使する「慈善主義的な権力様式」について検討する（Malkki 2015も参照）。これらの組織が活動資金を集めるために使う写真に写っているのは，難民の「無力さ」をみる者に印象づける存在，つまり女性と子どもである。女性や子どもの難民は，文化や歴史の特異性を剥ぎ取られ，「裸の人間性」を露呈させた究極の弱者＝救済の対象と

して提示されているのだ。

　こういった難民表象の問題は，難民を匿名的・無時間的な犠牲者像に還元することで，難民が発生する個別の歴史的・政治的文脈をあいまいにしてしまうことだと，マルッキは指摘する。それに対して『純粋さと亡命』で示されたのは，私たちが事物の国家的秩序に依拠して「難民」へ分類する存在に，何か本質的な心的作用や文化が存在するのではないということである。ミシャモとキゴマのフトゥ人は，ブルンジからタンザニアへと逃げてくる過程で似通った苦しい経験をしていたはずである。だが両者は，その歴史意識やアイデンティティ，帰還への意思において明確なちがいを示していた。外部世界から空間的に隔離され，政府や国際機関の官僚機構に依存した生活を送らざるをえないキャンプは，純粋な集合的アイデンティティが育まれやすい場所だった。一方，キゴマの流動的な社会環境は，純粋な範疇の生産を妨げ，住民にコスモポリタニズム的な感覚が醸成される場所だった。難民が過去をどのように捉え，現在の暮らしをどう評価するのか，「難民」という範疇をいかに認識するのか，どこを故郷だと考えるのかは，人々がいかなる過程を経てどこに暮らし，どんな人々と付き合い，だれを意識しながら生きているのかといった要素によって，極めて多様なものとなりうる。

　また「難民」となってからの関係構築やアイデンティティの形成において，彼らは無力な犠牲者なのではなく，構造的な制約下に置かれながらも一定の主体性を発揮する存在である。マルッキは二つの場所に生きる難民を対比的に語ると同時に，双方が抱く歴史意識やアイデンティティはそれぞれの生活の必要性に対応して形成されたものであり，彼らが未来の可能性を開いたままにしておくためにも必要なものだと示唆している。キゴマの難民が，複数のアイデンティティを文脈に応じて提示するのは，多様な出自を有した人が暮らす不確実性の高い町でアイデンティティを一つに固定化させないでおくことが，有効な生活戦略になるからだ。それに対して，タンザニア人との階層関係が制度化されたキャンプという場において，難民はタンザニア人を自分たちに対峙する敵として位置づける。この対置によって，難民は自分たちが従属的な存在ではないことを内外に向けて示し，自らの存在の尊厳を

保ちえていると考えられる。歴史意識やアイデンティティの内容は大きく異なるが、苦境を生きる生活者の論理に依拠してそれらを能動的に形成している点において、両者は共通している。

3　難民問題の長期化と地域統合

　マルッキの著作は、難民の現代世界における位置づけをクリアに示したうえで、難民の帰属意識と歴史意識の絡まり合いを丁寧に描き出した。だが、この著作の意義は狭義の「難民研究」への貢献だけにとどまるものではない。『純粋さと亡命』は、新たな社会的状況のなかで人々が創造する文化や社会のあり方を考察した研究の嚆矢でもある。従来の人類学的研究は、人々が移動しながら暮らしている状態を「例外的な状態」や「治癒されるべき病理」として理解し、定住的な生活環境で築かれた社会や文化を「平時の姿」として記述してきた。それゆえ紛争が常態化した状況下を生きる人々による秩序形成に向けた営みは、あくまでも「非日常的」な現象として看過されてきた（Nordstrom 1997）。

　そのような潮流に対して、「場所の人類学」を構想したアキール・グプタとジェームズ・ファーガソンは（ファーガソンについては第11章も参照）、従来の研究が「特定の空間的領域に対応して特定の文化が固定的に存在する」という静態的な文化の捉え方をしてきたことを批判し、人々が様々なアクターとの交渉や葛藤を経て新たに場所や文化を創り出すダイナミックな営みに注目する必要性を主張した（Gupta and Ferguson 1997）。これは、グローバル化、つまりヒト・モノ・情報の国境をこえた動きが活発化する現代世界における文化や社会のあり方を考察するうえで、不可欠な視点だろう。マルッキが描き出した難民の文化的実践は、人々の移動性や集団境界の流動性が高まる時代の帰属意識や歴史意識を考えるうえでも、重要な事例なのである（本書第3章も参照）。

　一方、マルッキが批判の矛先を向けた難民の「帰還」を至上の目的とする政策立案者の思考は、その後次第に変化してきた。以下ではその変化をみてみよう。『純粋さと亡命』の対象とされた難民が、すでにタンザニアに10年

以上滞在していたように，現在のサハラ以南アフリカにおける難民庇護をめぐる課題は，「長期化する難民状態（Protracted Refugee Situations）」への対処にある。難民問題の恒久的な解決策は，難民が国籍国に帰還する「自主的帰還」，難民が避難先の国に定住する「庇護国定住」，国籍国でも庇護国でもない国へ難民が定住する「第三国定住」の3つとされてきた。そしてマルッキが指摘するように，自主的帰還ないし第三国定住が望ましい解決策として考えられてきた。しかし実際には，難民発生の主要な原因である紛争はしばしば長期化するし，近年のアフリカでは庇護国は難民の受け入れに消極的である。また，第三国定住で受け入れ可能な人数は，発生している難民の数に比して少ない。「長期化する難民状態」とは，こうした理由から，難民状態が5年以上にわたって継続する状態である（Loescher et al. 2009）。世界の難民の3分の2がこの状態にあるとされている。

　マルッキが示したように，庇護国における難民は農村や都市といった「庇護国の一般市民も居住する空間」か，定住地（セトルメント）や難民キャンプといった「庇護国の一般市民は居住しない空間」で生活している。特に定住地やキャンプの難民に対する支援の文脈においては，難民はあくまで「一時的な状態」と認識されてきたために「緊急性の高い人道的支援」の対象であった。しかしながら「長期化する難民状態」は，難民支援を行ううえでの「一時的な状態」という前提を無効化してしまう。そこでアフリカ難民問題の解決策を探る近年の議論においては，難民自身に紛争の解決，和解，そして出身国の社会的・経済的発展に貢献できる潜在能力があることが強調されている。つまり，単なる無力な犠牲者としての難民像から，問題解決能力を有する主体的な難民像への転換である。

　UNHCRは，「4R」と「DLI」という二つの新たなアプローチを提唱している。4Rとは，難民の帰還事業にあたり，帰還（Repatriation），再定住（Reintegration），復興（Rehabilitation），再建（Reconstruction）に重点を置くことである。「地域統合を通した開発（DLI: Development through Local Integration）」とは，難民が庇護国に定住することが現実的な選択肢である場合に，地元への定着を通じて庇護国の開発を支援することである。最も好

ましい解決策は自主帰還であるという認識は今日でも変わらないが,母国で紛争状態が続いている場合,それは必ずしも現実的ではない。このように庇護国への定着は,自主的帰還と並んで難民問題の「恒久的解決策」の一つとして注目されるようになっている。

　難民を地元に「統合」させる過程においては,難民と受け入れコミュニティの住民の双方を援助への依存から脱却させ,自立性を高め,持続可能な生計を立てられるようにすることが重要である。ほとんどの難民キャンプは庇護国の周縁地域に設置されており,難民を受け入れるホスト側の社会もまた,開発援助の対象になってきたことが多いからである。難民と受け入れコミュニティの社会的・文化的「統合」が進めば,両者が共存し,多様で開放的な社会が形成されると考えられているのだ。

　また近年,難民の地域統合が進まない原因は,従来の難民による経済活動に対する誤った理解にもとづいて政策が立案・実施されてきた点にあるという指摘もされるようになってきた（Betts et al. 2016)。これまで難民は「援助に依存する存在」とみなされており,彼らの経済活動がホスト社会に与えるインパクトは過小あるいはネガティブに評価されてきたという。このような難民モデルは,難民の経済活動はホスト社会とは独立しており,難民を受け入れることはホスト社会にとって重荷であり,難民の経済活動は均質である,という仮説から構成されている（Betts et al. 2014)。

　この仮説を再検討するためには,難民とホスト間の社会経済的な相互作用の実態を解明する必要がある。それは難民とホスト社会の人々が否応なしに長期にわたって共存するという経験を,生活の現場から理解することに他ならない。マルッキの著作は,難民の帰属意識を彼らの生活の現場から検討する試みであったが,難民が実際にホスト側の住民とどのような関わりをもち,いかなる工夫をしながら日々の糧を得ているのかといった記述は多くない。そこで以下では,筆者の一人（内藤）の調査内容にもとづいて,キャンプにおける難民とホスト住民との関係を,経済活動に焦点を当てながらみていくことにしよう。

4 難民とホスト社会

(1) 難民キャンプという空間

　難民キャンプに居住する難民に対しては，庇護国での政治参加，就労，移動の自由が制限されている一方で，国際援助機関による食料配給，医療・福祉，教育サービスなどの支援が行われる。そのため，難民キャンプは時には地方都市の水準をこえる公的設備を備えている。ケニアのカクマ難民キャンプを調査した栗本英世（2002）が報告するように，難民キャンプはトランスナショナルな人やモノ，情報がうずまく巨大な都市空間としての性格をもつ。UNHCRによれば，一つの難民キャンプにおける人口は，管理や運営のしやすさから6000人程度が望ましいとされている。だが，大規模な内戦が勃発すると大量の難民が短期間で発生するため，少数の難民キャンプで6000人をこえる規模の難民を庇護せざるをえない傾向にある。後述するように，タンザニアには人口10万人をこえる難民キャンプも存在する。これだけの規模になると，庇護国も国際機関も，難民の動向を完全には把握できなくなる。だが，それゆえに，キャンプは人々が時には非公式的な手段をも駆使しながら，自らの生活の場を創造する空間になる。

　難民キャンプには世界各地からインプットされる膨大な量のモノを資源とするユニークな経済圏が発生する。たとえば東アフリカの難民キャンプに暮らす人々の食生活は，世界食糧計画（WFP: World Food Programme）による援助食に依存している。配給される食料の品目と量は決まっており，世帯ごとに定期的に配給される。このような状況下で，難民とホストという他者同士が，交換領域，つまり市場の形成を通じて，それぞれに異なる必要を満たす関係を創出している。新たな交換領域は，難民とホストだけでなく，キャンプの敷地や治安維持サービスを提供する庇護国政府，包括的な人道支援を行う援助組織らも含むネットワークによって成立している。

　難民キャンプが設置されるということは，難民とそれを受け入れる地域社会の人々という他者同士が物理的に近接することを意味する。さらに，そこ

に市場ができるということは，難民と地域社会の人々との間に取引・交換を通じた信頼関係が形成され，ある種の「平和の場」が生まれることにもつながる（グリァスン 1997）。なぜなら「交換」とは，相手がもつ価値あるものを奪わずに，価値をめぐる平和的な交渉が行われるときにはじめて可能になるからである。

(2) **難民キャンプにおける市場の展開**

　ニャルグス難民キャンプは，タンザニア西部のキゴマ州に位置する。タンガニーカ湖畔から100kmほど東に位置するこの地域は，ブルンジやコンゴ民主共和国との国境に近い。難民キャンプは内戦から逃れたコンゴ民主共和国の難民を受け入れるために，1996年に開設された。開設当初の人口は約15万人だったが，コンゴに帰還した人も多く，2017年末現在のコンゴ難民の人口は約7万人である。その後，2015年にブルンジの選挙に伴う混乱をきっかけに発生したブルンジ難民約7万人を受け入れている。このため，2017年末現在のニャルグス難民キャンプの人口は約14万人である。難民がキャンプから外出する場合には特別な許可が必要となる。それゆえ難民の日常生活のほとんどが，キャンプのなかで完結するように設計されている。

　難民は，難民申請をしたときに顔写真，指紋，経歴などをコンピュータに登録され，その後家族ごとに食料配給カードを支給される。食料の不正受給防止のため，2週間に一度の食料配給日には，配給所の係員にこのカードを見せ，印刷されているバーコードをスキャンすることで本人確認を行う必要がある。ニャルグスにおける難民1人1か月あたりの配給食は，小麦粉10.64kg，大豆3.36kg，トウモロコシと大豆の粉1.4kg，油0.56kg，塩0.14kgである。しかしながら，難民が実際に消費している食品を調べると，その多くが配給されない食材からなっていることが明らかとなった。コンゴ難民の世帯は小規模な畑を所有していることが多く，野菜類が食卓にのぼる機会が多い。また，彼らは魚などの食材をキャンプ内に開設された市場で購入していた。

　ニャルグス難民キャンプの市場は，キャンプが設立された直後の1990年代

から各ゾーンで自然発生的に形成された。だが2015年に韓国の二国間援助機関である韓国国際協力団（KOICA）と国際NGOのグッドネーバーズ（Good Neighbors）が中央市場の建物を整備してからは，そこが商取引の拠点となりつつある。興味深いことにKOICAは魚の売り場と倉庫になる屋根付きの建物を建設し，周辺の広場を整備しただけで，実際の管理と運営はコンゴ難民やブルンジ難民，そしてホスト住民の各代表からなる委員会が行っている。そして，委員会に所定の手数料を支払えば，誰でも店舗を出すことができる。そのため，魚の卸売業者はタンザニア西部の広域から来訪している。

　魚市場では，タンザニア人卸売商人およびコンゴ・ブルンジ難民の小売商人からなる213人が魚市場で活動を行っている。その内訳はタンザニア人商人は50人，コンゴ難民商人が113人，ブルンジ難民商人が50人である。タンザニア人商人は難民商人に対する卸売を，難民商人はキャンプでの小売を行っている。タンザニア人卸売商人が扱う魚には，近隣のタンガニーカ湖だけでなく，遠隔地のヴィクトリア湖で漁獲・乾燥されたものも多く含まれる。主に販売されているのは干した小魚やナマズである。魚市場では，卸売業者が直接販売する場合とそれを難民の小売商に売る場合がある。

　さらに魚市場の外側に広がる広場には野菜などの生鮮食料品や工業製品を販売する店舗がひしめいている。これらの店舗のオーナーは難民と地元住民である。たとえば，ある難民の女性は，近隣のタンザニアの農民からコメを買い付けて販売している。コンゴやブルンジとの国境付近という，タンザニアのなかでも辺境地域に暮らす農民の生活も必ずしも楽ではない。タンザニア人農民にとっては，難民との農産物の取引は貴重な現金収入源であるし，天候不順などで穀物が不作の年には，野菜などの生鮮食料品と引き換えに難民の配給食を入手することもできる。

　難民とタンザニア人との間の取引には，遅延決済の習慣が存在する。たとえば，布地を商うある難民女性が販売している布地はすべて，彼女のムファジリ，つまりビジネスパートナーであるタンザニア人の所有物である。商品の仕入れはタンザニア人が行うため，移動が制限されている難民には都合がよい。そして難民は商品のオーナーの代わりに難民キャンプで商品を販売

し，売り上げの85%をオーナーに支払う。このようにムファジリ・システムには，初期投資資金がなくとも市場での商業活動に参入できるというメリットがある。ただし，いいことばかりではない。このシステムは，タンザニア人オーナーによる難民への搾取につながる構造でもあるからだ。

ニャルグス難民キャンプが設立されてから，難民とホスト住民との間で商品の交換をめぐる社会関係や制度の束，すなわち市場が自然発生的に形成されていた。KOICAは，難民とホスト住民がつくりあげた市場に，あえて「屋根をつける」だけの介入を行ったと考えられる。市場をめぐる取引関係がすでに存在していたからこそ，「屋根の下」で行われる商行為に関しては，難民とホスト住民に一任できたのである。

5　難民の日常生活に着目することの意義

「帰還」を難民支援政策の最終目的に設定する定住中心的な価値観や事物の国家的秩序のもとでは，難民は国籍国に帰るまでの「一時的な状態」を生きる存在としてしかみなされない。今日，世界の難民数は膨大な数にのぼるだけでなく，長期にわたって難民状態が継続する事態が増加している。もちろん，難民としての暮らしは楽なものでも，気分がよいものでもないはずだ。だが，長期にわたる難民としての生活を「一時的な状態」のもとでの受動的な生活としてしか認識できないとしたら，私たちは彼らの暮らしぶりや考え方に思いをめぐらせることができないばかりか，この状態に対して具体的にいかなる支援が必要なのかについて適切に考えることもできないだろう。

それに対してマルッキの著作は，難民状態に置かれた人々の生き方や思いといったごく当たり前の事象に目を向け，彼らの文化的営みに学ぶという視点や態度を，私たちに示してくれている。4節で紹介したように，このような視点や態度に依拠して筆者が行った研究からは，難民は高まる物質的需要をまかなうために，ホスト側の住民とともに自律的に市場を創出したことが明らかとなった。そして国際NGOが支援したのは，その市場の屋根を作ることだけだった。これは支援する側が，難民を単なる無力な援助依存者では

なく，市場を自ら営み管理する主体的で合理的な存在として認識していたからこそ可能となった効果的な支援である（開発や支援については第11章も参照）。もっとも，このような主体的で合理的な難民観は，支援する側の負担を可能な限り減らし，難民の生活の改善を最終的には「自己責任」に帰する新自由主義的な人間観と紙一重であり，手放しで賞揚すべきではないことも指摘しておくべきだろう。

「現在，世界には○○万人の難民が存在します」。そのような数値や悲惨な難民の写真だけを目にしても，私たちは「それはあってはならないことだ」という「当たり前」の道徳的評価を確認するだけに終わってしまいがちだ。文化人類学的なアプローチは，なにより難民の日常生活に接近し，彼らの生きる姿をありありと描きだすことで，私たちが難民のありようをより具体的に想像するためのきっかけを提供する。そしてその想像力こそが，難民を「異常」で「無力」な存在とみなす私たちの分類体系に再考を迫る力となるのである。

参照文献

グリァスン，H 1997『沈黙交易――異文化接触の原初的メカニズム』中村勝訳，ハーベスト社。

栗本英世 2002「難民キャンプという場――カクマ・キャンプ調査報告」『アフリカレポート』35：34-38。

ダグラス，M 2009『汚穢と禁忌』塚本利明訳，筑摩書房。

ターナー，V 1996『儀礼の過程』冨倉光雄訳，新思索社。

Betts, A. et al. 2014. *Refugee Economics: Rethinking Popular Assumptions*. Refugee Studies Centre, Oxford Department of International Development, University of Oxford.

Betts, A. et al. 2016. *Refugee Economics: Forced Displacement and Development*. Oxford University Press.

Gupta, A. and J. Ferguson. 1997. Culture, Power, Place: Ethnography at the End of an Era. In A. Gupta and J. Ferguson (eds.), *Culture, Power, Place: Explorations in Critical Anthropology*. Duke University Press, pp.1-29.

Loescher, G., J. Milner, E. Newman, and G. Troeller (eds.) 2009. *Protracted Refugee Situations: Political, Human Rights and Security Implications*. United Nations

University Press.

Malkki, L. H. 1992. National Geographic: The Rooting of Peoples and the Territorialization of National Identity among Scholars and Refugees. *Cultural Anthropology* 7(1): 24-44.

Malkki, L. H. 1995a. *Purity and Exile: Violence, Memory, and National Cosmology among Hutu Refugees in Tanzania.* University of Chicago Press.

Malkki, L. H. 1995b. Refugees and Exile: From "Refugee Studies" to the National Order of Things. *Annual Review of Anthropology* 24: 495-523.

Malkki, L. H. 2015. *The Need to Help: The Domestic Arts of International Humanitarianism.* Duke University Press.

Nordstrom, C. 1997. *A Different Kind of War Story.* University of Pennsylvania Press.

UNHCR 2018. *UNHCR Global Trends 2017.* UNHCR.

●読書案内●

『難民の人類学――タイ・ビルマ国境のカレンニー難民の移動と定住』
　　久保忠行，清水弘文堂，2014年
　　長期の現地調査にもとづき，タイのキャンプで暮らすビルマ難民の紛争経験，日常生活，文化やアイデンティティの創造や第三国定住などを活写している。そして「救済の対象となる脆弱な人びと」としては一括りにできない，様々な思惑や個性をもった人々が生活している現実を描き出している。

『創造するアフリカ農民――紛争国周辺農村を生きる生計戦略』
　　村尾るみこ，昭和堂，2012年
　　国際社会から認定された「条約難民」だけが難民ではない。本書はアンゴラ内戦を逃れた農民が，植民地期以前からの国境を越えるつながりを駆使しつつ，ザンビアの新たな土地で生業を再編するプロセスを丁寧に描き出している。

『移民と難民の国際政治学』M・ウェイナー，内藤喜昭訳，明石書店，1999年
　　グローバリゼーションとはヒト・モノ・情報の国境を越える移動を国家が管理できない事態を意味する。難民とは国境を越える移民現象の一種である。本書は政治学的な見地から，難民状態をグローバルな移民現象のなかに位置づけるための基礎知識を提供する。

『例外状態』G・アガンベン，上村忠男・中村勝己訳，未来社，2007年
　　しばしば難民には居住・就労・政治活動などの自由がないが，それはどういう事態だろうか。法によって規定された法の外部を意味する「例外状態」という概念は，「難民として生きること」に伴う本質的な問題を理解するうえで有用である。

【コラム❽】

紛争後社会——生き残りの悲しみ　　　　　　　　　近藤有希子

　エステルが慟哭したとき，私は手を差し伸べることができなかった。痙攣した彼女の身体に，一指たりとも触れることができなかった。声をかけることさえできなかった。周囲の幾人かがそうしていたように，かけるべきルワンダ語を知らないわけではなかった。物理的には人一人分ほどしか離れていなかった彼女との距離は，そのとき圧倒的なものとなって私の前に立ち現れた。

　ルワンダ共和国では，1990年代前半に凄惨な紛争と虐殺を経験した。とくに1994年の虐殺時には，多数派の民族であるフトゥのエリート層や「暴漢」集団によって，少数派の民族であるトゥチやフトゥ穏健派の人々が殺戮の対象とされた。約100日間で少なくとも50万人の犠牲があったとされ，さらにその殺戮の多くが隣人同士の間で行われた。エステルはフトゥの女性であるが，トゥチの夫とまだ2歳だった彼女の長男は，虐殺の際にフトゥの近隣住民で構成された民兵組織によって殺された。

　極限的な状況を経たルワンダでは，語られないことが多い。近年ますます強権化している現政権によって人々は語ることが許されていないのかもしれないし，地域社会における周囲との関係において語ることができないのかもしれない。しばしば分析されているように，国家権力に対する「抵抗」の一形態として彼らは意図的に語らないのかもしれないし，なにより個々人がその強烈な体験を前にしていまだに深く傷つき，ゆえに語りえないのかもしれない。

　現在のルワンダでは，毎年4月7日からの一週間は虐殺記念週間と位置づけられており，その期間は毎日午後に行政村ごとに集会がもたれる。そこでは，「トゥチが生存者でフトゥが加害者」という単純化された「国家の歴史」が執拗に教示され，さらにその例外を認めないことにおいて確たる国民統合が目指されている。エステルが哀哭したのは，2017年に開かれたこの集会においてである。その直前，1994年当時に村長を務めていた老人が，会を進行していた者から，虐殺当時の指導者たちによる会合や演説の存在の有無を確認されていた。進行役からは，それらの会合や演説が，多数のフトゥの人々を虐殺へと駆り立てるような思想を広めることに寄与したにちがいないことが説明された。老人は言葉を淀ませて，「私はなにも見ていない……」とだけ呟く

ように述べた。その発言に対して若干の口論が巻き起こり，生存者のなかには怒りを露わにして，集会を退出する者もいた。そしてエステルは，その場に泣き崩れた——。

とても日差しの強い日だった。ルワンダ全土で長引く飢饉が発生していた。すでに雨期に入っていてもおかしくない時期だったが，連日の強烈な日射によって，田畑は干からび，土壌も固くひび割れていた。エステルは日陰に寄せられた。周囲からは見えないところで，ずっと身体を震わせていた。ときおり彼女の嗚咽だけが聞こえてきた。日の暮れたころ，村にはとても似つかない真新しい救急車がやってきて，エステルを運んだ。

1994年の虐殺当時は雨のひどい年だったという。雨のなか，多数の者はどうすることもできずに庇の下にいたのだろう。激しい雨が降れば，人々の怒号や狂乱の声をかき消していただろう。そこには太陽が指示する絶対的な歴史ではなく，雨で滲んだ無数の記憶があった。彼らは当時の個別の複雑な状況を，相互に認識することなどできなかったはずである。それに生き残った者たち——エステルも，そして「なにも見ていない」と呟いた老人も——は，自らの受難をいまも対象化して言語化することができないままでいる。

生き残った者たちの体験は多岐にわたる。あるトゥチ女性の，まくしたてるように被害を訴えていた眼と口が，ふいにうつろになる。そこにはともに逃げていた妹を道中で置き残してしまったことへの深い悔恨があるのかもしれない。民兵によって握りつぶされ，今も時折疼く乳房の痛みを，ひとりそっと耐えているのかもしれない。また加害行為に加わったフトゥの男性が，あるとき自身の罪の懺悔をはじめ，当時晒されていた自らの脅威を静かに物語ることもあった。このように生き残った者たちは，それぞれが被害とも加害とも分類しがたい，微妙な体験の濃淡を抱えているのである。

他者の苦しみをそのままに看取することは，究極的には不可能である。痛みは徹底的に孤独なもので，ときに共有されることを拒む。しかし，だれもが計り知れない傷を抱える彼らには，相手の悲愴に近づくことのできる領域があるはずで，そのような人間の想像力にこそ，分断された人々の共在をぎりぎりのところで支える可能性があるのではないだろうか。

エステルに手を添えられなかった私自身もまた，彼女の悲しみとの途方もない距離を知るところから，彼らと再び出会い直していくのだと思う。

第11章

開発と支援

実践と研究のフィールドワーク

関谷雄一

アフリカ農村に多い「開発」事業の看板（2010年，筆者撮影）

　私のところには，少なからずアフリカの開発や支援に関心を寄せる学生が来てくれる。国際協力や技術支援活動をライフワークにすることを考えている人も多い。まるで20余年前の自分と対面させられているようだ。そうしたとき学生には，開発と支援が誰にとり，どんな事象なのか，よく考えることを勧めるようにしている。本章にはそのようにする理由が述べられている。

　本章では少なからず関連する専門用語が用いられている。なかでも言説と脱構築の二つの用語はかなり重要である。まず言説とは，文字通り「言葉で説くこと，説くその言葉」の意であるが，言語・文化・社会を論じる際の専門用語としては，言語で表現された内容の総体を意味する概念である。次に脱構築とは，広義には固定化された既成の観念の相対化を促す作業であると

同時に，それをのりこえようとする試みとされる。

これらはウィキペディアなど，インターネットによる検索で簡単に入手できる説明で，簡略に過ぎるが，紙幅の限界もあり略記をお許し願いたい。本章では，こうした20世紀哲学の新たな視座を踏まえた人類学の議論が展開されていることも理解してほしい。

1 開発支援と人類学

人類学による開発研究の学説的潮流は今，開発批判，反近代，参加型，言説研究を経て，研究と実践を兼ねた新たなる活路を見出しつつある。1990年にジェームズ・ファーガソンが出版した『反政治機械——レソトにおける「開発」・脱政治化・官僚支配（*The Anti-politics Machine: Development, Depoliticisation and Bureaucratic Power in Lesotho*）』は，概念および制度装置としての「開発」を脱構築してみることを促し，人類学による開発研究にパラダイムシフトをもたらした。以後，開発言説研究の潮流は開発に対する様々な疑問や批判そして発見を人類学の視座から提示してきた。そうした発見の重要な舞台を提供してきたのはアフリカである。

本章ではまずファーガソンが起こしたパラダイムシフトがどのようなものであったかを振り返る。さらには，1990年代から今日に至るまでの学説的潮流と主たる研究事例について考察する。終盤では私が知る開発支援の事例を踏まえつつ，ファーガソンが指摘したような「開発」の構造的な問題がつねに付きまとうことを示す。そのうえで，人類学が開発や支援と，どのように向き合っていく可能性があるかを述べてみたい。

ファーガソンはこの本の序文で，開発現象に対する批判的視座の重要性を説くために，現代における「開発」概念の自明性について，西欧社会の文脈における，12世紀の「神」，19世紀の「文明」のそれに等しい存在感があると述べている。元来，一般的な意味での開発とは，「人間を取り巻く環境をいささかなりとも改造しながら，自然の利用可能性を高めて人間の福利増進をめざす営み」（山内 1997：1）であり，その自明性が確かなものであるこ

とは否定できない。だが「神」や「文明」が多様であるのと同様,「開発」のあり方も様々であってよいはずだ。それなのに,「開発」の自明性だけが前面に出てしまう。そして「開発」のための開発が強行され,期待された開発とはかけ離れた状態になる危険性が潜んでいる。

文化人類学は,植民地支配時代の苦い経験もあり,開発を批判し,伝統文化を重んじる考え方を積極的に提示してきた。しかし今日では,開発支援と向き合わざるをえないどころか,積み上げられた悪しき開発の課題解決に貢献することも期待されている。1990年代以降の時代において,開発言説の研究潮流が隆盛し,なかでもファーガソンの研究は極めて重要なパラダイムシフトをもたらした。私自身も同時代的に,開発支援の研究と実践を経験してきた。そのパラダイムシフトが今日の開発と支援研究のあり方に対し,とても力強い影響を与えていることを実感している。

本章ではファーガソンの論の展開に即して,開発ということばに「　」(カギ括弧)を付けることで,概念および制度的装置としての「開発」と,一般的にいう開発を切り分けて論じることとする。

2　開発を脱構築する——J・ファーガソン『反政治機械』

(1)　「開発」という概念装置

『反政治機械』の第2章の冒頭に登場する,世界銀行の国別事情報告書を引用した1975年当時のレソトの現状とされる描写には,1966年に政治的に独立はしたが,経済的にはお寒い状況の,遅れた自給農耕社会としての新興国レソトの姿がある。

しかしファーガソンはさらに,この説明の奇妙さを示すため,今度は1910年に公表された『エンサイクロペディア・ブリタニカ(第11版)』に登場する「バストランド」に関する記述の抜粋を持ち出す。そこには,バストランドが南部アフリカで最良の穀物生産国として様々な作物を生産し,繊維製品を輸入していたことや,人々が,地元産業だけでなく,ヨハネスブルクの金鉱や鉄道業にも従事していたことが紹介されている。また修道会などが設立

した学校に子どもたちは通い,教育水準も決して低くないことも伝えられている。バストランドとはイギリス統治時代のレソト王国である。

　レソトは「それまで近代的な経済開発と接することはなかった」どころか急進的にそして徹底的に変化を遂げていったのであり,そのことはすでに1910年に起きていた。では1975年の世界銀行による国別事情報告書が学術的に根拠のない,でたらめを記載していたかというと,そうではなく,むしろ「開発」産業の必要性を強調するために創出された言説であるとファーガソンは解釈する。彼はそのような開発言説と学術的な説明との違いを見極め,開発言説がどのような作用をし,なぜこのような言説が際立った役割を果たしたのかを明らかにしようとした。そして一言でいえば,問題とされる開発言説は,「低開発国（Less Developed Country: LDC）」としてレソトを特徴づける役割を担ったと主張する。

　「開発」という概念装置は,言説だけでなく制度的な側面を伴う。ファーガソンは,1975年に始まり,1984年に終了したターバ・ツェーカ・プロジェクトを制度的「開発」装置と位置づけ,その概略について説明する。同プロジェクトは世界銀行とCIDA（カナダ国際開発庁）,そしてレソト政府の共同により第一フェーズ1500万ドルの予算規模で始められた。はじめは低地に比べ開発が遅れていた高地・山岳地帯の開発を目標に,当時のマセル県ターバ・ツェーカの5万3000ヘクタールの土地が対象地域に選ばれた。

　第一フェーズはインフラ整備に重点が置かれた。ターバ・ツェーカからマセル中心市にのびる舗装道路を整備し,現地には電気・水道を完備したオフィス,職員用住居,倉庫,研修所そして農民訓練所などを集合させた地域センターも建設された。1978年以降,第二フェーズに入ると,インフラ整備が順調であった一方で,農村開発が進まず,プロジェクトは有力な成果を出せずに終わってしまう。その背景として,プロジェクトの関係者が,対象となる人々を,伝統的で孤立した農村社会とみなしていたことが指摘される。

(2) 対象となった人々

　1966年4月にレソト王国が独立をしたとき,正式には立憲君主制をとり,

二院制の国会，中央省庁そして9つの県が独自の地方議会をもつかたちで存在していた。近代国家的制度と並行して世襲的首長制度も存続していた。

独立当時，レアブア・ジョナサンが率いていたバソト国民党（BNP）が与党で，ジョナサンは首相となった。野党にはバソト会議党（BCP），マレマトロウ自由党（MFP）が続いた。当時BNPは首長，保守派，カトリック教会そして南アフリカ政府の後ろ盾を最も大事にしていた。独立運動期に勢力が大きかったBCPと差異化するためBNPがとった路線は親南アフリカであった。1970年の選挙では，実際にはBCPが優勢だったものの，選挙の結果を受け入れないジョナサン政権のクーデターによりBNPの続投が決まる。ジョナサン政権による独裁が続いた1971年以降は，それまでの親南ア路線が覆され，徐々に南アとの関係が悪化するようになる。

一方で山岳農村地帯，ターバ・ツェーカでも，BNPおよびBCPそれぞれが現地に組織を張り巡らしていた。1965年まで都市を中心に独立運動を展開していたBCPは都市部に支持者がおり，地方や山岳地帯では，BNPが洗練されていない民衆のための政党として支持されていた。しかしながら，1970年以降，状況は激変した。同年の選挙で山岳の選挙民たちはこぞってBCPに票を入れた。山岳の人たちはBNPが導いたとする「開発」の恩恵にあずかっていないと感じていたからである。

1970年以降BNPは政府公認の村落開発委員会を利用して，村落レベルの支持層を維持拡大していった。さらに，警察と結びついていた準軍隊ユニット（PMU）が山岳農村地帯でもにらみを利かしており，山岳農村の人々にとって，国政の話をすること自体がはばかられる雰囲気も出てきた。

南アフリカ共和国政府が1981年に出した統計では，同国に出稼ぎに行ったバソト人（レソトの大多数を占める民族）は15万422人とされ，そのうちの12万9508人は鉱山労働者であった。ファーガソンはレソト王国の男性の半分近くが出稼ぎに行っていたとみている。また平均的な世帯収入の70％は出稼ぎによるもので，農作物による収入は6％にとどまった。

当時の山岳農民の実態について，ファーガソンはターバ・ツェーカのマシャイ村で1982～83年に世帯調査を行い，就労年齢の男性が出稼ぎで出払っ

ているため，残っている人々は極端に年を取っているか，若いか，もしくは女性であることを明らかにした。また，村に残された人々への聞き取り調査からは，農業による収入だけでは足りないので，地ビールをつくったり，道路工事に従事したり，パン・菓子づくり，薬売り，靴修理，薪拾い，水汲み，建築，たばこづくり，石運び，家具づくり，貸家，人類学者の助手などをして生活の足しにしていることも明らかとなった。こうした分析を通してファーガソンは，ミクロな分析で判明する，バソト人たちの生業活動の多様化を強調している。

　ターバ・ツェーカの「開発」装置にとり，最も重要と見込まれていたのは，山岳農民の生業活動のうち，家畜に関する活動であった。しかし，人々にとり家畜は生業活動の糧ではなく，かけがえのない財産で，社会関係に埋め込まれた要素として存在し，それを所有し続けることに意味があった（人々と家畜の関係については第4章も参照）。そうした家畜に対する山岳農民の考え方をファーガソンは「ウシの神話」と名づけた。

(3)　「開発」の展開

　かくしてターバ・ツェーカ・プロジェクトは家畜と牧草地管理を主眼に置いたプロジェクトとして開始されたが，家畜をかけがえのない財産とする人々と向き合ったとき，大きな失敗を余儀なくされた。その失敗は，開発プロジェクトの構想と，農民たちが実践してきた家畜管理の実態との間にあった二つの大きな矛盾を浮き彫りにした。一つは，「開発対象の人々」を市場および近代的貨幣経済（第2章を参照）から置き去りにされ技術移転を必要としている人たちである，と想定したことである。実際には，地域の農村はすでに近代的，資本主義的労働市場に巻き込まれ，労働予備軍を形成していた。そして現地のひたすら家畜を所有し続ける管理方法の伝統は，労働予備軍としての経済活動を維持するための社会的基盤となっていた。

　「開発」装置の設計者側からは，山岳農民による「伝統的」家畜管理への非効率的な固執にも見受けられたこのこだわりは，人々の確固とした様々な関心の配列により構成されていたのである。こうした理由で，「開発」によ

る様々な企画の投入は期待されたような効果をもたらさなかった。牧草管理組合の創設や改良品種の家畜の投入，飼料栽培の奨励といった直接的な働きかけも農民たちに拒否されてしまう。あるいは，これらの直接的な介入がより大きな政治的な圧力によるものであったら，功を奏したかもしれない。そして実際にそのような圧力もあった。

ところがこうした展開にこそ二つ目の矛盾が横たわっているとファーガソンは考える。「開発」装置の設計者側が対象となる人々の課題を読み間違えたのと同時に，地域をこえ国家規模のより大きな文脈のなかでレソト政府によるプロジェクトの位置づけをも読み誤っていたのである。

ターバ・ツェーカ・プロジェクトの第二フェーズでは，第10番目のターバ・ツェーカ県を作り上げようとする中央政府の思惑もあって，中央集権的な政府から県として独立すべく権力の分散化と，県として総合的に開発を進めるため，様々な領域での取り組みが試みられる統合的な開発の舞台となった。

そうしたなか，権力を分散化させる組織的な取り組みは，とりわけ技術的な改善のように捉えられていた。しかしながら，実際には中央政府とはつねに権力を行使する主体，開発を管理し支配しようとする存在であった。中央政府は，ターバ・ツェーカ・プロジェクトを通してつねに政府の権力行使をより強いものにするための働きかけをしていった。その結果，権力を分散化させる試みも失敗した。

(4) 「開発」の装置的効果

1979年に入ると，ターバ・ツェーカ・プロジェクトは失敗したという認識が濃厚となった。地元の新聞が「カナダの援助は間違っていた？」「アフリカのCIDA（カナダ国際開発庁）——600万ドルよ，さらば」といった見出しの記事をこぞって出し，プロジェクトは開発の失敗の代名詞的な存在となった。こうした酷評があったにもかかわらず，予算消化のため第二フェーズは5年間続けられることとなり，CIDAはその後も10年目までは見届けると約束はしたが，結果的には1984年にフェードアウトした。

このように，農業開発プロジェクトとして「失敗」に終わったターバ・

ツェーカ・プロジェクトではあったが,同時に様々な「副作用」を同地域にもたらした。商品作物栽培や家畜の管理は促進されなかったが,首都マセルとターバ・ツェーカは道路でしっかりつながるようになった。また,権力の分散化や住民参加こそ実現しなかったが,ターバ・ツェーカは一つの県となり,同地域における中央政府の存在感は,道路や県行政センターの整備により,以前より強まった。徴税係や郵便局,警察署,移民局,農業普及員,保健局,刑務所や軍事的拠点など,多くの行政サービス機能もターバ・ツェーカに直接もたらされるようになった。

　こうした「副作用」こそ,ミシェル・フーコーが『監獄の誕生』のなかで言及している「装置的効果（instrument effect）」（フーコー 1977）である,とファーガソンは主張する。フーコーにより,中世ヨーロッパの監獄が,非行者を矯正すること自体には失敗したものの,人々に強権的な権力行使をする行刑技術の効果はあったことが見出されたように,ファーガソンも「開発」装置が,貧困解消や新技術の導入には効果がなかったが,政府の権力浸透という効果を発揮していることを見出している。

　ファーガソンは「開発」の構図はもっと複雑だとも述べる。「開発」装置は,貧困といった「開発」問題を技術的な領域に追いやり,貧困にあえぐ,力なき抑圧された人々に技術的支援によって問題は解決できることを約束してしまう。その際に政治や国家権力の問題は意識的に後回しにされる。したがって,「開発」の装置的効果には,二重の意味合いがあるとする。一つは,国家権力の装置的効果を浸透させることであるが,同時に二つ目は,貧困や国家を見えないかたちでイデオロギー的にいったん,脱政治化してしまうことであった。アメリカのSFによく登場する「反重力機械」が重力をいったんゼロにしてしまうように,「開発」装置は,政治をいったん無きものにしてしまう。少なくともレソトでは,「開発」装置が,山岳農村の開発という,最も政治的に繊細な場面で,政治を魔法のように消してしまった。ファーガソンは,「開発」プロジェクトに「装置的効果」が認められ,何らかの結果がもたらされるとすれば,まさにそれは「反政治機械」であると分析する。

3　文化人類学による開発支援研究の潮流

(1)　ポスト開発研究の人類学

　19世紀末に学術領域として成立したときから，開発という営みに関わることに対し人類学は及び腰であった。社会や文化が変化を遂げて近代化し，西洋諸国に近づいていくといった考え方自体が文化進化論的で，人類学の文化相対主義（序章を参照）とは相容れないものであったし，開発につながる営みの始まりであった植民地主義と人類学との関わり合いも，決して一筋縄ではゆかぬ複雑さがあったからである。

　しかしながら，第二次世界大戦後に植民地が衰退し，近代化の営みが世界化していく過程のなかで，開発と向き合い始めた人類学者たちは，学問と応用の区別を非常に気にしていたが，やがては人類学そのものの視座の正当性について見直そうとするようになる。開発に向けられた人類学的視座の転回は，ポスト開発研究ともいわれ，主に言説研究を中心に開発の脱構築を目指す試みを展開する。第2節で紹介したファーガソンの『反政治機械』は，その記念碑的作品である。ファーガソンとならんでポスト開発研究をけん引した学者にアルトゥーロ・エスコバール（Escobar 1995）もいた。

　エスコバールの考察で特に興味深いのは，彼もファーガソンと同様に「開発」の創出性について，南米の開発事例をベースに開発に関わる様々な言説の影響力を重んじているなかで，言説による「開発」の創造を，ヴァレンティン・イヴェ・ムディンベが説いた「アフリカ」の創造（Mudimbe 1988）に重ねて見ているところである。ムディンベは，エドワード・サイードによるオリエンタリズム論に触発されながら，ヨーロッパ的世界観そのものがアフリカ人研究者自身をも巻き込み，現地の視座に立ったアフリカを見定めることが困難な状況をつくりだしてしまった従来の研究を批判的に捉えようとした。ムディンベによれば研究者自身が西洋中心的な視点から「アフリカ」を創造したが，エスコバールによれば，これは「開発」に対して研究者が行ってきたことと同様なのである。

南米を中心的に取り上げながらも「開発」の創造の理論的分析において，アフリカにおける議論を外さなかったエスコバールの研究から，アフリカで進められてきた近代化，開発がいかに重要な位置を占めているかを理解することもできる。このような言説研究が進むにつれ，「開発」思想や実践そのものが北側先進国による南側への押し付けの虚構にすぎない，といった極端な見方までもが登場する。ケイティー・ガードナーとデイヴィッド・ルイスはこのような事例を取り上げながら，人類学者による開発実践や研究自体が開発言説のなかで，都合の良いように利用されてしまう危険性を警告した（Gardner and Lewis 1996）。人類学にとって，開発に関わることは危機的にも建設的にもなることが言説研究を通しても改めて確認された。

(2) 開発実践の人類学

　1990年代以降，多くの人類学者たちが，世界銀行など国際開発の機関に就職し，学問としては理論と実践の双方で，ますます開発との関わりを深めてきている。エンマ・クルーとリチャード・アクセルビーが，このような時代的な潮流をまとめているなかで述べているように，「純粋に中立的な客観性をもはや維持することなどできない，人類学は何らかのかたちで，変化と開発に向き合わざるをえない」（Crewe and Axelby 2013: 40）のである。

　開発実践の世界で様々な人類学者が第一線で働くようになって，「組織民族誌（organizational ethnography）」と呼ばれる業績も出てきた。前述したクルーとエリザベス・ハリソンは，開発NGOであるプラクティカル・アクション（Practical Action）と国際連合食糧農業機関（FAO）によるサハラ以南アフリカとアジアにおけるプロジェクトに実際に携わりながら援助の民族誌を書き上げた（Crewe and Harrison 1998）。また，デイヴィッド・モッスによるインドの参加型プロジェクトの民族誌も，彼がイギリス国際開発局（DFID）で人類学者コンサルタントとして仕事をしたときのモノグラフである（Mosse 2005）。このような実践を兼ねた人類学者の仕事は，開発実践者の視座から，その構造的な内実までを含めて全体の概要に至るまで，実務を通してしか知ることのできないデータや知見を駆使しながら開発現象を見上

げていく考察を可能にした。

　もう一方で，アンナ・ロウエンハウプト・ツィンによるインドネシア熱帯雨林における森林伐採に端を発する社会問題のボーダーレスな広がりを様々な民族誌的断片を織り込みながら記述していった研究（Tsing 2004）や，タニア・マレー・リによるインドネシアの農村における開発の実態研究（Li 2007）も，地域の開発の歴史を通した分析を行い，開発における統治性のあり方を問い直している。これらの新しい試みに共通しているのは，一つの地域的あるいは制度的現象としての開発を分析する視座をのりこえ，一貫して存在する政策的問題群を手掛かりに，様々なフィールドを通り抜けるようにしながら，開発政策の問題をボーダーレスに俯瞰しようとする姿勢である。

　クルーとアクセルビーによれば，このような開発を「見上げる」視座や，「通り抜ける」視座による研究が最近の人類学では目立つようになってきた。いずれの視座による研究も，人類学的なミクロな調査と分析を放棄したわけではなく，ローカルな現実の分析に軸足を置きながら，より広い文脈のなかで捉えなおす試みを貫いている（Crewe and Axelby 2013）。

4　開発支援のフィールドワーク

(1)　創られた「貧困」

　私が最初にアフリカを訪れたのは，大学院博士課程に進学した1995年の8月終わりにガーナ共和国の首都アクラに滞在したときであった。私はガーナ北部の農村に自分のフィールドを見つけようとしていた。学部時代の卒業論文研究で，ガーナ北部のタマレを中心都市とし，農耕や狩猟，漁労を行っているダゴンバ人の植民地状況下における伝統的王位継承の政治的創造過程に興味をもち（Staniland 1975），できればその人たちの地で長期にわたるフィールドワークを行いたいと意気込んでいた。タマレはアクラからバスで10時間北上したところにあり，ガーナでは第四の都市である。様々な資料によればサバンナの都会でもあったはずであるが，舗装されていない道路や，砂ぼこりにまみれたビル，トタン屋根のバラックが立ち並ぶ街角は，まさに未開そ

のものに見えた。さて農村を探すために数日タマレの街を散策していた。ある雨の日，出会った高校生くらいの歳の少年に，家に来て雨宿りするように勧められ，お世話になった。私が少年に自分が何者で何をしに来ているのかを話すと，少年は目を輝かせて「僕もダゴンバ人なんだ」と話してくれた。「君が2年くらい農村に住むのなら，村に住んでいる僕の親戚を紹介するよ。月々の家賃を払えば，家なんて何でもない。でも毎日，何もない農村で何するの」。

　農村での2年間，ガーナの人々はやさしく，目にするもの全てに感動や新鮮味が満ちあふれていたが，初めてのアフリカを旅していた私にとって，随所で見え隠れする貧困に圧倒される毎日でもあった。伝統や文化の複雑な厚みを感じさせる様々な風景，物質，場面，音，会話，先人たちが残した文書記録など，前掲のムディンベやエリック・ホブズボウムとテレンス・レンジャーたちが指摘した（ホブズボウム／レンジャー 1992）ように，たとえそれらがつくりだされたものではあっても，それらこそ私が学徒として追究すべき文化人類学の王道を行く研究素材であることを理屈としては重々理解していた。一方ガーナの人々は，よく知らない遠い国，日本からやってきて，仕事をするわけでも，お金を落としていくわけでも，楽しそうに遊ぼうとするわけでもない，ただ眼を見開いて必死に理解しようとする若者に，気の毒そうな目で「君の興味や期待はわかるけど，私たちには生き延びなければならない毎日が待っているし，君にそれを理解するまで説明する暇はない」と話しかけてくれていたと思う。

　手ぶらでフィールドワークをすることは無理と判断した私は，ひとまず日本に引き返すことを決意した。その途中，タマレやアクラでたびたび日本の若者を見かけた。彼／彼女らは青年海外協力隊員であった。協力隊員であれば，開発支援の活動をしながらフィールドで居候の負い目を感じることなく人類学的なフィールドワークもできるような気がした。

(2)「参加型開発」

　その後私は，青年海外協力隊員として1996年9月にニジェール共和国に赴

任した。そして，1998年の10月末に引き上げるまでの2年と1か月が，私にとり開発支援と研究を兼ねた，最初にして最長のフィールドワークとなった。

　私が関わったニジェール共和国の「カレゴロ緑の推進共和国プロジェクト」は，1992年より2000年半ばまで，8年半におよびソンガイ・ザルマ人とプール人の農民とともに活動が続けられた。このプロジェクトは，国際協力機構（以下 JICA）青年海外協力隊によるニジェール共和国において実施された技術移転の代表例となっている（国際協力機構 2016）。私が活動を始めた1996年当時，開発現場ではロバート・チェンバースらがその効用を説いていた参加型開発（チェンバース 1995）が主流であった。カレゴロのプロジェクトでも，チームワークで参加型のプロジェクト手法調査評価を1998年に行い，プロジェクトのインパクトを図り，その後の手法改善に役立てようとした。

　手法調査評価はプロジェクトを時系列に沿って俯瞰するのに役立ったが，課題も残された。参加型のつもりで行っていたグループディスカッションや聞き取り調査が，農民には参加型とは受け止められていなかった。とりわけ，出てきた報告書は日本語やフランス語で，プロジェクトの改善を期待していた農民側には何が起きているのかわからない状態であった。農民の声を聴き，プロジェクトの手法を一緒に改善していく，という些細なことが，様々な思惑をもつ関係者たちにとり実は難しい作業であることが，手法評価調査で改めてわかった。プロジェクトは様々な活動をしたが，農民たちが心から望んだ開発では必ずしもなかった。この発見は，本章第2節で説明したファーガソンの「開発」の脱構築による発見と，場所も規模も異なるが，限りなく似ている（関谷 2010）。

(3)　「開発」のグローバリゼーション

　私は文科省の科学研究費補助金の研究プロジェクトの一環で2005年から2007年までの間，ケニアで流行しているマイクロクレジット・ファイナンスの活動と，それとともに普及し始めていた地域社会組織の実態調査を実施した。バングラデシュでムハンマド・ユヌス氏がグラミンバンクで一躍有名に

なったのも2000年ごろで（ユヌス／ジョリ 1998），グローバル化の影響でケニアにもマイクロファイナンス革命の波が押し寄せていた。ケニアでは地域社会組織（Community Based Organization：以下CBO）と呼ばれているこうした組織は，頼母子講的な活動を土台に，様々な目的で集まったメンバーが助け合っていた。

　2012年，JICAボランティア（前記の青年海外協力隊のこと）の事業の一環として海外技術補完研修がケニアのナイロビで行われた。私はインストラクターとして参加した。当時，東南部アフリカで活動中のJICAボランティアで，支援活動に悩む者たちをアフリカ各国からナイロビに呼び寄せ，悩みを解決することが，この研修会の主旨であった。研修会では地元CBOに手伝ってもらった。四つのCBOに，それぞれに今向き合っている活動上の課題を提起してもらい，それを研修に集まったJICAボランティアがCBOの人たちと一緒に話し合って検討した。そして最終的に一つのアクションプランにまとめてアウトプットを出し，結果を議論した。研修会の場ではJICAボランティア側がCBOの人たちを助けたというシナリオで終わった。でも実際には，CBOの人たちの方が行き詰まりを感じていたJICAボランティアを助けていた。ケニアのCBOが現場の視座から，日本のボランティアに

写真11-1　ケニアCBOによるJICAボランティア研修（筆者撮影）

参加型開発支援のあり方について具体的な手法や進め方に関するアドバイスを提供していたのである（写真11-1）。

(4) 「主体的」人材育成

　青年海外協力隊の活動経験者を中心に組織している公益社団法人，青年海外協力協会（JOCA）による海外協力活動として，アフリカ南部のマラウイ共和国にて2005年から2017年まで，「マラウイ農民自立支援プロジェクト」が実施された（青年海外協力協会 2017）。マラウイでも比較的農業が重要視されている北部地域ムジンバ県のトゥンブカ人農民の自立支援のための参加型ファシリテーションを中心にした農村人材育成のためのプロジェクトであった。必要最低限の資金投入，地域で入手可能な資源の最大限の活用，現地の人々の自主性の尊重，といった青年海外協力隊の理念が踏襲されており，中心的なメンバーも活動経験者であった。私は技術アドバイザーとして関わった。

　マラウイ・プロジェクトの特徴の一つは，農村開発における農民の「主体性」の促進にあったといえる。農業技術支援を他の農家に伝えていく農家（伝達農家）をまず育てて，農民グループを組織させながら，農家から農家への技術移転と支援を促していった。そのためのノウハウを記したマニュアルやガイドラインも編集し，同国の農業大学でも活用できるように配布もした。さらに，もう一つの特徴は，終盤でかなり高度な農業経営実践が試みられたことである。現金収入をえるための家畜飼育や養蜂，パンづくり，換金作物としてニンニク，ショウガなどの栽培に取り組み，小規模自給農家から，小規模商業農家への転換を図るべくビジネスマネジメントの研修会も実施された。また，同国で活動するJICAボランティアも同プロジェクトを見学に訪れ，プロジェクトのスタッフや現地農民から多くのことを学んでいた。

　自立支援のためには現地の「主体的」人材を育成する必要があり，人材育成のためには，とても多くの努力と時間がかかる。でも同時に，人材育成が実り現地農民による自主的な開発実践が実現すれば，持続的な地域活性化の原動力になりうる。そのような手ごたえをプロジェクトの関係者たちは感じていた。しかし，関係者たちは，経済効率的な成果を求められる現場にあっ

て「主体的」人材育成自体を開発の成果として可視化することの難しさと向き合っていた。

　以上のように私の人類学的研究は，90年代後半から今日に至るまで，アフリカの4か国にまたがる開発と支援の諸展開を通り抜けてきた。それぞれの場面で考察したことは，本章第3節で略述した開発と人類学の研究と実践の潮流に大きく影響を受けていた。ガーナでは創られた「貧困」に圧倒され，ニジェールでは「参加型開発」とは何かを身をもって考えさせられた。ケニアではマイクロクレジット革命の影響とCBOの躍動を目の当たりにし，マラウイでは「主体的」人材育成を開発の成果とすることの難しさを痛感した。加えてケニアやマラウイの人々が今度は逆に日本の若者を開発しうる潜在力をもつことも発見した。

5　人類学による開発研究の新たなる活路

　人類学による開発研究の学説的潮流は開発批判，反近代，参加型，言説研究を経てきた。その間，アフリカはつねにそうした開発研究の枢要な舞台であり続けてきた。前述の私自身による1990年代以降のアフリカ開発の研究も，そうした潮流に影響を受けながら展開してきた。その結果，私は先達が行ってきた，ひたすら観察し考え書き続ける質的調査とはずいぶん異なる仕事をしてしまった。衝撃的な「貧困」の背景にムディンベやエスコバールが指摘した時代の世界的思想による創造的な演出が働いていたのは確かである。しかし現地の人々に寄り添いより良い未来を一緒に考えるテーマとして開発と支援に向き合って人類学を研究してきたことを私はあまり後悔していない。

　最近の人類学による開発研究の活路としては，開発支援と向き合いながら，開発を「見上げて」あるいは「通り抜けて」様々な開発課題に取り組むことが指摘できる。そう指摘できるのは，かつて応用には及び腰ぎみであった文化人類学ではあるが，現代では開発と支援という問題群について研究，実践，あるいは実践を兼ねた研究もできる体制が整ってきているからであ

る。これからは、「研究と実践の切り替え」（鈴木 2014）を計画的に行うような取り組みも必要であるとされている。開発に巻き込まれた人々に寄り添い、計画的に、より良い開発を考え実践しながら学術的にも価値のある品質の高い民族誌を書き上げる取り組みである。そうした仕事が、開発と支援のあり方を解明し、改善に大きく貢献しうる。文化人類学はまだまだ山積みされた開発と支援の問題解決に取り組んでいかねばならないだろう。

参照文献

国際協力機構　2016『持続する情熱　完全保存版——青年海外協力隊50年の軌跡』万葉舎。

鈴木紀　2014「開発」山下晋司編『公共人類学』東京大学出版会、69-84頁。

青年海外協力協会　2017「マラウイ農民自立支援プロジェクト」http://www.joca.or.jp/activites/oversea/malawi/（最終閲覧2018年9月27日）。

関谷雄一　2010『やわらかな開発と組織学習——ニジェールの現場から』春風社。

チェンバース，R　1995『第三世界の農村開発　貧困の解決——私たちにできること』明石書店。

フーコー，M　1977『監獄の誕生——監視と処罰』田村俶訳、新潮社。

ホブズボウム，E／T・レンジャー　1992『創られた伝統』文化人類学叢書、紀伊國屋書店。

山内昌之　1997「序　福沢諭吉とスルタンガリエフの視点によせて」川田順造他編『歴史のなかの開発』岩波講座　歴史と文化2、岩波書店、1-25頁。

ユヌス，M／A・ジョリ　1998『ムハマド・ユヌス自伝——貧困なき世界を目指す銀行家』猪熊ひろ子訳、早川書房。

Crewe, E. and E. A. Harrison 1998. *Whose Development? An Ethnography of Aid*. Zed.

Crewe E. and R. Axelby 2013. *Anthropology and Development: Culture, Morality and Politics in a Globalised World*. Cambridge University Press.

Escobar, A. 1995. *Encountering Development: The Making and Unmaking of the Third World*. Princeton University Press.

Ferguson, J. 1994 [1990]. *The Anti-politics Machine: Development, De-politicisation and Bureaucratic Power in Lesotho*. University of Minnesota Press.（J・ファーガソン　2020『反政治機械——レソトにおける「開発」・脱政治化・官僚支配』石原美奈子・松浦由美子・吉田早悠里訳、水声社）

Gardner, K. and D. Lewis 1996. *Anthropology, Development and the Post-modern Challenge*. Pluto Press.

Li, T. M. 2007. *The Will to Improve: Governmentality, Development and the Practice of Politics*. Duke University Press.

Mosse, D. 2005. *Cultivating Development: An Ethnography of Aid Policy and Practice*. Pluto Press.

Mudimbe, V. Y. 1988. *The Invention of Africa: Gnosis, Philosophy, and the Order of Knowledge*. Indiana University Press.

Staniland, M. 1975. *The Lions of Dagbon: Political Change in Northern Ghana*, African Studies Series 16. Cambridge University Press.

Tsing, A. L. 2004. *Friction: An Ethnography of Global Connection*. Princeton University Press.

● 読書案内 ●

『現代アフリカの土地と権力』
　　アジア経済研究書研究双書631，武内進一編，アジア経済研究所，2017年
　　アフリカの土地と権力をめぐり，現在何が起こっているのか，気鋭のアフリカニストたちがアフリカの各国の現状について分析し明らかにしている。

『統計はうそをつく――アフリカ開発統計に隠された真実と現実』
　　M・イェルウェン，渡辺景子訳，青土社，2015年
　　世界銀行やIMFがアフリカの経済状況を図るために算出した客観的とされた計量データが実態をまったく反映していない現状を明らかにした研究書。

Bush Bound: Young Men and Rural Permanence in Migrant West Africa.
　　G. Paolo, New York: Berghahn Books, 2018
　　ガンビア共和国のソニンケ社会の村で，出稼ぎに出かける人々のかわりに，村の存続や家族のために残り，伝統を次の世代につなげようとする若者たちの葛藤と実態について明らかにした最新の民族誌。

『ルポ資源大陸アフリカ――暴力が結ぶ貧困と繁栄』
　　白戸圭一，東洋経済新報社，2009年
　　アフリカ経済成長の大きな要素である資源ブームとその暴力への負の連鎖について一流の国際ジャーナリストが調査にもとづき記述している。

Give a Man a Fish: Reflection on the New Politics of Distribution.
　　J. Ferguson, Durham: Duke University Press, 2015
　　ファーガソンの最新の研究書。アフリカ開発における近年の動向である現金給付および福祉制度のあり方について，ベーシック・インカムの考え方も交えた議論がなされている。

【コラム❾】

民族誌映画
フィールドで映画をつくること／見せること

松波康男

　2006年1月，エチオピア連邦民主共和国オロミア州西ウォッレガ地方で参詣者の一団と出会った。近隣のムスリム住民同士が誘い合ってできたその集団は，乳飲み子を背負う若い母親や年配者を含んでおり，100km以上離れたヤアのムスリム聖者廟まで徒歩で向かう途中であるという。私は彼らに旅の様子を撮影する許可をもらい同行することにした。

　彼らは整備された車道を使用せず，険路を含む参詣路を進んだ。乾季の炎天下であったため，一時間も歩けば誰かが休憩を求めて皆で木陰に腰を下ろす。この繰り返しであった。過去に参詣を経験したものは，炊事・洗濯に適した河川や，持参したモロコシを砕くための製粉所の位置を知っていた。また，参詣路沿いの神秘主義教団の同胞の住居も記憶しており，彼らを訪ねて飲料水や果物を分けてもらったり，庭先で野営させてもらったりした。歩行と休憩とを繰り返すその旅のリズムは，路肩の木陰，河川，製粉所，同胞の住処といった様々な事象から生起しているように思われた。

　旅は過酷であったが愉快でもあり，人々はたわいもない談笑をしながら歩いた。私もともに歩くなかでそれに加わるようになり，撮影においても一問一答のインタビューから，自然と交わされる人々のやりとりにカメラを向けることが増えていった。一日の終わりにはその日撮影した映像の断片を皆で見ることにした。彼らはDVカメラの小さなモニタを覗き込み，聖者への敬愛を語ったり，苦悩について吐露する自らの姿を見つめつつ，その場で補足的な説明を与えてくれた。このことは当地の参詣慣行を理解する大きな助けとなった。また，モニタに映し出される自分たちの姿が宗教的規範から逸脱していないか議論したり，どのようなシーンが映画に含まれるべきかを提言してくれることも少なくなかった。映像を介しての人々との語らいは，私がどのような映画をつくろうとしているかを彼らと共有し，彼らから様々なフィードバックを得る貴重な機会であった。

　その後，ヤアにたどり着いたのは出発から5日目のことだった。私は感謝を述べて

聖者の墓廟の前で参詣者たちと別れた。

その翌年，現地上映を行うためにヤアを再訪した。村はずれの水力発電所を臨時に稼働してもらうことで電力を賄い，住民から借りた14インチのブラウン管テレビに映画を再生した。この日集まった100人超の聴衆はテレビを囲んで腰を下ろし，画面に映し出される群衆のなかから自身の姿を探したり，登場人物とともに宗教歌を唱和するなどしてそれを視聴した。上映後の歓談の際に，村のイマーム（宗教的指導者）は「この映画はキドゥマでつくられた」と述べ，会場の聴衆とともにテレビに向かって長い祈祷句を唱和した。私は映画のDVDを彼に手渡し，上映会は幕を閉じた。

キドゥマとは，「サービス」や「奉仕」を意味するアラビア語が現地語化したもので，人々の宗教実践を説明する際に当地で用いられることばである。ヤアの聖者廟の清掃・補修や，参詣者に提供される食事などは，ヤアの住民による無償の労働に支えられており，これらは，聖者への敬愛や当地の神秘主義教団への帰属意識にもとづく労働奉仕（キドゥマ）として理解される。

私は当初，この映画制作を，自身の研究成果に帰結する学術的実践の一つであると一義的に捉えていた。他方，上映後のイマームの発言は，私の映画制作とヤア住民の労働奉仕を併置するものであった。そこで示唆されたのは，彼らの物語のために私が労働奉仕していた，という現地社会の文脈にもとづいた解釈の存在であった。民族誌映画制作の開かれた多義性について身をもって知った経験であった。

索　引

あ行

アート／芸術／美術　62, 147-149, 167, 168
アイデンティティ　63, 69, 70, 127, 136, 144, 221, 223, 225, 228-230, 239
与える環境　28, 29
アニミズム　159
アパデュライ, A　78, 79
アパルトヘイト体制　193
アフリカ像／アフリカ観　12, 78, 127
イギリス　5, 7, 40, 49, 62, 63, 67, 70, 71, 84, 94, 104, 106, 121, 129, 132, 134, 161, 167, 192, 197, 207-209, 246, 252
イスラーム　53, 63, 64, 67-69, 133, 140, 157, 160, 170, 191
市場（いちば）　54, 65, 153, 219, 233-237
移動／移動性／遊動性　9, 13, 30, 56, 61, 62, 70-74, 76-79, 95-99, 128-131, 133-138, 146, 183, 223, 225, 227, 228, 230, 233, 235, 239
イボ　64, 72-77
医療／近代医療　38, 195, 211, 216, 233
インセスト／近親相姦　92-94, 96, 151
ウィッチクラフト→妖術
ウガンダ　97, 98, 143, 198-201, 204, 207, 208, 215
ウシ　61, 83, 85-92, 94, 96-99, 107, 108, 130, 198, 205, 248
　　──の交易　46, 64-66, 73, 188
エヴァンズ＝プリチャード, E・E　10, 18, 84-86, 89-96, 160, 166, 196, 215

エスコバール, A　251, 252, 258
エチオピア　7, 139-144, 197, 200, 262
エボラ出血熱　216, 217
援助／支援　8, 9, 11, 12, 31, 33, 34, 146, 186, 192, 217, 220, 224, 225, 228, 231-233, 235-237, 243-245, 249-259
王国　10, 11, 40-46, 48, 50-52, 54-56, 61, 62, 71, 104, 106, 107, 109, 113, 116-118, 168, 170, 173, 181, 190, 191, 246, 247
汚職　125, 126
オモラテ　140-142

か行

カードーゾ, B　103, 104, 116, 118, 121
ガーナ　56, 61, 62, 70, 78, 166, 173, 183, 185, 253, 254, 258
開発　4, 8, 9, 11, 14-16, 31, 33, 34, 52, 75, 210, 231, 232, 243-255, 257-259, 261
家屋→住居
科学　11, 12, 147, 148, 163, 164, 195, 196, 211, 212
学生運動　185-187, 193
家政　42-44, 50, 53-55, 57
家族　9, 10, 13, 19, 22, 23, 28, 42, 43, 50, 53, 54, 64, 75, 83-87, 91, 93, 95, 98-101, 130, 158, 201, 205, 209, 215, 234, 261
貨幣／近代貨幣　42-51, 53, 55, 58, 62, 95, 96, 248
カメルーン　15, 17, 28, 30, 31, 33-35, 37, 38, 213
川田順造　11, 14, 78, 144, 169, 170, 172, 173,

190, 191
観光人類学　81
慣習　63, 65, 67, 69, 70, 110, 116, 121, 133, 158, 168, 200, 203
起源伝承／起源譚　135, 181-184
気候変動　15-17, 31, 32
キゴマ　224, 225, 227-229, 234
帰属意識　77, 128, 131, 137, 138, 142-144, 146, 225, 227, 228, 230, 232, 263
ギニア　139, 216, 217
境界域／リミナリティ　222, 226
行政（官）　8, 29, 30, 33, 52, 62, 67, 106, 109, 121, 125, 126, 134, 137, 140, 183, 187-189, 193, 250
共同保育　29
キリスト教　7, 160-163, 200, 201, 211, 224
儀礼　17, 19, 24, 25, 54, 55, 66-69, 87-89, 92, 96, 131, 148, 149, 155, 172, 188, 191, 200-203, 205, 208, 211, 215, 222
禁忌→タブー
近親相姦→インセスト
ギンズブルグ，C　179, 180, 190
近代／近代化　7, 8, 15, 16, 40, 50-52, 58, 62, 63, 101, 121, 142, 157, 161, 163, 184, 196, 197, 210, 211, 244, 246-248, 251, 252
近代医療→医療
近代貨幣→貨幣
供犠　3, 41, 42, 88, 93, 96-99, 155, 156, 159, 204, 206
クラックホーン，C　13
グラックマン，M　10, 104-106, 116, 119-124
グリオール，M　11, 148, 149, 151-159, 164-165
グローバル／グローバル化　7, 15, 17, 31, 32, 55, 78, 79, 230, 239, 256
経済人類学　10, 40, 57
芸術→アート
ケース・メソッド→事例研究
結婚　22, 23, 36, 43, 58, 65, 74, 83-99, 105, 107, 113, 131, 133, 203, 205, 215, 225, 227
ケニア　11, 80, 101, 103, 117, 118, 121, 130, 132, 133, 142, 161, 198-201, 207, 209, 211, 215, 233, 255, 256, 258
交換　19, 22, 23, 29, 30, 42, 44, 46, 47, 49, 51, 55, 57-59, 96, 133, 154, 160, 233, 234, 236
構造調整政策　31, 125
コーエン，A　10, 62-64, 66, 69-71, 77-79
国際協力機構→JICA
国民　8, 10, 33, 34, 42, 71, 127, 135, 138, 139, 141-144, 163, 184, 186, 220, 222, 223, 226, 227, 240
互酬　25, 29, 40, 42-44, 50, 53-55, 57
コスモロジー／世界観　9, 11, 144, 148, 149, 157-159, 163, 196, 209, 212, 213, 215, 221, 251
国家経済　31
国家をもたない社会　118, 181, 184
国境　77, 133, 137, 138, 142, 222, 223, 230, 234, 235, 239
コピトフ，I　136, 139, 141
コンゴ盆地　10, 16, 18, 30, 31, 33, 36
婚資／花嫁代償　83, 86-91, 93, 97-99, 107, 205

さ行

災因　11, 196, 197, 199-201, 209-213, 215
財産　49, 105, 107, 113, 114, 248

再部族化→部族

再分配　40, 42-44, 51, 52, 54, 55, 57, 155

サウゾール，A　71

参詣／巡礼　68, 69, 188, 262, 263

参与観察　19, 20, 36, 37

支援→援助

時間観　156, 159-161

（自然の）資源化　17, 32

市場経済／市場交換　13, 31, 40, 44, 45, 48-53, 55, 56, 58

自然保護　12, 31, 33

事物の国家的秩序　222, 223, 226, 228, 229, 236

姉妹交換婚　22, 23

清水昭俊　95

社会主義　40, 50, 52, 139

邪術　113, 197, 200, 205, 206, 210, 211

自由　10, 13, 19, 39, 40, 45, 48, 49, 55-57, 115, 116, 120, 202, 212, 227, 233, 239

住居／家屋　43, 64-66, 68, 152, 172, 201-203, 206, 246, 262

宗教　11, 25, 42, 46, 63, 67, 68, 87, 140, 141, 147-149, 158-162, 166, 167, 195-197, 219, 262, 263

シュールレアリスム　157, 158

呪術　9, 11, 12, 159, 166, 195, 196, 206, 211, 215

呪詛　117, 200, 203-205, 211, 215

首長　21, 52, 66-69, 247

シュナイダー，D　94, 95

狩猟採集民　10, 16-18, 26-38, 132

巡礼→参詣

障害　37, 38

商品擬制　48, 49

植民地　7, 8, 12, 29, 30, 53, 56, 62, 63, 66, 67, 70-73, 96, 106, 117, 121, 131, 132, 134, 135, 137, 157, 161, 164, 173, 181, 185-188, 191-193, 223, 227, 239, 245, 251, 253

食物規制　27

女性婚　89, 90, 101

死霊　88, 91, 200-204, 211, 213, 215

死霊婚　89-91

事例研究／ケース・メソッド　103, 104

親族　10, 29, 38, 44, 50, 64, 65, 74, 75, 83-101, 107, 108, 113-115, 130, 175, 177, 181, 183, 203, 209, 215, 220

ジンバブウェ　58, 59

神話　9, 11, 12, 84, 124, 142, 147-149, 153, 156, 160-166, 209, 225-227, 248

スラムツーリズム　80, 81

政治　8-11, 33, 46, 63, 67, 69-71, 79, 94, 97, 103-105, 109, 117, 120-122, 125-127, 130, 136, 138, 141-143, 163, 181, 183-186, 189, 192, 193, 196, 219, 223, 229, 233, 239, 244, 245, 249-251, 253

聖書　147, 160, 162

生態人類学　14, 26-28, 36

精霊　17, 24, 25, 148, 150, 152-154, 159, 160, 162, 166

世界観→コスモロジー

世界銀行　31, 125, 245, 246, 252, 261

先住民　28, 33-35

先着原理　181-184

贈与　20, 29, 40, 43, 96, 158, 159, 203

即時利得システム（→遅延利得システム）　28, 29

た行

ターンブル，C　10, 17-30, 33

ダカール大学　186
ダガリ　183
脱構築　243-245, 251, 255
脱植民地化　193
脱部族化　63, 138, 142
ダトーガ　10, 127, 129-133, 135
ダフィン　181, 182
タブー／禁忌　27, 92, 93, 154, 156, 158, 159, 200, 201, 237
多部族的共生社会　128-130, 132, 136
ダホメ　10, 40-48, 50-52, 54-56, 71
タレンシ　94, 188
炭素排出権　32
地域社会組織→CBO
地域統合　230-232
遅延利得システム（→即時利得システム）28
長期化する難民状態　231
定住／定住化（→農耕化）　10, 13, 15, 18, 30, 69, 73, 74, 77, 97, 136, 146, 198, 223, 231, 236, 239
テキスト　6, 207-209
伝統医療　195, 211, 216
同時代性　11, 169, 179, 185
道徳　94, 108-117, 120, 122, 225-227, 237
トーテミズム　158, 159
ドゴン　11, 149, 152-158, 161, 163
都市／都市化　4, 8, 10, 15, 30, 34, 45, 56, 61-64, 66, 69-73, 75, 77-81, 137, 139, 141-143, 167, 220, 231, 233, 247, 253
富川盛道　10, 128, 129, 143
奴隷貿易　7, 40, 41, 50, 51, 71, 137

な行

ナイジェリア　1, 10, 56, 62-65, 70, 72-76, 78, 167, 168
長島信弘　11, 93, 195-199, 213
ナショナリズム　8, 63, 67, 69, 70, 142, 144
難民　9, 11, 14, 56, 72, 96, 97, 219-237, 239
ニーダム, R　18, 94
ニジェール　11, 16, 39, 52-56, 254, 255, 258, 259
二重運動　48, 50, 52
日本　11, 12, 17, 26, 27, 38, 45, 53, 61, 62, 72-80, 84, 85, 99, 126, 128, 129, 135, 140, 146, 167, 170, 171, 193, 198, 199, 207, 216, 221, 254-256, 258
ニャルグス　219, 234, 236
ヌエル／ヌアー　10, 85-100, 147, 161-163, 166, 196
熱帯林伐採　30, 31, 253
農耕化（→定住化）　30
農耕民　16-18, 20, 27, 28, 30, 33, 34, 36-38, 62, 71, 131-133, 144, 149, 166, 173, 226

は行

ハウサ　10, 62-71, 73, 74, 77, 190
ハッチンソン, S　96, 97
パトロン＝クライアント関係　20, 65
花嫁代償→婚資
浜本満　118, 211, 215
パラダイムシフト　244, 245
バロツェ　10, 104, 106-108, 116, 118-122, 124
パン・アフリカニズム　143
比較　5, 18, 36, 47, 95, 99, 118, 121, 124, 166, 177-189, 199, 200, 227
ピグミー　10, 15-18, 20, 21, 26, 28-30, 32-37
美術→アート
平等主義　22, 28, 29, 33, 209, 225
貧困　8, 12, 34, 72, 80, 81, 186, 250, 253,

254, 258
ファーガソン，J　11, 230, 244-251, 255, 261
ファシズム　50, 52
フィールドワーク　2, 4, 5, 7, 8, 12, 19, 25, 26, 40, 57, 70, 79, 84, 85, 96, 132, 146, 167, 168, 207, 208, 243-255
フーコー，M　250
フォーテス，M　94, 188
部族／部族化／再部族化　8, 12, 63, 64, 66, 67, 69-71, 77, 78, 106, 128-130, 132-139, 142, 143, 145, 209
ブッシュマン　16, 27, 30, 36
フトゥ　11, 221, 223-229, 240, 241
普遍主義　13, 104, 123
フランス民族学　149, 156, 158, 159
プリミティヴィズム　157
ブルキナファソ　11, 16, 149, 170, 173, 181-183, 187
フロベニウス，L　173-177, 185
フロンティア　12, 135-137, 169
文化相対主義　2-5, 70, 146, 251
紛争　8, 14, 22, 23, 72, 96, 105, 107, 109, 117, 119, 122, 124, 127, 223, 230-232, 237, 239, 240
分類　7, 52, 130, 153-155, 221-224, 229, 237, 241
ベナン　10, 39, 40, 52
変化　3, 8, 16, 17, 46, 68, 70, 74, 78, 96, 101, 116, 128, 137, 159, 178, 199-201, 209, 211, 221, 230, 246, 251, 252
法　9, 10, 13, 14, 21, 31, 63, 89-92, 94, 99, 103-109, 111, 113-124, 140, 142, 148, 239
貿易港　44-47, 51
牧畜民　16, 62, 71, 129-132, 146

ポストコロニアル　8, 185, 187, 215
ボハナン，P　121
ホブズボウム，E　254
ボランティア　80, 256, 257
ポランニー，K　10, 40-45, 47-53, 55-57

ま行

マイノリティ　33, 72
マラウイ　257-259
マリ　11, 16, 149
マリノフスキー，B　122, 209
マルッキ，L　11, 221-232, 236
マンゴーラ　129, 132, 133, 137, 145
ミシャモ　224-229
南アフリカ　7, 15, 58, 63, 136, 137, 192, 193, 220, 231, 247, 252
南スーダン　10, 85, 97, 161-163, 166
民族　4, 5, 9, 10, 12, 13, 62-64, 66, 67, 69-71, 73-75, 77, 86, 106, 117, 121, 127-131, 133-144, 146, 159, 160, 168, 173, 181, 183, 188, 196, 197, 199-201, 225-227, 240, 247
民族間関係　69, 131, 135, 136, 143
民族誌　1-11, 17, 18, 20, 26, 27, 40, 41, 62, 70, 71, 79, 81, 84, 85, 96, 103-106, 119, 120, 124, 129, 135, 156, 158, 185, 187-191, 196-200, 207, 215, 252, 253, 259
民族誌映画　262, 263
民族知識　30
ムディンベ　251, 254, 258
モシ　11, 170, 172-175, 178, 181, 182, 188, 191

や行

病　11, 20, 83, 195-197, 199, 202, 207, 209, 211-213, 216, 217

ヤング，C　142
遊動性→移動
ユヌス，M　255, 256, 259
妖術／ウィッチクラフト　118, 123, 148, 159, 196, 197, 210, 213, 215
予言者　159, 161-163
ヨルバ　10, 62-64, 66-69, 73, 167, 168

ら行

リーンハート，G　4, 5, 166
リニージ　85, 92, 94
歴史　7, 9, 11, 13, 14, 16, 27, 48, 50, 71, 106, 116, 121, 128, 131, 133-136, 143, 146, 157, 159-161, 163, 169-173, 175-182, 184, 185, 187, 188-191, 193, 200, 209, 212, 221, 223-230, 240, 241, 253
　神話的——　225-227
歴史叙述　169, 179-181, 189
レソト　11, 244-247, 249, 250, 259
レッドフィールド，R　1, 3
レンツ，C　183, 184
ローズ，C・J　192, 193

わ行

賄賂　125, 126
和崎洋一　137, 146

略語

CBO／地域社会組織　255, 256, 258
JICA／国際協力機構　255-257, 259

■編者・執筆者紹介（執筆順。＊印編者）

＊**大石高典**（おおいし　たかのり）　　　　　　　　　　　　　　　　　　　　序章，第1章
東京外国語大学大学院総合国際学研究院准教授。博士（地域研究）。主な著作に『民族境界の歴史生態学──カメルーンに生きる農耕民と狩猟採集民』（京都大学学術出版会，2016年），『犬からみた人類史』（共編，勉誠出版，2019年）など。

佐久間寛（さくま　ゆたか）　　　　　　　　　　　　　　　　　　　　　　　　　　第2章
明治大学政治経済学部准教授。博士（学術）。主な著作に『ガーロコイレ──ニジェール西部農村社会をめぐるモラルと叛乱の民族誌』（平凡社，2013年），「自由と負債──カール・ポランニー 2.0 の経済人類学」（『哲學』140, 2018年）など。

＊**松本尚之**（まつもと　ひさし）　　　　　　　　　　　　　　　　　　　　序章，第3章
横浜国立大学大学院都市イノベーション研究院教授。博士（文学）。主な著作に『アフリカの王を生み出す人々──ポスト植民地時代の「首長位の復活」と非集権制社会』（明石書店，2008年），『移動と移民──複数社会を結ぶ人びとの動態』（分担執筆，昭和堂，2018年）など。

＊**橋本栄莉**（はしもと　えり）　　　　　　　　　　　　　　　　　　序章，第4章，第7章
立教大学文学部准教授。博士（社会学）。主な著作に『エ・クウォス──南スーダン，ヌエル社会における予言と受難の民族誌』（九州大学出版会，2018年），*Diversification and Reorganization of 'Family' in Uganda and Kenya: A Cross-Cultural Analysis.*（分担執筆，Research Institute for Languages and Cultures of Asia and Africa, Tokyo University of Foreign Studies, 2018）など。

＊**石田慎一郎**（いしだ　しんいちろう）　　　　　　　　　　　　　　　　　　序章，第5章
東京都立大学大学院人文科学研究科准教授。博士（社会人類学）。主な著作に『詳論 文化人類学』（分担執筆，ミネルヴァ書房，2018年），『グローバル化する〈正義〉の人類学──国際社会における法形成とローカリティ』（分担執筆，昭和堂，2019年）など。

＊**佐川徹**（さがわ　とおる）　　　　　　　　　　　　　　　　　　　序章，第6章，第10章
慶應義塾大学文学部准教授。博士（地域研究）。主な著作に『文化人類学の思考法』（分担執筆，世界思想社，2019年），『遊牧の思想』（分担執筆，昭和堂，2019年）など。

中尾世治（なかお　せいじ）　　　　　　　　　　　　　　　　　　　　　　　　　　第8章
京都大学大学院アジア・アフリカ地域研究研究科助教。博士（人類学）。主な著作に「植民地行政のイスラーム認識とその運用──ヴィシー政権期・仏領西アフリカにおけるホテル襲撃事件と事件の捜査・対応の検討から」（『アフリカ研究』90, 2016年），『オート・ヴォルタ植民地におけるカトリック宣教団とイスラーム改革主義運動──植民地行政と宗教集団の教育をめぐる闘争』（上智大学イスラーム研究センター，2018年）など。

梅屋潔（うめや　きよし）　　　　　　　　　　　　　　　　　　　　　　　　　　　第9章
神戸大学大学院国際文化学研究科教授。ケープタウン大学人文学部客員教授（2019-2020）。博士（社会学）。主な著作に『福音を説くウィッチ──ウガンダ・パドラにおける

「災因論」の民族誌』(風響社,2018年), *Citizenship in Motion: South African and Japanese Scholars in Conversation.* (共編著, Langaa RPCIG, 2019) など。

内藤直樹(ないとう なおき)　　　　　　　　　　　　　　　　　　　　第10章
　徳島大学大学院社会産業理工学研究部准教授。博士(地域研究)。主な著作に『メディアのフィールドワーク——アフリカとケータイの未来』(共編著,北樹出版,2012年),『社会的包摂／排除の人類学——開発・難民・福祉』(共編著,昭和堂,2014年) など。

関谷雄一(せきや ゆういち)　　　　　　　　　　　　　　　　　　　　第11章
　東京大学大学院総合文化研究科教授。博士(文化人類学)。主な著作に『やわらかな開発と組織学習——ニジェールの現場から』(春風社,2010年),『東大塾　社会人のための現代アフリカ講義』(共編著,東京大学出版会,2017年),『震災復興の公共人類学——福島原発事故被災者と津波被災者との協働』(共編著,東京大学出版会,2019年) など。

■コラム

戸田美佳子(とだ　みかこ)	上智大学総合グローバル学部准教授	①
早川真悠(はやかわ　まゆ)	国立民族学博物館外来研究員	②
八木達祐(やぎ　とおすけ)	立命館大学大学院先端総合学術研究科一貫制博士課程	③
味志　優(あじし　ゆう)	東京大学大学院総合文化研究科博士課程	④
緒方しらべ(おがた　しらべ)	京都精華大学国際文化学部講師	⑤
山本めゆ(やまもと　めゆ)	立命館大学文学部国際コミュニケーション学域准教授	⑥
中川千草(なかがわ　ちぐさ)	龍谷大学農学部准教授	⑦
近藤有希子(こんどう　ゆきこ)	京都大学大学院アジア・アフリカ地域研究研究科助教	⑧
松波康男(まつなみ　やすお)	明治学院大学社会学部准教授	⑨

アフリカで学ぶ文化人類学
――民族誌がひらく世界

2019 年 11 月 25 日　初版第 1 刷発行
2022 年 12 月 15 日　初版第 4 刷発行

編　者　松本尚之
　　　　佐川　徹
　　　　石田慎一郎
　　　　大石高典
　　　　橋本栄莉

発行者　杉田啓三

〒 607-8494　京都市山科区日ノ岡堤谷町 3-1
発行所　株式会社 昭和堂
振替口座　01060-5-9347
TEL（075）502-7500 ／ FAX（075）502-7501
ホームページ　http://www.showado-kyoto.jp

© 松本・佐川・石田・大石・橋本ほか　2019　　印刷　亜細亜印刷
ISBN978-4-8122-1906-5

＊乱丁・落丁本はお取り替えいたします。
Printed in Japan

本書のコピー、スキャン、デジタル化等の無断複製は著作権法上での例外を除き禁じられています。本書を代行業者等の第三者に依頼してスキャンやデジタル化することは、たとえ個人や家庭内での利用でも著作権法違反です。

川口幸大 著	ようこそ文化人類学へ——異文化をフィールドワークする君たちに	定価2420円
深山直子・丸山淳子・木村真希子 編	先住民からみる現代世界——わたしたちの〈あたりまえ〉に挑む	定価2750円
上水流久彦・太田心平・尾崎孝宏・川口幸大 編	東アジアで学ぶ文化人類学	定価2420円
風間計博 編	オセアニアで学ぶ文化人類学	定価2530円
梅﨑昌裕・宮岡真央子・渋谷努・中村八重・兼城糸絵 編	日本で学ぶ文化人類学	定価2530円
太田至・曽我亨 編	遊牧の思想——人類学がみる激動のアフリカ	定価3630円

昭和堂
（表示価格は10％税込）